スポーツビジネス叢書

スポーツファシリティマネジメント

Sport Facility Management

原田宗彦・間野義之［編著］

Harada Munehiko / Mano Yoshiyuki

大修館書店

はじめに

2008年5月1日に『スポーツマーケティング』と『スポーツファイナンス』の刊行からスタートしたスポーツビジネス叢書も、その後3年の間に『スポーツマネジメント』と『スポーツ・ヘルスツーリズム』を加え、今回の『スポーツファシリティマネジメント』で、当初予定していた5冊目の刊行を終えた。スポーツビジネス叢書の主たる目的は、スポーツビジネスを学ぶために必要な知識の体系化と教科書化にあるが、その内容は、社会・経済の発展に深く関わるものでなくてはならない。

戦後、日本のスポーツは、社会体育の時代からコミュニティスポーツの時代、そして生涯スポーツの時代へと、政策上の力点を徐々に変えながら発展を遂げてきたが、21世紀になると、スポーツをどのようにマネジメントするかが課題とされる時代になった。その傾向は特にスポーツファシリティにおいて顕著であり、これまで「場所を貸す」だけの施設運営が、平成18年の指定管理者制度の導入によって、収益性を考慮した施設経営へと大きくパラダイム転換したのである。

実際、日本のスポーツ施設の大半は公共施設か学校施設であり、企業が所有する施設（職場スポーツ）を含む民間スポーツ施設は、全体の1割程度にしか過ぎない。よって、公共施設を民間施設のように経営し、マーケティングするという考えはむしろ例外的であり、場所貸し施設の管理運営が主たる業務であった。これまで「スポーツファシリティマネジメント」という考えが浸透せず、それに関する知識やノウハウも蓄積されてこなかった理由がここにある。

本書では、スポーツファシリティマネジメントという知識体系を構築するために、「スポーツファシリティマネジメントの基礎」「スポーツファシリティマネジメントの実際」そして「スポーツファシリティマネジメントの課題」という3つのパートを設定した。最初のスポーツファシリティマネジメントの基礎（1～4章）では、1章において歴史的発展を概観した後、2章でマネジメントの変化を取り上げ、新しい公共スポーツ施設運営の潮流を知るために、3章で指定管理者制度の現状、そして4章で施設経営に関連したスポーツ政策を俯瞰した。これによって読者は、スポーツファシリティマネジメントの基礎的な知識を身につけることができる。

次のスポーツファシリティマネジメントの実際（5～8章）では、5章において運営組織、6章で施設運営のサービス、そして7章と8章で組織間連携とマーケティングという、ファシリティマネジメントの現場で役に立つ実践的な知識を網羅した。ファシリティマネジメントでは、施設利用者の増加と利用者満足度の向上のために、さまざまなマネジメント努力が必要とされるが、ここには、施設マネジャーが知っておくべき多くの情報と知識が含まれている。

最後のスポーツファシリティマネジメントの課題（9～12章）では、今後の課題として、9章でスポーツ施設の建設プロジェクト、10章でファイナンスと予算管理、11章で管理業務と事業計画、そして12章でスポーツファシリティと地域イノベーションといった、施設建設と運営に関するプロジェクトに必要な情報の提供に努めた。

本書では、暗黙知のレベルにあるスポーツファシリティマネジメントに関する知識やノウハウをできるかぎり形式知化し、それを教科書として編纂することを目的としているが、わが国では、ファシリティマネジャーという専門的な職業が確立しておらず、そのポジションに必要な職業能力を身につける知識や情報の統合も進んでいないのが現状である。この領域では、編著者の一人が著した『公共スポーツ施設のマネジメント』(間野義之、体育施設出版、２００７年）が出版されている程度で、他に施設マネジメント関連の出版物は見当たらない。その一方で、体育・スポーツに関連する多くの学部・学科、専門学校ではスポーツ施設マネジメント関連の科目が設置されており、一定の教科書需要が生まれている。

「する」「見る」「支える」といったスポーツへの関与形態に関係なく、スポーツ施設の存在なくしてスポーツの振興を達成することはできない。指定管理者制度が浸透し、施設をどのように経営するかに関心が高まる中、本書が、新しい施設運営パラダイム形成の一助になり、より効果的・効率的な施設マネジメントの機運が醸成されることが望まれる。最後に、本書の刊行にご尽力いただいた大修館書店の加藤順氏に感謝の気持ちを捧げたい。加藤氏の助言と献身的な努力なくして、スポーツビジネス叢書が世に出ることはなかった。

原田宗彦

２０１１年５月　高田馬場にて

目次

第5章　スポーツファシリティの運営組織論

第6章　スポーツファシリティ運営とサービス

第7章　スポーツファシリティを取り巻く組織間連携

スポーツファシリティマネジメント

第1章 スポーツファシリティマネジメントの歴史的発展

1・スポーツファシリティの歴史

1 競技場の発展：古代からローマ時代へ

スポーツの歴史が古いように、スポーツファシリティの歴史も古い。スポーツの源流をたどると、古代ギリシャで生まれた競技スポーツに行き着く。当時の競技スポーツは、土着の葬送競技会や祭典競技会として発達し、やがて宗教的色彩の濃い古代オリンピックとしてイベント化していった。オリンピアの競技会が始まったのは紀元前776年であるが、最初は短距離走だけの素朴な大会であり、施設は必要とされなかった。当時は宿舎となる選手村もなく、参加選手は星空の下で野宿を強いられたが、その後大会が大きくなり、競技種目が増えるにつれ、それぞれの都市国家から貴族や政治家が選手をともなって参加するようになり、会場の草原にはさながら巨大なテント都市が出現したそうである。

ペロポネソス半島の西に位置するオリンピアには、当時使われた競技場の跡が残っている。競技場のトラックは長さが191・27メートルで、現在の400メートルトラックに比べるとずいぶん細長い。〈スタディオン〉は、191・27メートルを〈1スタディオン〉とする長さの単位であり、現在の競技場を意味する〈スタジアム〉の語源である。競技場には約3万から4万人の観客が入れたというが、椅子や席があったわけではなく、土の上に座って男性だけが観戦したといわれている。古代オリンピックの祭典は、ゼウス神の崇拝を嫌うキリスト教徒である東ローマ帝国皇帝テオドシウスによって西暦394年に廃止されるまで、1200年間も続いた。古代ギリシャで行われた競技スポーツには、身体的・肉体的秀逸さを競う場所として、「競技場」が存在していたのである。

その後ギリシャ文明が崩壊し、次の地中海世界の覇者となったローマ人は、スポーツをより重視し、民衆が喜ぶ大衆娯楽として完成させるとともに、それを社会統制の手段として用いた。今もローマに残る古代遺跡の中で、ひときわ巨大で注目を集めるコロッセウムは、5万人の観衆を集めた高さ50メートル、周囲573メートルの楕円形競技場であり、世界遺産に指定されている。コロッセウムの地下には剣闘士の控え室や、彼らと戦ったライオン、クマ、野牛や、見世物にされた象やキリンの檻があり、エレベータのような仕組みによって地上に出る通路まで持ち上げられた。また水上演技を行うために、楕円形の〈アレナ〉に水を注ぎ排水するパイプなどが縦横に配置されていたという。さらに当時の文献によれば、観客を暑さから守るために、帆に使う丈夫な布で屋根をかけたとか、当時の皇帝ドミティアヌスが、灯火によってコロッセウムでナイターを挙行したと伝えられている。

その後、戦車競走で有名な〈キルクス・マクシムス〉や〈キルクス・フラミニウス〉をはじめ、3つの競技場がローマ近郊に建設された。その中でも〈キルクス・マクシムス〉は、26万人もの観衆を収容できたといわれる長さ約660メートル、幅約200メートルの巨大競技場であった。現在、世界最大のスタジアムと呼ばれるブラジルのリオデジャネイロにある「マラカナンスタジアム」でさえ20万人収容（現在は2014年FIFAワールドカップ大会のために改装中）であり、それ以上の観客を収容した〈キルクス・マクシムス〉は、記録に残る人類史上最大のスタジアムと言うことができる。そこでは競技フィールドである〈アレナ〉の中央に築かれた〈スピナ〉という装飾品のついた柵の周りを、4頭立ての戦車で7周回るレースが行われた。

山下は、『スポーツ経営学』の序章で、キルクス・マクシムスのような巨大競技場の運営を行うために必要であったマネジメントの専門家の存在を示唆している。26万人の観客があったとされる当時の「戦車競走」というイベントは、まさに「経営の産物」であり、多くの専門家と組織に支えられていたのである(1)。

2 近代スポーツの幕開け：競技場からスタジアムへ

その後、スポーツの暗黒時代であった中世を経て近代になると、競技スポーツのルールが統一され、大学間の対抗戦や、他チームとの交流試合といったスポーツの制度化が進んだ。それと並行して、身体教育としてのスポーツも盛んになり、体育・スポーツのための施設がヨーロッパ各地に出現した。

近代体育スポーツの年表を見れば、古くは、1811年にヤーンがハーゼンハイデ（ドイツ）に設立した体育場の記述にたどりつく[2]。この体育場は、自然の草原に若干手を加え、数種類の走路を整え、槍投げの的、跳躍具、木棒、木馬などの器具を用意したもので、施設というには貧弱であるが、体育・スポーツのために作られた専用施設という意味では興味深い。この頃よりヨーロッパでは、学校教育に体育が取り入れられ始める。

近代におけるスポーツファシリティの変遷は、スポーツの象徴的大会であるオリンピック施設の発展を見ることによって、大まかな流れを把握することができる。1886年に、クーベルタン男爵の尽力によって近代オリンピックが復活し、本格的な競技場の整備が行われるようになる。第1回アテネ大会は、アテネの古代競技場跡に建てられた大理石造りのスタジアム（5万人収容）における、国王ゲオルクI世の宣言で始まり、ギリシャの羊飼いスピリドン・ルイスのマラソン優勝で幕を閉じた。

しかし継続的な開催を熱望したギリシャから、半ば強制的に場所を移動して行われた第2回パリ大会（1900年）は、資金集めにも苦労し、万国博覧会の付属競技会としての位置づけでしかなかった。セーヌ川での水泳競技、白線を引いただけの草原でのハンマー投げ、草地での綱引きなど、一応競技場らしいものが整備されたが、現代からは想像もつかない粗末な大会であったし、この時点で、競技場に対する国際規格や公認記録の概念はなかった。

第4回ロンドン大会(1908年)になって、ようやく近代オリンピックの原型が生まれた。大規模スポーツ施設(ホワイトシティスタジアム)が建設された他、各国に対する参加要請状、国旗を掲げての入場行進、プールを使った水泳競技などが行われた。ただプールは100m×15mという巨大な人工池のようなもので、競技種目も少なかった。この大会より、参加形式が個人から国へと変わり、国際主義から国家主義へとオリンピックの性格が変化していくことになる(3)。

1912年の第5回ストックホルム大会になると、種目ごとのスポーツ施設が整備され、式典とメインの競技会場としての役割を持つ競技スタジアムがつくられるとともに、陸上競技において電気時計と写真判定が導入された。この大会から嘉納治五郎を団長とする5名の日本選手団がアジアから初参加した。

その後のオリンピックの発展は、競技場の発展の歴史でもあった。戦前の大会では、1932年のロサンジェルス大会と1936年のベルリン大会において、当時としては最大規模の10万人収容のスタジアムが建設された他、戦後もオリンピックが開催されるごとに一線級の国際規格の競技場が世界各国に建設され、国際的なスポーツ振興に大いに役立った。現在は、オリンピック後の施設活用が大きな課題とされ、イベントの後には撤去可能な仮設スタンドや、競技施設とレジャー施設が併用された室内プールへの転用といった、レガシー(遺産)を重視した施設づくりが重視されている。

2・国内におけるスポーツファシリティの発展

1 戦前のスポーツファシリティ

近代スポーツが輸入される前、江戸時代の日本では、各藩に武術稽古所が相次いで設立され、江戸には武士たちが弓術などの修練をする大的射込稽古場や騎射調練馬場などの軍事教練的な性格を有する施設が整備されていた。しかし、これらの施設は、あくまで武芸としての馬や弓の訓練施設であり、一般庶民とは無縁の存在であった。その一方、千葉周作が江戸に開いた「玄武館」のような町道場もあり、武士だけでなく、町人にも剣術を教授した。神田の繁華街にあった玄武館は、3600坪の広大な敷地の中に、8間四方（64坪、128畳の広さ）の道場を持ち、3000人の門弟を抱えていたといわれている。

その後明治期になると、1978年に外国人によってクリケット場（現 Yokohama Country & athletic club）や東京漕艇倶楽部（1878年）が設立された他、鉄道技師の平岡凞《ひろし》によって、日本最初の野球チームである新橋アスレチッククラブが誕生した。この時に新橋停車場構内につくられた「保健場」という施設が日本最初の野球場とされている。1894年には柔道の創始者である嘉納治五郎がつくった講道館大道場の落成式があり、1909年には、両国の本所回向院の境内に相撲常設館が建築され（後に國技館と命名される）、スポーツに関係するシンボリックな施設が整備され始めた。

戦前の特徴的な施設を拾ってみると、1917年に東京YMCAに日本で初めての温水プールと体育館が建設され、民間主導型のスポーツの振興が動き始める。この頃より、武道や相撲に加え、陸上、サッカー、ラグビー、バレーボール、バスケットボール、そしてスキーといった現代に続くスポーツが、学校を中心にいっせいに普及し始め、野球場や体育館の整備が日増しに活発化していった。1924年には甲子園球場、そして1929年には花園ラグビー場、そして1937年には後楽園球場（現東京ドーム）といった、今に続くスポーツのランドマークが開場された。

大正時代に内務省によって開催された明治神宮競技大会は、第1回大会（1924年）から第14回大会（1943年）まで、戦前のスポーツ史の中核をなすスポーツイベントであった。1924年にメインスタジアムとして建設された外苑競技場（現在の国立競技場）は、スタンドと芝生の土手を合わせて3万5千人の収容能力があり、ストックホルム五輪（1912年）のメインスタジアムを模してつくられたわが国初の本格的な競技場であった。

その後、野球人気の高まりにつれて、阪神電鉄が1924年に建設した甲子園大運動場（現甲子園球場）は、球技や陸上競技との併用が可能な巨大野球場であったが、1935年に阪神タイガースの本拠地となる頃には改修が加えられ、野球の専用球場となった（図1）。さらに1937年には、後楽園球場（現東京ドーム）が完成するなど、日本のプロスポーツの中核施設が整備された。その中でも特筆すべき施設は、双葉山の登場による相撲人気を追い風として、1937年に建設された相撲の「大阪国技館」である。4階建ての洋風ドーム建築で、建坪3000坪、収容人員2万5000人という巨大な施設であり、当時の両国国技館よりも大きかった（現在の両国国技館は、1万1000席）。しかしながら、1941年には、戦局の悪化で軍需工場に転用され、結果として4年で7回の準本場所を開催しただけで役割を終え、戦後には解体されたが、関西地方における当時の相撲人気の高さと施設のスケールの大きさには驚かされる（図2、図3）。

2 戦後のスポーツファシリティ

戦前のスポーツファシリティに関しては、現存しているマネジメント関連の資料も少なく、特徴的な施設の紹介に留めたが、戦後はスポーツ振興が重要な政策課題となり、施設に期待されるものも時代ごとに変化した。戦後のスポーツ振興においては、主たる「担い手」が変化した。筆者は、スポーツ政策の発展段階を、①「社会体

図1　1924年に竣工された甲子園大運動場

図 2　大阪国技館の全容

図 3　25, 000 人の観客で湧く当時の大阪国技館内の様子

育の時代」、②「コミュニティスポーツの時代」、③「生涯スポーツの時代」、そして、④「マネジメントの時代」という4つの時代に区分したが(4)、以下では、その内容を概観するとともに、体育館を中心に、各時代におけるスポーツファシリティの発展過程を探ってみたい。

(1) 戦後の復興から高度経済成長へ：社会体育の時代

戦後復興期から高度経済成長期に至る時期、日本では、企業がトップアスリートを育て、行政が指導者を育て施設を整備した。戦後復興期のスポーツ振興では、学校体育と対比する意味で「社会体育」という言葉が用いられたが、この頃より、全国で公共体育館の建設が始まった。1950年から1955年の間に、約30の公共体育館が建設されたが、その中には、1952年に、第7回国民体育大会(東北3県国体)に合わせて建設された仙台市レジャーセンターのような体育館もあった。この時期の体育館のほとんどは、競技会や大会のために建設されたものであるが、ステージを持つ多目的体育館やスポーツ専用の体育館が併存し、これといった定まった形があるわけではなかった。

その後1955年から東京五輪（1964年）にかけて、全国で200余りの公共体育館が建設されたが、その背景には、高度経済成長の始まり、国体施設への補助金制度の整備、スポーツ振興法の制定（1961年）など、五輪開催に向けたスポーツ熱の高まりがある。この時期の体育館の特徴は、集会、講演会、音楽会、演劇等のステージをともなった多目的機能を持つ体育館が主流となったことであり、スポーツとは無縁の大きなステージと、それを取り巻くコの字型の観客席が2階部分に併設された。このような体育館がプロトタイプ（原型）として、国体とともに全国に広まっていったのである。

構造技術に関しては、戦後すぐのころは飛行機の格納庫のようなアーチ式のトラスが多用されたが、1960年代は、コンクリートシェル、立体トラス、サスペンション構造（吊り屋根）など、多様な方法が開発され、ランドマーク的役割を担う殿堂のような体育館が次々に建設された(3)。このような構造技術に寄りかかった構造造形の横行は、東京五輪の時にピークを迎えた。たとえば現在も使用されている国立代々木競技場第二体育館（1964：高張力ケーブルと鋼による吊り屋根）、日本武道館（1964：鉄骨トラス構造）、岩手県営体育館（1967：吊りケーブルによるサスペンション構造）、秋田県立体育館（1968：鉄骨トラス構造）などが当時建設された代表的な施設である。

図4に示したのは岩手県営体育館の立体図で、2011年シーズンからbjリーグに参入した岩手ビッグブルズのホームアリーナとして使用されるなど、建設から40年以上経った現在も、岩手県民のために有効に活用されている(注1)。ユニークなのは、舞台のようなステージが張り出している点で、集会、講演、音楽会などが開催可能な多目的体育館の色彩が色濃く残されており、当時の県立体育館のプロトタイプとも呼べる構造になっている。

(2) コミュニティスポーツ施設としての普及

高度経済成長期には、地域社会の崩壊に対する危機感から、コミュニティスポーツが強調された。この時代を「コミュニティスポーツの時代」と呼ぶが、ここでは住民が主体となって地域スポーツを育てるという要素（＝住民）が加わり、ここに企業―行政―地域という三位一体のスポーツ支

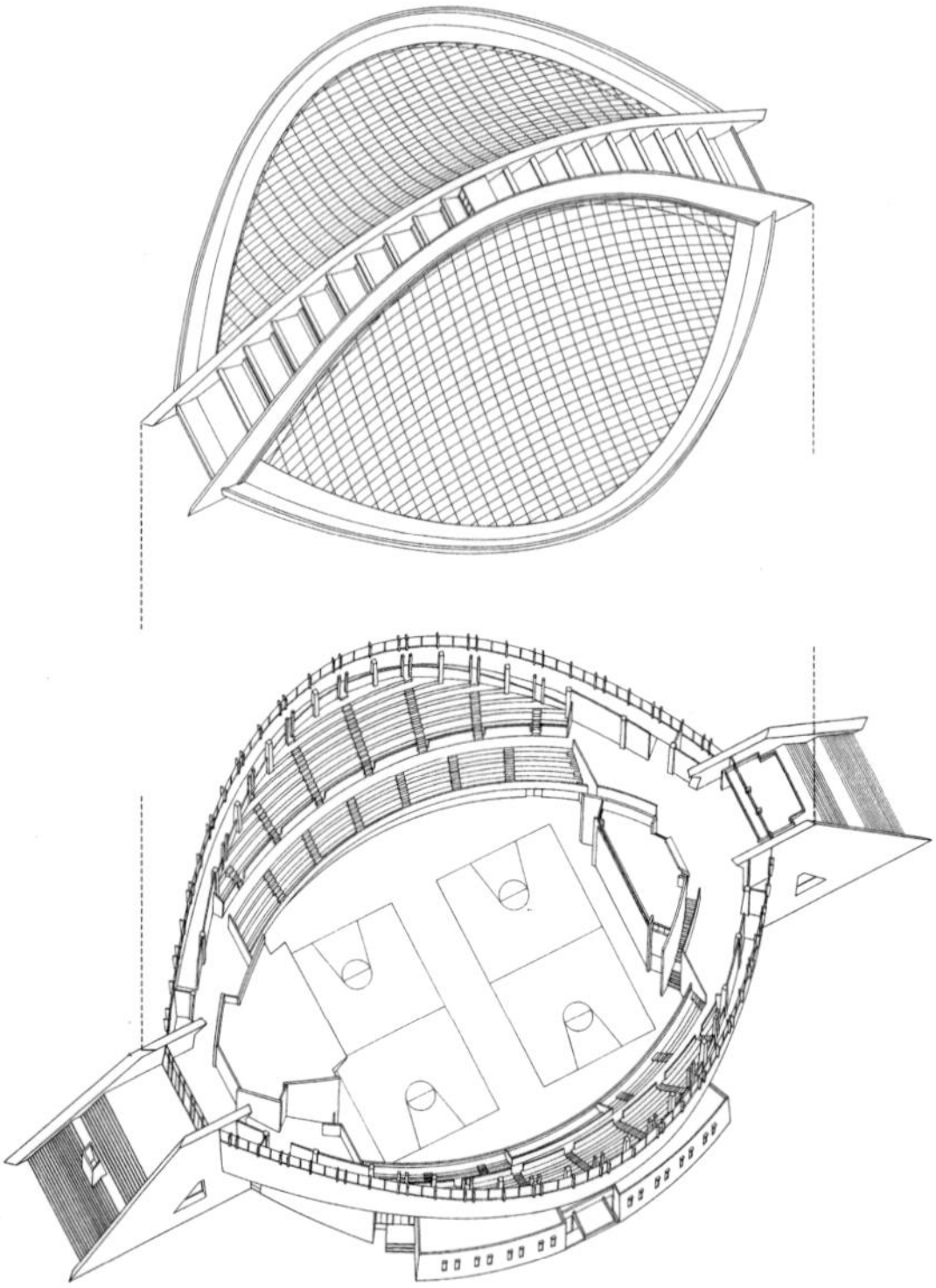

図４　岩手県営体育館の立体図

援構造が完成する。社会体育の時代が行政主導とすれば、コミュニティスポーツの時代は、住民主導のスポーツ振興ということができる。この時代には、住民主導によって、全国各地で地域スポーツクラブづくりが活性化した。

東京五輪以降、経済の発展にともなって、体育館の建設は本格化し、その後10年間で約２４００館が新設された。この時期に建てられた体育館は、競技中心型から市民のスポーツ・レクリエーションの場へと質的に大きな変化を見せた。上和田は、この時期の新設体育館の特徴として、次の４つを指摘した(5)。すなわち、①体育館のスポーツ専用化にともなうステージの縮小、②「する」スポーツの重視による「見る」スポーツの軽視と観客席の縮小、③施設の中身を重視することによる構造主義への決別と建築形態の平凡化、④個人スポーツの重視によるサブアリーナの建設、⑤都市化と施設の重層化と高層化、そして⑥スポーツ振興のためのスポーツ教室の増加である。この時期は、「個人」としての市民が手軽に楽しむことのできる、全国的なコミュニティセンターとしての公共スポーツ施設の普及が進んだ。

1970年代から80年代にかけて、日常生活圏における施設整備が推進され、運動不足の解消、増加する余暇時間、そして都市化の進展にともなって崩壊しつつあるコミュニティの回復の手段として多くの市民体育館が建設された。すなわち、中央体育館から地方体育館へという流れが加速化し、モニュメントや殿堂のような体育館の建設は下火になったのである。この時期の体育館の特徴として上和田は、①観客席後部の通路を利用したランニングコースの定着、②市民が手軽に利用できるトレーニングルームの定着、③多目的利用のためのダンス用スタジオの出現、④喫茶室やレストラン、そして談話室などのアフタースポーツ空間の充実、⑤開放的な空間構成によるオープン化の進展、そして、⑥カジュアルな観戦行動（する人と見る人の一体化）を誘発するための1階に設置された低床式観客席の整備といった点を指摘した(6)。

図5に示したのは、1982年に建てられた熊本県立体育館であるが、第1体育室アリーナには、3000席（固定）の他、1400席の可動席を備え、見るスポーツにも対応している。多目的体育館時代にはポピュラーだったステージや舞台はすでになく、その機能は、別に建てられた文化ホールや市民会館に移された。さらにトレーニング室や運動医事相談室の他、太陽熱利用の温水

プールなども併設しており、60年代の施設とは違う「新しいスポーツ施設を志向する」(7)ものであった。

(3) 生涯スポーツとマネジメント重視の時代

　1980年代は、バブル経済に向かい、日本の経済が成熟していく時代であり、生活の質的側面が問われる豊かな時代が到来した。この時期に広まった生涯スポーツは、「生まれてから学校期を含め生涯にわたりスポーツに親しみ、健康で幸せな人生を送るライフスタイルを体得する」ことを目指す新しい概念であり、全国のスポーツ実践現場に浸透した。

　生涯スポーツの時代で特徴的なことは、企業、行政、地域（住民）という

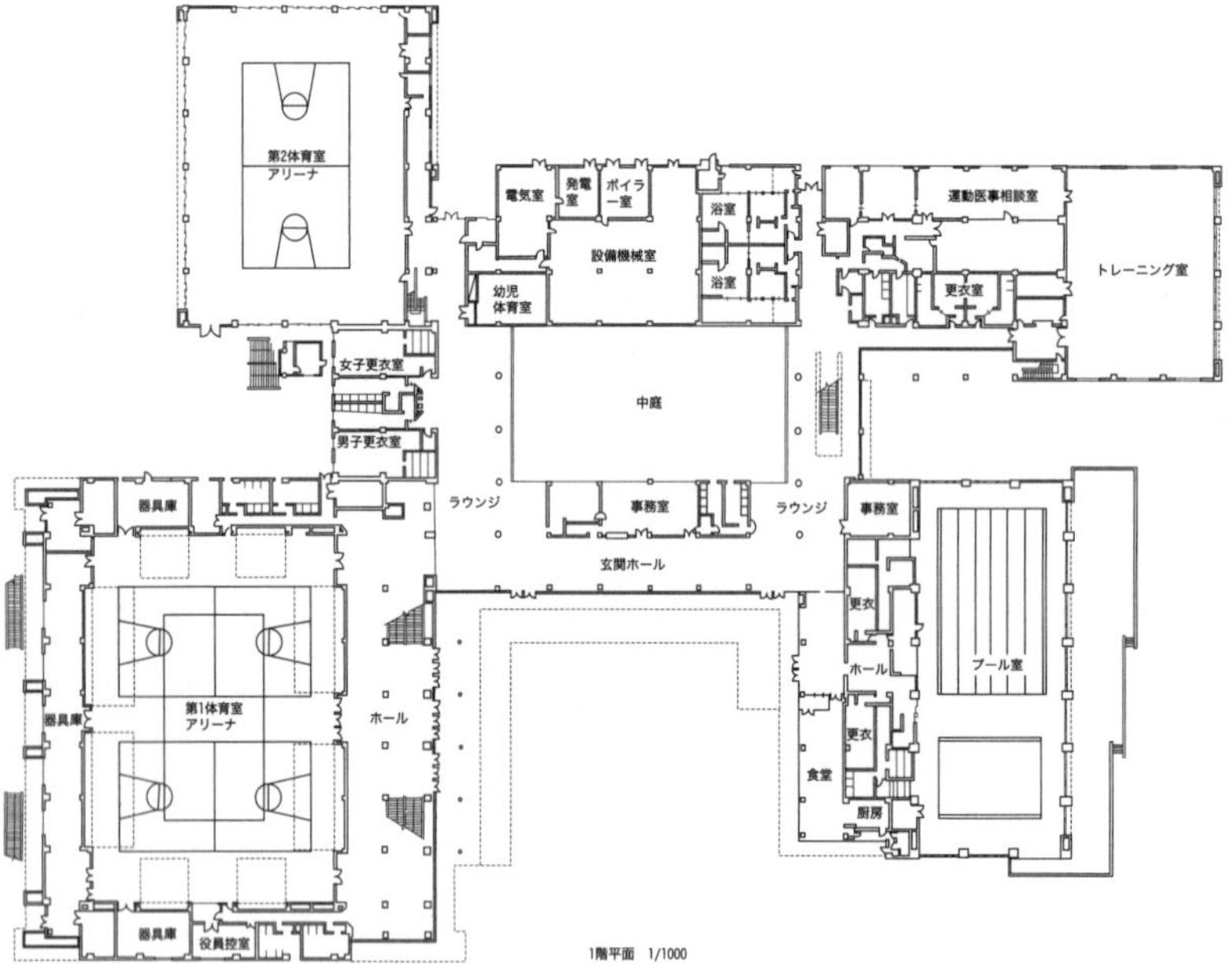

図5　熊本県立体育館の1階平面図

三位一体構造に変化はないものの、地域における大衆（マス）としての「住民」が「個人」へと姿を変え、個人の意思決定がスポーツ参加行動を規定する重要な要因になったことである。すなわち「スポーツ・フォア・オール」から「スポーツ・フォア・エブリワン」への流れの中で、everyoneにa person（個人）の意味が付加されるようになった。

１９８０年代以降、スポーツへの参加形態は、個人の意思決定をベースにし、「する」「見る」「支える」へと多様化し、公共体育館も、利用者のニーズに合わせて提供するサービスを多様化した。しかしながら、公共体育館では得られないベネフィットを求める人びとが、民間フィットネスクラブを利用し始め、その後施設数を大きく伸ばしていったのも事実である。

90年代になると、「東京体育館」や「なみはやドーム」、そして「さいたまスーパーアリーナ」のような国際的なイベントが開催可能な大規模公共体育館の建設が相次いだ。上和田は、このような建設ブームを「昭和30年代、40年代の公共体育館に宿命的に負わされていた多目的性が、今また違った形で復活した」[8]と述べている。さらに構造技術の進歩が、大空間を覆う屋根架構の出現や大型映像装置の設置によって、感動的な内部空間の創出を可能にした。

生涯スポーツの時代で特徴的なことは、スポーツマネジメントが重要な役割を担うようになってきたことである。筆者はその理由として、①指定管理者制度の導入、②公共サービスを補完するスポーツＮＰＯの増加、③マネジメント機能が重視される総合型地域スポーツクラブの普及、そして④コミュニティビジネスとしての地域密着型プロスポーツの発展という４つの新しい動向を指摘したが(9)、以下では、これらの先進的な動きが、どのようにファシリティマネジメントに影響を及ぼしたかを、指定管理者制度と地域密着型プロスポーツの関係から概説してみよう。

●プロ野球球団の指定管理者制度の活用

２００３年９月に、英国のＣＣＴ（強制競争入札制度）（注２）を参考にした指定管理者制度が全面導入されて以来、収益を意識したスポーツファシリティの事業計画が重視されるようになった。指定管理者選定においては、単なる入札制度とは異なる、「公募型プロポーザル方式」が導入され、それによって民間の手法を用いた施設運営が行われ、ファシリティマネジメントに対する意識が高まった。しかしながら、施設経営に関しては、条例で定められた施設利用規則に縛られ、思い切ったイノベーションの実施には至らないのが現状である。ただし、Ｊリーグの鹿島やプロ野球のロッテなど、アンカーテナントが指定管理者になったケースでは、さまざまなアイデアを盛り込んだ計画の実施により、収益の確保が可能になった。

たとえばロッテであるが、２００６年に指定管理者になる前は、所有、管理運営、興行主の関係は以下のようであり、スタジアム周辺に立て看板さえ掲出することができなかった。なお、ＭＳは㈱千葉マリンスタジアムを、ＣＬＭは㈱千葉ロッテマリーンズを意味する。

指定管理者前

■所有：千葉市　⇅　管理運営：MS　⇅　興行主：CLM

指定管理者後

■所有：千葉市　⇅　管理運営＝興行主：ＣＬＭ　⇅　下請け：ＭＳ

球場の借主であった時は、入場料収入、売店収入、球場に掲げる広告収入、テナント収入、法人年間席収入はすべて㈱千葉マリンスタジアムに入り、球団には、同社より入場料と収入の一部が強化金として支払われるに過ぎなかった。これ以外の球団の収入は、球団への広告収入と放送権収入、そしてグッズ売り上げとファンクラブの収入であった。

しかし、指定管理者になった後は、球場施設の所有者（千葉市）は変わらないものの、球場の管理運営者（＝興行主）となり、㈱千葉マリンスタジアムはロッテの下請け会社となった。その結果、個人顧客が生み出す収益（入場料収入、販売収入、ファンクラブ収入）と法人顧客が生み出す収益（年間席収入、テナント収入、広告・放送権収入）、その他の利用者が支払う施設利用料が直接球団に入る仕組みになった。さらに球団は、施設を一部改装することによって新しい収益事業にも乗り出し、施設運営上のコスト管理や顧客管理、販売、企画・プロモーション等にも積極的に取り組んだ。その結果、２００５年から06年にかけて、指定管理者関連の収益は１・４倍に拡大した。このように、アンカーテナントであるロッテが指定管理者になることによって、千葉市は、球場の管理委託料の支出減によるコストの圧縮に成功し、球団は、営業権の大幅拡大と収益の増大という果実を手に入れたのである。

●地域密着型プロスポーツの発展

日本には、プロ野球球団が12チーム、Jリーグクラブが38あるが、プロスポーツと無縁の都道府県も多く残されている。そのような隙間を埋めるかのように、最近では、第三のプロスポーツとして、男子プロバスケットボールのbjリーグのチームづくりが活発化している。２００５年に6チームでスタートしたbjリーグも、２０１０年には14チーム、そして２０１１年には20チームに拡大する盛況ぶりである（ただし、11／12シーズンは東京アパッチが参加を中止したため、実質的には19チームとなった）。最初は、東京、さいたま、新潟、大阪、大分、仙台を本拠地とする6チームで始まったが、その後、高松、富山（06／07シーズン参入）、沖縄（07／08シーズン参入）、浜松・東三河（08／09シーズン参入）、宮崎、島根、秋田（10／11シーズン参入）、そして千葉、神奈川、岩手、長野（11／12シーズン参入予定）など、県内にプロスポーツのチームやクラブがない地方都市にも伝播していった。

bjリーグは、日本初の本格的なアリーナプロスポーツであり、体育館で行われるために天候の影響を受けない。当たり前のことであるが、興行という点からみると、照明や音楽といった演出面や、雨や風などの天候面で大きなアドバンテージを持つ。それゆえ、冬をはさんだ10月から翌年5月までのシーズンにもかかわらず、寒冷地でもチームを持つことができる。

しかしながら、弱小のプロチームにとって、地方の体育館は古く、客席も狭い。建設時に、プロバスケットボールの興行などは予見されていなかったから当然であるが、その分、仮設観覧席を設けたり、音響設備を持ち込んだりと、興行費用が余計にかかることになる。使用料金は条例で定められており、体育館管理者が自由に設定することはできない。さらに、体育館使用料金は施設によって異なり、都会にいくほど高い。たとえば前述の岩手県営体育館（14頁）は、bjチームが入場料を徴収して興行を行う場合、1日44万3800円（休日8～21時まで）であるのに対して、大阪府立体育会館は、1日187万1160円（休日9～21時）かかるなど4倍以上の開きがある。もし観客席の数も4倍であれば料金設定も納得できるが、固定席は、それぞれ1625席と3131席と1対2の割合であり、都会のチームにとっては頭の痛い出費である。

その一方で、スポーツマネジメントの時代を象徴する新しいタイプの体育館の建設も進んでいる。そのひとつが2012年に竣工する大田区総合体育館である（図6、図7）。子どもから高齢者まで幅広い世代が利用でき、旧体育館に比べて多様なスポーツを楽しめる体育館が誕生する。年代という縦の軸と種目という横の軸を、縦横に張り巡らせるよう、多様な機能を盛り込んでいる。旧体育館では、「区民がスポーツをする」機能が中心であったが、PFI（Private Finance Initiative：民間資金等活用事業）手法による民間の力を活用することで、「区民がスポーツをみる」「区民のスポーツを支える」機能が加わり、より広い活動を受容することが可能となった。特に、可動席を含めて4000人を収容できる「見るスポーツ」への対応は、定期的なスポーツエンターテイメントの提供を可能にするものであり、利用料金も1日116万5000円（休日9～21時）と低く抑えられている。仮に興行主が4000枚の有料チケットを売ることができれば、この施設利用料を払っても充分な収益を上げることが可能となる。

さらに、地域密着型プロスポーツの発展にともなって、民間アリーナの建設も進んでいる。そのひとつが、スポーツ用品・衣料品販売の「ゼビオ」（福島県郡山市）が、仙台市太白区あすと長町北側の再開発地区に建設する、約6千人収容の多目的アリーナ（延べ床面積約1万平方メートル）である。

図6　東京都大田区総合体育館の外観

（大田区 HP より引用）

図7　東京都大田区総合体育館の内部

（大田区 HP より引用）

図8 （仮称）ゼビオアリーナの完成予想図

同アリーナは、仙台市が劇場などの広域集客型産業を誘致するために設けた助成制度の適用を受けて建設され、bjリーグ所属「仙台89ERS」の本拠地となる他、アイスホッケーのアジアリーグに所属する東北フリーブレイズの試合も開催される予定である（図8）。再開発が行われる予定地は、独立行政法人都市再生機構（UR都市機構）が所有する保留地であり、三菱UFJリース（東京）と佐藤工業（同）が共同応募し、20年間の事業用定期借地とすることが決まった。アリーナは、三菱UFJリースが建ててゼビオに貸し出し、ドーム棟は佐藤工業が整備する。ゼビオはアリーナ分について、仙台市から5年間の固定資産税相当額の助成を受ける。スポーツだけでなくコンサートなども開催され、年間25万～30万人の利用者を見込んでいるが、成功すれば、民間が主導するアリーナ建設に弾みがつく可能性を秘めている（注3）。

3・これからのスポーツファシリティマネジメント

本章では、海外と国内のスポーツファシリティの歴史的発展を概観してきたが、スポーツファシリティの形状や機能は、社会と利用者のニーズと密接に関わっている。最近の体育館においては、「する」「見る」の他、「集う」という機能が重視され、体育館の設計思想に影響を与えてきた。今後のスポーツファシリティの在り方を考えるとき、「するスポーツ」においては、スポーツ消費者である個人の欲求とニーズに応えることのできる質の高いサービスと施設機能、そして「見るスポーツ」においては、施設利用者（すなわちお客様）であるプロチームと、ファンの欲求とニーズにも応える施設運営が必要になる（注4）。特にbjリーグのような新しいプロスポーツが体育館を利用する場合、利用料金の高さや施設設備の不備が問題とされてきた。今後は、プロ野球のロッテや広島のように、施設を専用に利用するアンカーテナントが指定管理者となって、チームの収益向上を目指した経営を行うことが重要とされる（注5）。

注1：岩手県営体育館は、2011年3月11日の東日本大震災の影響により、3月末までは休館となったが、4月1日より、通常どおり開館した。

注2：CCT（Compulsory Competitive Tendering：強制競争入札）は、英国のサッチャー政権が1980年に導入した官民競争入札のことで、「1980年地方政府計画土地法」によって肥大化した地方政府のコスト削減を目的とした。ただし1997年の保守党から労働党（ブレア政権）への移行した時に、「1999年地方政府法」によってCCTの強制的側面は廃止された。しかし競争そのものの価値が否定されたのではなく、現在も官民競争入札の一手法として位置づけられている。

注3：当初の開業は2012年であったが、2011年3月11日の東日本大震災の影響で延期される予定である。

注4：スポーツマネジメントが重視される時代になると、施設利用者は、「個人」から「消費者」の顔を持つようになる。フィットネスクラブやプロスポーツの世界では、スポーツ消費者という考え方がすでに定着したが、今後の施設設計においては、スポーツ消費者の行動に対する配慮が今以上に必要とされる。行政、企業、地域という三位一体のスポーツ振興における住民から個人、そして消費者への「地域」概念の移行は**図9**に示すとおりである。

注5：2009年のプロ野球の収支をみると、親会社の広告宣伝費名目

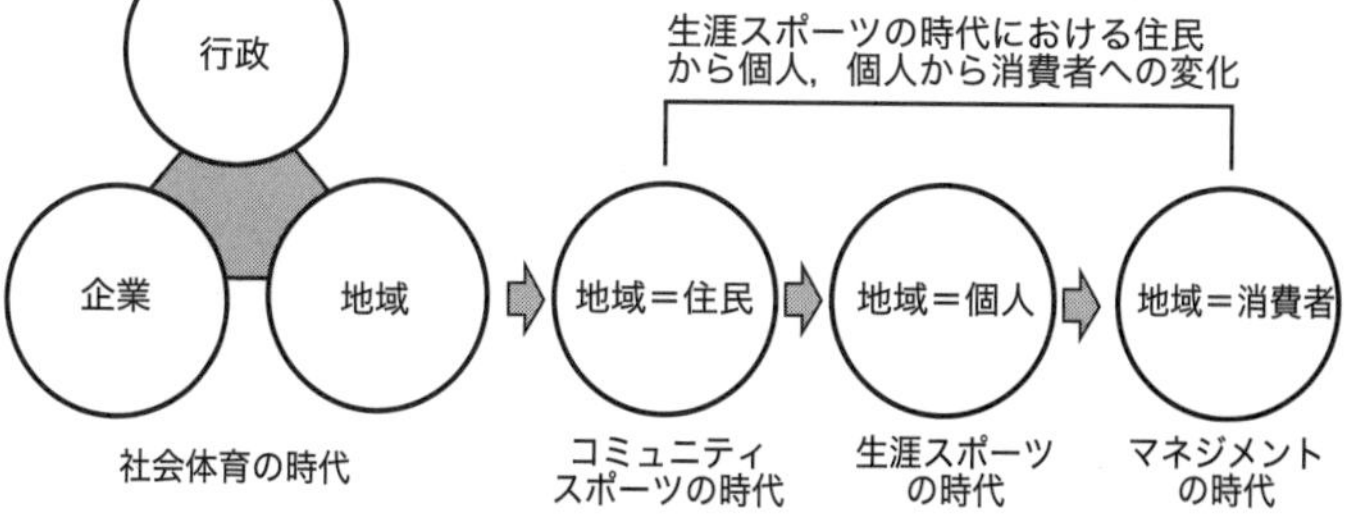

図9　変化する「地域」の概念

の赤字補填なしに黒字化に成功しているのは、セリーグの巨人、阪神、広島の3球団のみである。巨人と阪神は、戦前から自前の球場を持っていることが大きな理由であるが、広島の場合は、前述したロッテと同様、球団が、2008年より球場の管理運営を直接行う指定管理者になったことが大きな理由である。さらに、広島は、自前でフルスペックの経営を行うことをやめ、専門的な知識が必要となるスポンサー獲得やフードサービスを三井物産のグループ会社に委託するアウトソーシング方式に切り替えた。2010年には、広島色の濃い「広島風お好み焼き」や「広島風つけ麺」「かきめし」「尾道ラーメン」など、広島ならではのメニューを100種類提供し、会場初年度(2009年)比153％の20億円を売り上げた。

(原田宗彦)

【引用文献】

(1) 山下秋二他編『スポーツ経営学』大修館書店、2000年。
(2) 岸野雄三他編著『近代体育スポーツ年表』 大修館書店、1999年。
(3) 原田宗彦編著『スポーツイベントの経済学』平凡社新書、2002年。
(4) 原田宗彦編著『スポーツマネジメント』大修館書店、2008年、11頁。
(5) 上和田茂『時代を反映した建築形態』戦後50年と体育・スポーツ施設、体育施設出版、1995年、142頁。
(6) 前掲書(5)、144頁。
(7) 日本建築学会編『建築設計資料：大架構の空間　体育館』建築設計資料、彰国社、1989年、52頁。
(8) 前掲書(5)、146頁。
(9) 前掲書(4)、16頁。

第2章 ファシリティマネジメントの現状

1・ファシリティマネジメントとは何か？

スポーツにはファシリティが必要である。ウォーキングや登山など必ずしもファシリティを必要としないスポーツもあるが、陸上競技、水泳、柔道、サッカー、野球、バスケットボール、アイススケートなどを行うには、そのための専用施設が必要であり、競技としてルールに則って行う場合には規格に沿った公式競技施設が不可欠である。

その一方でスポーツ施設が不足しており、さらに整備すべきであるという声も絶えず聞かれる。日常的なスポーツ愛好者もしかり、また高い競技レベルを目指す関係者からの要望は絶えない。文部科学省の統計によれば、わが国には学校体育施設も含めて23万か所を超える施設がありながら、依然として施設不足の指摘は根強い。

では、いったいわが国にはスポーツ施設は何か所あればよいのであろうか？　誰もがいつでも自由に利用できるだけの施設数を整備すれば解決するであろうし、トップレベルの競技会をいつでも開催できる専用施設を用意すれば、それがよいであろう。これが実現できれば素晴らしいことではあるが、現実的ではない。

体育館やグラウンドなどの多くの施設は地方自治体が整備・管理運営することとなるが、すでに財政破綻の自治体が現れ、また少子高齢社会で福祉関連の予算を増額しなければならない中、果たして本当に公共スポーツ施設に、それらの政策よりも優先して財源を手当てしなければならないのであろうか。予防医学的な見地からスポーツが将来的な医療費の伸び率を鈍化させる可能性があるとの話も聞くが、必ずしも十分に証明されているわけではない。もしも、それが本当であるならば、わが国よりもスポーツ実施率の高い国々は、わが国より国民一人当たりの医療費が低くなければおかしいが、わが国の国民医療費は先進諸国の中でも低いことで有名である。

スポーツに価値があることは世界の多くの人びとが認めるところではあるが、限られた資源の中で、スポーツ施設整備に予算を優先的に配分できるのは、オリンピックや国際大会などの開催予定国や都市にすぎない。

新規の施設整備は歓迎であるが、それと同時に今ある施設をもっとうまく使えないものであろうか。また、新規施設は使いやすいように整備できないものであろうか。

このような中、「官から民へ」の規制緩和の潮流により、公共スポーツ施設の民営化が進んでいる。1999年のPFI推進法の施行により、民間企業でも一定の条件を満たせば公共施設の設計・建設・運営が行うことができるようになった。すでに全国で20件以上、総額1000億円を超える公共スポーツ施設のPFI事業が10～25年契約で成立している。国体会場となる水泳プールや総合体育館、清掃工場併設の屋内温水プール、ゴルフ場のリニューアルなど、民間企業のノウハウを活用した新規事業に大きな期待が寄せられている。

また、2003年の地方自治法の改正にともない、自治体が出資した法人以外でも公共施設の運営を可能とした「指定管理者制度」が全国各地で導入され始めた。Jリーグで使用するビッグスタジアムから地域のグラウンド、体育館、水泳プールまで、地方自治体が所有するすべての公共施設が対象となり、1万か所を超えるスポーツ施設で指定管理者制度が導入されている。

つまり、スポーツ施設のファシリティマネジメントとは、施設の計画・建設・管理運営・解体といった、ファシリティのライフサイクル全体をマネジメントすることである。また、単一の施設のマネジメントのみでなく、わが国全体のスポーツ施設政策もファシリティマネジメントの一部ともいえる。

ファシリティマネジメントでは、スポーツ施設整備の官民の役割分担とともに、ライフサイクルコストとして調査・計画作成、用地取得、設計、建設、管理運営、解体までの全体を見通したマネジメントが求められる。とりわけ、初期投資（設計・建設等）よりも、その後の管理運営費は全コストの多くを占めるため、管理運営を十分に考慮した計画・設計とすることが重要である。

また、それと同時にファシリティのステークホルダー全体についての目配りも良いマネジメントには必要である。たとえば、管理運営者と利用者が分離している場合には、管理運営者が利益をあげても、利用団体が赤字であり、利用満足度が低ければ、それはファシリティマネジメントとしては最適ではない。設置者や管理運営者の利益だけでなく、利用者の利益にも配慮し、ステークホルダー全体の便益を最適化することが重要となる。

2・日本の公共スポーツ施設設置の現状と問題点

1 日本のスポーツ施設数

わが国のスポーツ施設の総数は22万2533か所（2008年）である。調査を開始した1969年の14万8059か所の1・5倍に増加しているが、1985年のピーク時には29万2117か所と2倍まで増えた時期があった（表1）。

公共スポーツ施設は1万193か所（1969年）から1996年には6万5528か所と6・4倍まで増加し、その後減少している。2008年では5万3732か所と調査当初と比べて5・3倍であった。その理由として労働時間の減少による成人のスポーツ需要の増大や、住民のスポーツニーズの多様化などが考えられる。

　学校体育施設はわが国のスポーツ施設の過半数を常に占めており、調査開始年の10万１６７２か所から１９９０年には15万６５４８か所にまで増え全体の68・３％にまで至った。その後、少子化の影響もあり２００８年では13万６２７６か所（全体の61・２％）となっている。

　職場スポーツ施設等は、調査開始年当時が高度経済成長であったこともあり、２万９４８８か所と公共スポーツ施設の３倍近くあった。経済成長とともに１９８５年には３万８４５６か所まで増加したが、バブル経済の崩壊などもあり、２００８年には１万５２０２か所と調査当初の半数近くに減少している。

　このようにわが国のスポーツ施設数は経済状況や人口構成によって、変化しており、スポーツファシリティマネジメントの観点からは、それぞれの状況に対応しつつも、安定的・継続的に国民のスポーツ施設環境を提供す

表１　わが国のスポーツ施設数（1969 - 2008 年）

調査年	公共スポーツ施設		学校体育施設		民間スポーツ施設※1		職場スポーツ施設※2		合計	
1969	10, 193	6. 9%	101, 672	68. 7%	6, 706	4. 5%	29, 488	19. 9%	148, 059	100%
1975	19, 835	10. 5%	120, 098	63. 8%	14, 220	7. 6%	34, 071	18. 1%	188, 224	100%
1980	29, 566	13. 5%	135, 170	61. 8%	18, 258	8. 4%	35, 637	16. 3%	218, 631	100%
1985	60, 777	20. 8%	148, 995	51. 0%	43, 889	15. 0%	38, 456	13. 2%	292, 117	100%
1990	62, 786	27. 4%	156, 548	68. 3%	-	-	9, 726	4. 2%	229, 060	100%
1996	65, 528	25. 4%	152, 083	58. 9%	19, 147	7. 4%	21, 268	8. 2%	258, 026	100%
2002	56, 475	23. 6%	149, 063	62. 2%	16, 814	7. 0%	17, 308	7. 2%	239, 660	100%
2008	53, 732	24. 1%	136, 276	61. 2%	17, 323	7. 8%	15, 202	6. 8%	222, 533	100%

※１：1969 - 1985 年は民間非営利施設との合計。1990 年は調査なし。
※２：職場スポーツ施設と大学・高専スポーツ施設など。
（文部科学省，体育・スポーツ施設現況調査より作成）

る必要がある。

2 公共スポーツ施設

2008年の公共スポーツ施設の内訳をみると、体育館（8460か所、15・7％）が最も多く、次いで多目的運動広場（8258か所、15・4％）、野球場・ソフトボール場（6766か所、12・6％）、庭球場（屋外）（5530か所、10・3％）となり、これら4種別の施設で公共スポーツ施設全体の54・0％を占める（**表2**）。

さらに、全国に1000か所以上ある施設種別は水泳プール（屋外）、ゲートボール・クロッケー場、トレーニング場、水泳プール（屋内）、キャンプ場、球技場、柔剣道場（武道場）、弓道場、陸上競技場となる。これら13の施設種別で全体の8割を占めている。

一方、地域住民のニーズが多様化・高度化する中、施設サービスの向上と同時に、厳しい行財政事情のためコスト削減が施設設置者（自治体等）から求められており、公共スポーツ施設

表2　公共スポーツ施設の種別と割合（2008年）

施設種別	か所数	%
体育館	8, 460	15. 7%
多目的運動広場	8, 258	15. 4%
野球場・ソフトボール場	6, 766	12. 6%
庭球場（屋外）	5, 530	10. 3%
水泳プール（屋外）	2, 512	4. 7%
ゲートボール・クロッケー場	2, 303	4. 3%
トレーニング場	1, 816	3. 4%
水泳プール（屋内）	1, 800	3. 3%
キャンプ場	1, 706	3. 2%
球技場	1, 428	2. 7%
柔剣道場（武道場）	1, 122	2. 1%
弓道場	1, 111	2. 1%
陸上競技場	1, 024	1. 9%
その他	9, 896	18. 4%
合計	53, 732	100 %

（文部科学省，体育・スポーツ施設現況調査より作成）

の管理運営方策の改善がファシリティマネジメントの観点からも課題となってきている。

3 学校体育施設

わが国の学校に体育館・グラウンド・プール・武道場などの体育施設が併設されているのは、わが国のスポーツ施設の特徴のひとつといえる。欧州諸国ではわが国のようには学校に体育施設が必ずしも併設されておらず、児童・生徒は地域の公共スポーツ施設を利用している場合が多い。

わが国の学校体育施設（2008年）の内訳をみると、体育館（3万7339か所、27・4％）、多目的運動広場（3万5993か所、26・4％）、水泳プール（屋外）（2万8171か所、20・7％）の3つの施設種別で全体の74・5％を占める（**表3**）。

2008年の小・中学校と高校との合計は3万8634校であるので、体育施設の設置率は、体育館が96・6％、多目的運動広場は93・2％、水泳プール（屋外）は72・9％となる。

表3　学校体育施設の種別と割合（2008年）

施設種別	か所数	%
体育館	37, 339	27. 4%
多目的運動広場	35, 933	26. 4%
水泳プール（屋外）	28, 171	20. 7%
庭球場（屋外）	9, 542	7. 0%
柔剣道場（武道場）	6, 249	4. 6%
バスケットボール場（屋外）	2, 008	1. 5%
柔道場	1, 964	1. 4%
卓球場	1, 939	1. 4%
野球場・ソフトボール場	1, 914	1. 4%
トレーニング場	1, 747	1. 3%
剣道場	1, 704	1. 3%
弓道場	1, 451	1. 1%
バレーボール場（屋外）	1, 312	1. 0%
すもう場（屋外）	1, 172	0. 9%
その他	3, 831	2. 8%
合計	136, 276	100 %

（文部科学省，体育・スポーツ施設現況調査より作成）

上記種別以外にも、1000か所を超える学校に、庭球場（屋外）、柔剣道場（武道場）、バスケットボール場（屋外）、柔道場、卓球場、野球場・ソフトボール場、トレーニング場、剣道場、弓道場、バレーボール場（屋外）、すもう場（屋外）などがあり、児童・生徒の多様なスポーツ活動を支えている。

これらの施設が児童・生徒の学校運動部活動を促進させ、わが国の青少年にとって重要なスポーツ活動拠点である一方、学校体育施設は地域住民にとっても身近な施設である。少子化が進み学校体育施設に空き時間・スペースが増える中、住民の高齢化と健康志向の増大も加わり、学校と地域との共同利用がファシリティマネジメント上の新たな課題となりつつある。

4 ファシリティマネジメントの問題点

公共スポーツ施設・学校体育施設の多くは地方自治体が整備している。その際に地方自治体は単独予算で整備することは少なく、通常は中央省庁の補助金を利用する。公共スポーツ施設の補助金制度には、文部科学省の「社会体育施設整備費補助金」、国土交通省の「都市公園施設整備費補助金」などがあり、学校体育施設は文部科学省「学校体育施設整備費補助金」を、健康増進関連施設は厚生労働省の各種施設整備費補助金、障害者スポーツ施設では厚生労働省「社会福祉施設整備費」などを用いている。上述以外にも防衛施設庁、農林水産省、エネルギー庁などでも基地対策や農漁村振興あるいは電源開発などに関連しスポーツ施設整備を補助している。

このように用途はスポーツと共通であるにもかかわらず、省庁縦割りにより補助制度が複雑化しており、また省庁により施設整備基準や補助率が異なることから、自治体での縦割りも進み、住民目線での一元化したスポーツ施設政策が進めにくいといった課題がある。

　今後は、このような課題を解決するために、中央省庁で一元的にスポーツ施設政策を管理できるような仕組みや、あるいは自治体内での一元的にスポーツ施設の整備および管理運営を行える仕組みが求められる。

　また、管理運営についてみると、経費節減とサービス向上が課題といえる。このため、管理運営の効率化を進めるために、民間事業者のノウハウを取り入れた公設民営化の動きが活発化してきている。指定管理者制度やＰＦＩあるいは管理許可使用など、新たな施設管理運営のための制度が導入されている。ただし、スポーツ施設のファシリティマネジメントでは「官か民か」という二項対立的に、「誰が」管理運営するのかについての議論には意味がなく、「何をどのように」から出発し、そのうえでＶＦＭ(Value for Money)を最大化することが重要である。公共スポーツ施設の民営化は、自治体と民間事業者とのよりよいパートナーシップが成功の鍵を握っている。

3・海外のファシリティマネジメント

1 New Public Management の潮流

海外では、公共スポーツ施設を含め広く公共事業にNew Public Management（以下、NPM）導入が進められつつある。大住（1999）[1]によると、NPMとは1980年代半ば以降、イギリス、ニュージーランド、カナダなどを中心に、行政実務の現場主導によって構築されたマネジメント理論で、おおよそ3つのポイントに集約される。

①行政サービス部門をより分権化、分散化した単位の活動を調整することで、市場分野であろうとなかろうと「競争原理」の導入を図ること、②施策の企画・立案部門と執行部門とを分離し、前者は集権的に全体の整合性に配慮しつつ決定し、後者は分権化した業務単位に権限を移譲すること、③業績／成果にもとづく管理手法を可能な限り広げること、である。

これまでの伝統的な官僚システムと比較するとNPMの特徴は、さらに際立つ。

NPMの特徴としては、評価手法の確立があげられる。これまで行政目標は施設数、整備率などの供給サイドを中心としたアウトプット（結果）をもとに行われてきた。しかし、NPMでは国民を顧客に見立てることから、利用率、満足度などの需要サイドに立ったアウトカム（成果）を目標とし、それにもとづき「行政評価」を行う点が特徴である。これは、まさに経営学にもとづき、顧客満足度を重視した行政のマネジメントであり、この観点から民間活力の導入が各国で行われている。

ＮＰＭは行政サービスの民営化にも特徴がある。硬直化する行財政の改革を目的に、公共サービスの民営化論が改めてわが国でも進められている。たとえば、郵政事業の民営化もそのひとつである。民営化論は新しいようで古くからある。明治維新を経た日本の近代化の過程でのいわゆる払い下げに始まり、戦後のＧＨＱ占領政策の一環として国営企業の公社化につながり、近年では１９８０年代の第二臨調にもとづく国鉄の民営化など、いわゆる3公社（国鉄、電電公社、専売公社）の株式会社化のように、民営化論は絶えず議論されてきた。つまり、政府の役割は時代とともに変化し、それに応じた民営化が行われてきたといえる。

民営化とはPrivatizationの訳語であるが、この意味は公企業の株式会社化といった狭い範囲ではなく、「Privatizationは、経済全体の効率をあげるために市場メカニズムを重視し、国家の経済・社会に対する関与を縮減すること」（松原、１９９１）(2)であり、民間委託や経済的規制緩和、独占禁止法の強化などを幅広く含む。

すなわち、民営化論の本質は「小さな政府」であり、１９７０年代のケインズ的政策としての「政府の失敗」を踏まえた、１９８０年代のイギリス・米国を中心とした「新保守主義」がその基礎にある。

1980年代の民営化論は「厚生経済学」「公共選択の理論」「エージェンシー理論」であるが、1990年代以降は「ニューパブリック・マネジメント論」の流れの中に位置づけられる。「とりわけNPM理論は、公的セクターも私企業と同じように合理的なマネジメントを行うかという課題を追求したもの」（白川ら、1999）(3)であることから、最近の民営化論は、行政サービスの民間への移管・委託といった事業主体の変更にとどまらず、それによるサービス向上、業務効率化など「行政評価」を現実に求める点に特徴がある。つまり、官僚機構の制度疲労を認め、ディスクロージャーを強化し、広く民間企業や国民の行政参画を促す方向にあるといえる。

イギリスでも、「政府の失敗」が他の公共サービスと同様に公共スポーツ政策の改良を促進しており、それは福祉政策からの脱却というよりはむしろ、政策の効率性の観点を見据えた新しい評価方法の導入が進められている（Gratton and Taylor, 2000）(4)。わが国の公共スポーツ施設行政についてもNPMの導入が着実に広まりつつある。

2 イギリスのファシリティマネジメント

イギリスでは1979年のサッチャー政権から、公共スポーツ施設へのNPMの導入が進められている。国有企業の民営化にはじまり、1982年の行財政管理制度の改革（FMI）、民営化や民間委託の可能性を探った上でのエージェンシー化（Next Steps）を踏まえ、行政サービス基準を定めた市民憲章（Citizen's Charter）を経て、現在では、民間企業とのパートナーシップによる公共施設整備（ＰＦＩ）へと進展し、Best Value として、広く公共施設の経営改善が展開されている。

このような傾向は、公共セクターを取り巻く環境での、さまざまな要因が相互に作用・関連し、その結果として生じている（Robinson, 2004）(5)。具体的には、法制度の改正は当然ながら、消費者意識の変化、スポーツ施設の競争激化、施設経営者のプロフェッショナリズムの向上などが相互に作用し、今日に至っている。

(1) CCT (Compulsory Competitive Tendering)

１９８０年にサッチャー政権の下で、ＣＣＴは法制化された。それまで自治体が直営で行っていた事業の効率性を見直すために、一定の業務については民間事業者との競争入札を義務づけた。公共スポーツ施設についてもＣＣＴが適用された。しかし、ＣＣＴでは入札金額による選定であるため、必ずしもサービスの質を担保することができず、「安かろう悪かろう」といった悪循環に陥った施設もある。Compulsory（強制）という言葉のニュアンスから反発も多く、自己評価・報告の仕組みがなかったこともあり、制度としてのＣＣＴは改善を余儀なくされた。

(2) ＢＶ (Best Value)

１９９７年に労働党が保守党を総選挙で破り、金額だけでなくサービスの質も評価に入れた〝Best Value 政策〟が導入された。ＢＶでは、施設サービスの結果を重視し、利用者志向（Customer Oriented）を特徴としている。ＣＣＴとの相違点は、中央政府が強制するのではなく、職員にシステムの効率的な運用を考えさせることで、モチベーションを高めたところである。公共スポーツ施設にも適用されており、管理運営費とサービスの質のバランスを重視した経営が行われている。

（3）CPA（Comprehensive Performance Assessment）

ＣＰＡはＢＶから派生したパフォーマンス・マネジメント・フレームワークであり、２００２年に労働党政権により導入された評価システムである。２００５年からＣＰＡの新しいセクションとして、スポーツを含む「文化」の項目が設立された。ＣＣＴやＢＶでは課すことができなかったカウンティーカウンシルの公共サービスのパフォーマンスの質を統一の基準で評価し、地域住民に対してその結果を公表している。評価基準は、①スポーツ・フィジカルアクティヴィティーとスポーツボランティアへの参加、②Value for Money、③平等（Equity ―スポーツ・レクリエーション施設にアクセスの拡大）、④選択と機会があり、さらに詳細な項目として、７つの指標があるが、そのうちの２つのみが財政的指標である、という点がＣＣＴやＢＶとの違いであり、ある意味で費用対効果を検証する方法でもある。公共スポーツ施設については、Sport England が文化・メディア・スポーツ省（Department for Culture, Media and Sport; 以下ＤＣＭＳ）の公共サービス契約（Public Service Agreement; 以下ＰＳＡ）にもとづき、評価値を設定している。地方自治体が公共スポーツ施設への最大の投資者であり、運営者であることから、費用対効果を最大化した運営ができるよう、Sport England は上記の評価値に従い、「根拠（Evidence）」により裏づけされた「知識の共有」を地方自治体に対して行っている。

しかし、ＮＰＭ発祥の地であるイギリスでも１９８０年代当初からの段階的な行政改革の試行錯誤の結果ようやくＣＰＡに行き着いたのが実情であり、費用対効果の重要性を理解していたとしても、その実際には、実に多様なオプションとステップがあることがわかる。したがって、ＣＰＡ自身も行政改革の最終解とは限らず、今後さらに次の段階に発展する可能性も考えられる。

ＰＦＩについてみると、イギリスでは、鉄道・道路、病院、防衛施設などあらゆる公共施設にＰＦＩが導入されているが、スポーツに関しては１％以下と推察される。スポーツ施設のＰＦＩの導入事例が少ない理由として、スポーツ施設には宝くじが財源として充当されることがあげられる。また、スポーツの歴史が長いイギリスでは主たるスポーツ施設はすでに整備されており、新規整備の件数が少ないこともあげられる。イギリスのスポーツ施設関連のＰＦＩとしては、昨今の健康志向も反映し、Leisure Centre とよばれる、地域の水泳プール・スタジオ・ジムなどへの導入が進められている。施設規模が大きくないこともあり、整備費も日本円にして、15～30億円程度である。

４・日本における指定管理者制度の導入と評価

❶指定管理者制度とは

２００３年９月の地方自治法第２４４条の改正により、「公《おおやけ》の施設」の管理運営の規制が緩和され、民間事業者が「指定管理者」となれるようになった。それまでは、地方自治体が直営するか、あるいは地方自治体が出資した財団や公社などに限定される「管理委託制度」であった。

管理委託制度は1963年に自治法改正にともない「公の施設」に関する制度が創設された。これにより、それまでの自治体直営から公共的団体への委託が可能となった。その後、1991年に「公の施設」の「管理受託者」の範囲に自治体の出資法人が追加されるとともに、「利用料金制」の導入が認められた。これによって出資法人の経営努力を促進させる条件が整った。さらに1997年には自治大臣指定法人を廃止し、「管理受託者」に主要な役・職員派遣法人も追加した。その後2002年には総務省「制度・政策改革ビジョン」において「管理受託者」に株式会社が例示され、民間事業者への公共施設管理運営ビジネスについての規制が大きく緩和される道筋がつけられた。それを受けて2003年9月に地方自治法244条が改正され、「指定管理者制度」が制定されたのである。

指定管理者制度は、地方自治体が所有する公共スポーツ施設についても適用されるため、フィットネスクラブをはじめ、スポーツ施設メンテナンス会社、ビルメンテナンス会社などが、各地で行われる指定管理者の公募に湧いている。

指定管理者制度では、公共スポーツ施設の管理運営を受託するのであり、ある意味では自治体が行うべき業務を代行する側面があるため、基本的には自治体が委託費を支払うことになる。自治体によっては管理運営に必要となる経費全額を支払う場合もあれば、必要経費の一部のみを支払い、残りについては「利用料金制度」として、受託者自らが経営努力により、施設使用料でまかなう場合もある。利用料金制度の場合は、必要経費を超えた分については受託者収入となるため、それがインセンティブとなる。

このように、民間事業者のノウハウを、公共スポーツ施設の管理運営に導入し、利用者数の増大、満足度の向上さらには自治体経費の削減を目指すのが「指定管理者制度」である。つまり、公共スポーツ施設の民営化とも考えることができる。

2 指定管理者制度の現状

指定管理者制度を所掌する総務省の調査（2006年9月2日）によると、全国で6万1565の「公の施設」が指定管理者制度を導入している。都道府県設置施設を例にとると、指定管理者制度の導入率は59・2％であり、最高は愛知県（97・1％）、最低は新潟県（14・0％）であった。

公共スポーツ施設である「レクリエーション・スポーツ施設」の導入率は86・9％であり、「公の施設」の中で最も高く、文化施設は最も低く41・2％であった。

全国のレクリエーション・スポーツ施設で指定管理者制度を導入した施設数は1万1330であり、市区町村が全体の89・5％を占める。

レクリエーション・スポーツ施設の指定管理者選定手続きは、公募の割合が高く、都道府県、指定都市では外部有識者による合議体が比較的多い。これは、都市部や大規模施設については、フィットネス事業者、ビルメンテナンス事業者などへの下請けが従前より進んでおり、必ずしも既存の財団等に限定する必要がないことや、また事業者からの希望が多いことが推察される。実際に、これらの施設での公募に先立つ現場説明会で50社を超える事業者が参加した事例もある。

一方、市区町村では、特例による従前団体の指定が過半数を超える。割合の分母となる市町村数が多いことに加え、人口密度が低く、民間事業者数も少ない地域では、公募が成立しない場合があることや、現状の管理運営者の雇用維持を図るために特例を用いていると考えられる。都市部では職域や雇用も広く転職が可能だが、人口過疎地では公募の結果、従前の事業者が負けた場合、雇用の受け入れ先がないことが影響している。

レクリエーション・スポーツ施設の指定管理者では、公の施設全体と比べて、「株式会社・有限会社」の割合が高いのが特徴といえる。また、財団法人・社団法人、あるいはＮＰＯ法人も全体的に多い。公共スポーツ施設は、他の公の施設に比べて、営利・非営利を問わず管理運営を担える法人が多いのが特徴であり、そのため競争が多いともいえる。このため、一般的な公の施設に比べて、市場化が進むのが早いといえる。

3 指定管理者制度の評価

民営化先進国のイギリスでは、サービスの質を定量的に評価できるよう、同種・同規模施設での利用者満足度を比較するためのベンチマーキングが導入されているが、わが国ではまだ定量的な評価が定まっていない。しかし、事例研究ではあるが、以下のような評価結果が見られはじめている。

総務省は、指定管理者制度の目的を、「多様化する住民ニーズにより効果的・効率的に対応するため、公の施設の管理に民間の能力を活用しつつ、住民サービスの向上を図るとともに、経費の節減等を図ること」としている。

住民サービスの向上については、指定管理導入後は「料金に見合ったサービス」をはじめとする複数の項目で満足度が向上し、その一方で、利用者数の増加が混雑の増大をもたらすことによって快適さの要素に関して満足度は低下したが、「総合満足度」は導入直後には一時的に低下し、その後上昇することが確認されている（間野、２００９）[6]。

サービスが向上した理由として、指定管理者の選定に「公募方式」が導入されたことが考えられる。指定管理者制度では、公募による民間企業の参入を認め、既存の公益法人等を含めて競争させ、サービス向上・経費節減のための創意工夫を生みだすことをねらいとしている。つまり、公募方式によって、複数の事業者が企画提案を競い合っていることがサービス水準の向上をもたらしていると考えられる。企画提案では、開業時間の延長・休館日数の削減・清掃回数の増加・施設設備の改修など既存事業の改善項目の提案に加え、自主事業についても提案が可能である。審査は総合評価方式であり、価格入札とは異なり企画提案書の内容を重視している。また、企画提案書の内容の履行確認を自治体が行うため、提案した内容は確実に実施しなければならない。これらの一連の仕組みが、サービス水準の向上をもたらしたと考える。

次に、経費の節減については、指定管理者制度の導入により有意に公費負担が削減されたことがわかった（間野、２０１０ａ）[7]。自治体からの経費である指定管理料を下げるには、指定管理者が施設の利用料収入とその他収入を上げる必要がある。施設の支出を下げることも考えられるが、光熱水費・修繕費・清掃費・警備費・人件費などで構成されており、サービス水準を維持・向上させるには、支出を大幅に下げることは難しいと考えられる。利用料収入の増加には、利用者数の増加が必要となる。したがって、指定管理料の削減は、利用者数の増大によってもたらされると考えられる。実際に指定管理者制度の導入により有意に延利用者数が増大したことが明らかとなっている。延利用者数が増加し、利用料収入が増大したことにより、ほぼ毎年度に指定管理料を縮減していくことができたと考えられる。

このように、総務省が当初に指定管理者制度の目的とした、住民サービスの向上と経費節減が効果として確認できた。

さらに、指定管理者制度には雇用創出効果があることも示唆された（間野、２０１０ｂ）[8]。管理運営形態の相違による常勤雇用者数について、直営であった施設が指定管理者制度を導入したことにより、有意に増加した。この理由は、管理運営主体が自治体から民間事業者等に確実に交代していることから人員体制が変更となったと考えられる。指定管理者の選定に際して公募となることから、公募の場合には民間事業者など応募者間による競争が激しく、競争で勝つためには開館時間の延長や自主事業などのプログラム充実の提案が必要となる。そのためには、いっそうのマンパワーが必要となることから、常勤雇用者数の増大がもたらされたと考えられる。

これらのことから、指定管理者制度では、事業者間での競争原理が働く公募方式を用いた場合、サービス水準の向上をもたらし、利用者が増大し、それにより収入全体が増加することにより、自治体からの委託費の削減効果が生じると考えられる。また、副次的な効果として、直営から指定管理者に変更となった場合、サービス水準を向上させるためのマンパワーが必要となり、その結果、常勤雇用者数が増えるといった雇用創出効果も生じると考えられる。

他方、コスト削減のために、設備の修理が遅れ発生した死亡事故を引き起こした事例や、事業収支計画が甘く楽観的な経営により事業継続が困難となり、指定管理者が取り消されたキャンプ場や、あるいは指定管理を返上せざるを得なくなった体育館などの例もある。また、安上がりなパートタイマーの大量採用と使い捨てなどの雇用問題も発生している。

以上のように、指定管理者制度の導入によって、都市部の特定の施設においては公共スポーツ施設の経営が改善されることが実証的に明らかとなった一方で、依然として全国各地で指定管理者にともなうさまざまな問題が存在していることから、指定管理者制度の評価に際しては、これらの問題点にも配慮する必要がある。

【引用文献】

(1) 大住荘四郎『ニュー・パブリックマネジメント』日本評論社、1999年。
(2) 松原聡『民営化と規制緩和』日本評論社、1991年。
(3) 白川一郎、富士通総研経済研究所『行政改革をどう進めるか』日本放送出版会、1999年。
(4) Gratton, C. & Taylor, P. "Economics of sport and recreation" E & FN SPON, 2000.
(5) Robinson, L. "Managing public sport and leisure services" Routledge, 2004.
(6) 間野義之、庄子博人、本目えみ「公共スポーツ施設の指定管理者制度導入前後の利用者満足度の変化―A体育館を対象とした事例研究―」『スポーツ産業学研究 Vol. 19』2009年。
(7) 間野義之、庄子博人、本目えみ「公共スポーツ施設の指定管理者制度による公費負担ならびに利用者数の変化」『日本体育・スポーツ経営学研究』2010年a。
(8) 間野義之、庄子博人、飯島沙織、本目えみ「指定管理者制度の導入が公共スポーツ施設の常勤雇用者数に与える影響」『スポーツ産業学研究』2010年b。

【参考文献】

・間野義之『公共スポーツ施設のマネジメント』体育施設出版、2007年。

（間野義之）

第3章
スポーツファシリティと指定管理者制度

1・PPP（官民連携）による新たな公共経営の時代へ

1 経済と社会政策

デンマーク等の北欧諸国では、自由主義市場と共存しながら福祉国家としての機能を充実させている。重い税負担はあるものの国民の生活満足度は日本に比べて数段高い。またアメリカは激しい競争社会の中、夢多き国であるが、一方で医療・福祉などの福祉政策は十分とはいえない状況が続いている。しかしそれを補うかたちで非営利部門（退職者会・宗教・福祉・慈善団体等）やベンチャー企業が社会維持活動の主役として雇用を担い、パブリックビジネスへ着々と進出している。一方日本は、アメリカ同様の競争社会の中で福祉国家の機能は何とか保ってきた。しかし、行政のスリム化や小さな政府の提唱の中それら組織を十分に育成してこなかったため、福祉機能の縮小や雇用不安を招くなど多くの課題を積み残してしまった。同じくスポーツ組織も脆弱で、コミュニティ形成の基盤になるまでには至っていない。そこで本章では「ＰＰＰ（官民連携）」の視点からスポーツファシリティを考えていきたい。

2 ＰＰＰの種類と公共経営

ＰＰＰ（Public Private Partnership）とは、行政・民間企業・非営利組織・市民が、それぞれの得意な分野で責任を持ってその役割を果たしていくことによって、費用対効果を高め、社会的な仕組みを構築していく手法であり、官民連携の事業展開によってまちづくり（スポーツ振興等も含む）が進められていく。ＰＰＰの活用は、行政主導・学校中心で行われてきたわが国のスポーツにとって大きな転換となるであろう。

ＰＰＰは官と民との役割分担の観点から、「公共サービス型」「公有資産活用型」「規制・誘導型」と大きく3つに分類できる（図1）。

（1）公共サービス型（民間による公共サービス提供）

ＰＰＰの中では最も純粋な公共事業に近いかたちで、官が決めた方針等にもとづき公共サービスの実施を民間に委ねる手法である。施設関連ではＰＦＩや指定管理者がその代表であり、その他、フィットネスクラブ等が健康・福祉事業へ参入しているケースも多く、ビジネスとして比較的参入しやすい分野である。

(2) 公有資産活用型 (公有資産の活用による事業創出)

事業が行われる空間は「官」の空間(土地または建物が公有財産)であるが、事業の内容は民間事業者である。この形態は官の空間を有効利用して民間事業者が目的・方針・手段等すべてを決めることができる。すなわち官の土地や建物を有効利用して民間がビジネス展開できるといった手法で、スポーツ施設では味の素スタジアムや日産スタジアムのように、施設空間(官が所有)にて民間の広告事業を行う「ネーミングライツ」がその代表である。その他、統廃合になった学校や公共施設の利活用などの事例も多い。

(3) 規制・誘導型 (民間活動支援等による地域活性化)

事業が行われる空間(土地や施設)や事業内容は民間であるが、まちづくりや地域福祉のために、ビジョンの明示、規制、規制緩和、補助金、税制、制度金融等政策手段により行政が民間の行動をコントロール(支援)する手法である。いずれも官が決定した目的を実行する際に、民間が全部または一部を担う仕組みで、特

純粋民間事業	規制・誘導型 民間活動支援等による地域活性型	公有資産活用型 公有資産の活用による事業創出	公共サービス型 民間による公共サービス提供	純粋公共事業
―	・民間活動の支援 ・協力関係の構築 ・特区・地域再生 その他規制緩和	・広告事業 ・ネーミングライツ ・公有資産の利活用	・PFI ・指定管理者 ・民間委託 ・市場化テスト	―

図1 公民連携の領域

区や市街地再開発などが代表的事例である。たとえば、「高齢者生きがい特区」や「子ども健康体力推進特区」「コミュニティ推進スポーツクラブ特区」などスポーツや交流、健康、ツーリズムの分野で実践されることを期待したい。

これら官民連携によるスポーツ振興の中核となる経営資源は、スポーツファシリティといっても過言ではない。

2・指定管理者制度

❶制度導入の社会的背景

わが国のサービスは行政に依存しすぎ、民需の活性を妨げているといったことが議論されるようになり、行政改革委員会では「民間にできるものは民間に委ねる」「国民本位の効率的な行政」「説明責任（アカウンタビリティ）」を果たすという基本原則が掲げられた。そのような規制緩和の流れが加速されていく中で公務の市場開放の主要施策として施設の建設、維持・管理・運営、それぞれに可能なものは民間に任せることを基本として「指定管理者制度」創設に至った。自治体および公共的団体が独占的に担ってきた公共施設運営を、地方自治法（224条）の改正によって民間に市場開放したことは地方自治における大きな規制緩和といえよう。一方制度導入のもうひとつの理由は、PFI（Private Finance Initiative）法（1999年）の限界があった。PFI事業は民間資金によって公的な施設を建設するものであるが、建設後の施設管理や各種業務もそのPFI事業者に委託して資金償還を図ることを想定していた。しかし従来の地方自治法の規定では、施設管理は可能という解釈ができても、利用料金（公金）を民間事業者が収入とすることや料金設定などを行うことが不可能であった。そのため、自治法改正によってPFI事業の推進も狙いとしていた。

2 制度の概要

2003年6月に公布された「地方自治法の一部を改正する法律」では、「指定管理者」という新たな制度が設けられ「公の施設」の管理運営が民間市場に開放されるようになった。

それまで地方自治法（224条）では、保育園や児童館、公園や道路、図書館や体育館など住民の福祉を目的として自治体が設置する施設を「公の施設」と定義し、自治体が直接管理することを原則としながら、必要がある場合に自治体が出資する法人（50％以上出資）に限って委託できるとしていた。いわゆる「○○財団、事業団、公社等」といった外郭団体や第三セクターに施設運営委託が独占的に行われていたのである。そうした管理運営形態には競争原理の機能が働かないことから効率的運営が進まず、厳しい財政事情の自治体にとって施設運営経費は大きな負担となっていた。

ところが、改正された「指定管理者制度」では、受託者の範囲が民間事業者、公益法人、NPO、任意団体などに拡大され、公共施設運営に競争原理が適用されるようになったのである。このような規制緩和による市場開放は、プロチームやフィットネス業界、施設運営会社、スポーツNPOにとってパブリックビジネスとして成長しつつある。

3 制度の効果

(1) 行財政の効率化

運営経費や人件費等の縮減を行い、利用収入や事業収入を管理者が収納できる「利用料金制」の導入で自治体の経費負担の軽減が図れる。

(2) 住民サービスの向上

施設管理専門業者やフィットネスクラブの経営ノウハウ、NPOの地元ネットワーク、研究機関の専門性などにより、利用者へのサービス向上が図れる。

(3) 経済の活性化・雇用の創出

公共スポーツ施設の市場開放は、民間事業者にとっては大きなビジネスチャンスとなり、また低迷するNPO運営の財政基盤ともなりうる。それらの活動が活発化することで経済

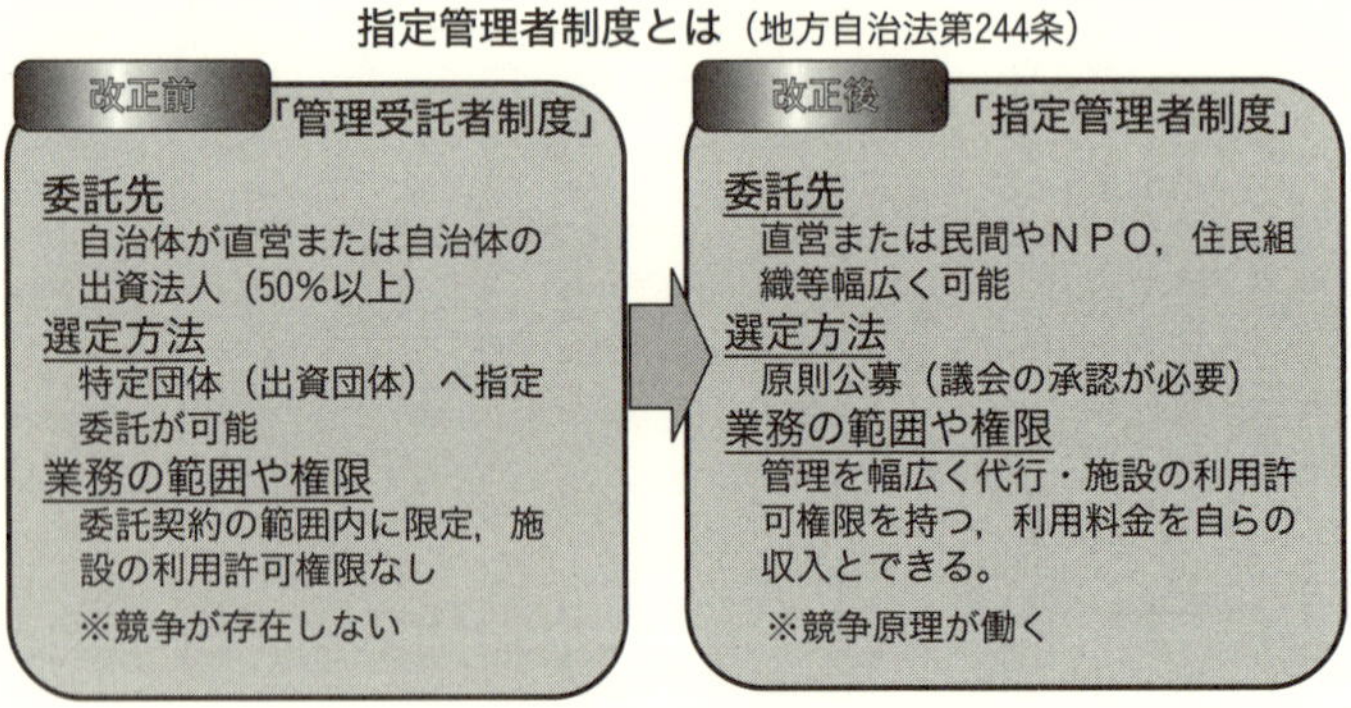

改正前 「管理受託者制度」	改正後 「指定管理者制度」
委託先 　自治体が直営または自治体の出資法人（50％以上） **選定方法** 　特定団体（出資団体）へ指定委託が可能 **業務の範囲や権限** 　委託契約の範囲内に限定，施設の利用許可権限なし 　※競争が存在しない	**委託先** 　直営または民間やNPO，住民組織等幅広く可能 **選定方法** 　原則公募（議会の承認が必要） **業務の範囲や権限** 　管理を幅広く代行・施設の利用許可権限を持つ，利用料金を自らの収入とできる。 　※競争原理が働く

図2　従来の制度と指定管理者制度の比較

の活性化やさまざまな雇用体系も創出される。

3・地域協働型マネジメントと成功する指定管理者

1 スポーツ振興と指定管理者

欧州のスポーツ組織（クラブ等）は、自前の施設を所有するかまたは公共施設の運営を受託していることが多く、「施設」「組織」「指導者」「プログラム」が一体となって機能している。しかしわが国ではそれらが一体化していることが極めて少なく、優秀な指導者や素晴らしいプログラムも有効に機能していないことが多い。

そこで施設規模別に運営組織（団体）の適応を次のように分類した（図3）。「大規模施設」では、Jリーグチームやプロ野球チーム、競技団体を統括する都道府県体育協会が、また「コミュニティレベルの施設」では総合型地域スポーツクラブが施設運営の中心的役割を担うことで施設の有機的な運営が図られる。大規模施設では広島東洋カープや千葉ロッテマリーンズの他、多くの成功事例が見られ、総合型クラブにおいてもスポーツ施設の運営者としてマネジメント機能を高めてきている事例も散見される。これらは脆弱な組織経営からの脱皮と住民参加型の仕組みの構築であり、換言するならば、停滞していた市民のスポーツ活動に「お金」と「責任」が与えられるといった構図である。

指定管理者制度を単なる施設管理にとどまらせず、施設・組織・指導者・プログラムを積極的に融合させた地域スポーツ振興プランを検討していくことが重要となる。

2 施設運営専門集団の育成（専門職の有機的活用）

都道府県や政令指定都市などの大規模自治体では専門職員の採用・配置は可能であるが、小・中規模自治体ではその役割や必要性は認識しつつも異動や任用の問題で採用は難しい状況にあった。そのため従来の公共施設では専門性が低いといった指摘もされていた。それらの課題解決のためには積極的に専門職員を採用・育成する企業が公共施設運営に参入することが重要となる。健康運動指導士・図書館司書・学芸員・

	期待される運営者	必要な機能	施設の例
(1) 大規模施設（観戦型施設・特殊施設）	プロスポーツチーム 都道府県体育協会 施設管理会社 イベント企画会社 その他の専門機関等	大会の開催や誘致 競技団体との調整 集客活動・広告宣伝 教室・プログラム提供 イベント開催 施設運営 施設メンテナンス その他	国際級スタジアム 国体用施設 総合運動場 大型総合プール 大型スケート場 その他
(2) 中規模施設 市町村の基幹施設	フィットネスクラブ 施設管理会社 地元大学 ＮＰＯ等住民組織 その他	施設運営 教室・プログラム提供 施設メンテナンス スポーツ振興機能 地域交流 その他	市町村の中心施設 総合体育館・プール 市総合運動場 その他
(3) コミュニティレベルの施設	総合型地域ＳＣ（ＮＰＯ取得） 施設管理会社 団塊の世代を活用 住民組織 その他	施設運営 施設メンテナンス 教室・プログラム提供 地域交流 その他	地域体育館 地域センター併設施設 学校（小学校・中学校） 公民館 その他

図 3　施設規模別にみた指定管理者の機能と期待（大竹，2010 年）

社会教育主事などの有資格者を採用・育成しつつ、近隣の自治体を横断的に指定管理者となることで施設の専門性に加え、自治体間の職員異動も可能となる。

たとえば、同一企業が複数自治体の施設を運営しているケースでは、スポーツ専門職が5年後には他自治体のスポーツ施設に異動する。前職で培った経験やノウハウを異動先の地域で生かせるなどの効果は大きい。博物館や図書館でも同様の仕組みが成立すれば指定管理者の社会的ニーズも高まるであろう（図4）。

ただし上記の実現にあたっては、「専門職員に対して相当な対価（給与）を補償できる」「長期間の雇用を補償できる」ことが前提であり、価格競争による低賃金や頻繁に運営者が変わる仕組みでは専門的で良質な公共サービスは期待できない。本制度の成熟に向け、行政、民間企業、研究者などの連携でさらなる実践研究を行っていかなくてはならない。

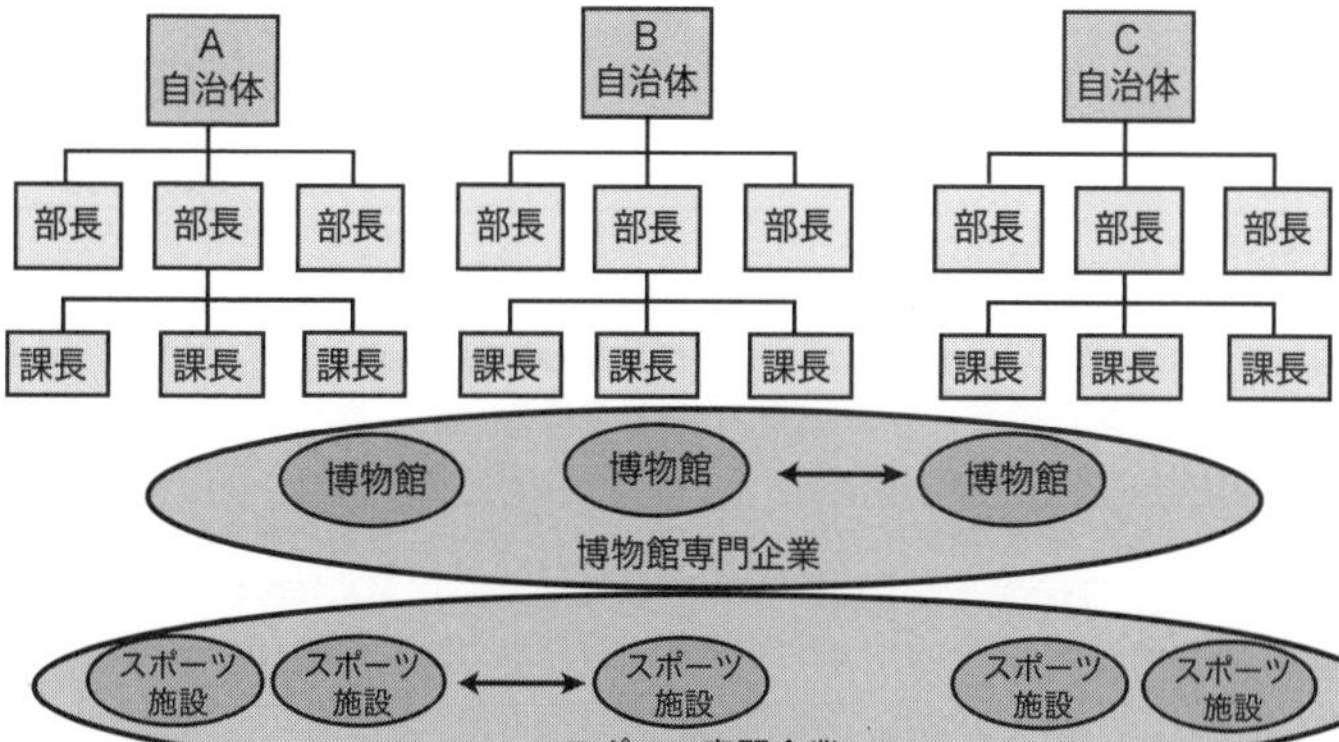

図4　指定管理者は専門職集団

3 成功する指定管理者とは

「成功する」という言葉を安易に使うことはできないが、成功している企業や団体に共通する項目を以下に示してみる。

①コンプライアンス

パブリックビジネスに参入する企業（NPO含む）については必須条件。

②専門集団としてのポジショニングと専門職の積極的な雇用

指定管理者は単なる委託ビジネスでなく企業の専門的な人材とノウハウが必要。

③事業計画書の作成および進行管理

公募型プロポーザルが原則のため事業計画書の良し悪しが選定に影響。さらに事業評価（モニタリング）の際も進行管理が重要。

④モニタリング

継続的な経営を評価・改善するためにモニタリングは必須（次項で解説）。

この①～④を基本として4つの特性（**図5**）を分析し、事業構

① 自社特性	② 施設特性
・自社の相対的な強み，弱み ・自社のノウハウ ・経営理念，企業風土 ・指定管理者に対する実績，考え方　等	・まちの中での施設の役割 ・施設としての機能特性 ・利用者の特性 ・既存の運営団体のサービス内容　等
③ 地域特性	**④ 公募特性**
・自治体の特性（政策や方向性など） ・地域住民の特性（人口統計やライフスタイルなど） ・まちの文化特性（歴史や風習など）　等	・複数施設もしくは単独施設 ・公募書類の確認 ・審査方法の確認　等

図5　4つの特性分析

築における基本的な経営のフレームを作成してみる（図6）。

4・モニタリング

1 モニタリングの必要性

そもそもＰＦＩや指定管理者制度などアウトソーシングの積極的導入には、安全管理の不備や公共サービスの低下などの懸念もあった。公共住宅で高校生がエレベータに挟まれ死亡した事故や、「市民プール（流水プール）」で少女が吸水口に吸い込まれ死亡した事故はこの典型といえよう。これらの事例では、施設の管理運営においてＰＤＣＡのマネジメントサイクル（Plan-Do-Check-Action）を基本とするモニタリング（監視・評価）が機能していなかったと考えられる。その結果、サービスの基本である安全管理に支障をきたし指定管理者の解除だけでなく管理監督側（行政）の責任が強く求められる事態に発展してしまった。そもそも委託業務とは、いかにコストを削減するかに重き

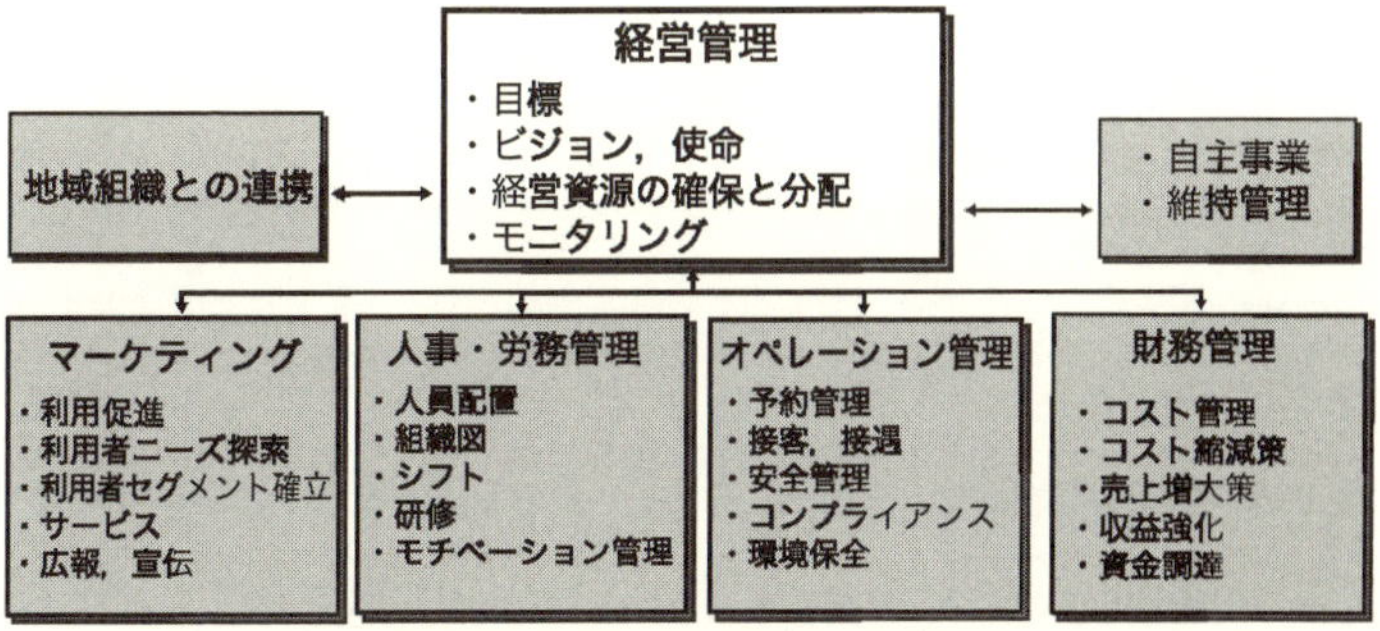

図6　事業構築における基本的な経営のフレーム

を置かれてきたが、安全点検や適切な人員配置、研修、サービスなどが疎かになってはいけない。

また本制度は、「経費を削減してサービスの向上を図る」「仕様書を遵守しつつ顧客満足度向上を図る」など、一見相反する事項を同時に担っていかなくてはならない変則的な制度でもある。さらに雇用の不安定さも大きな課題で、一定期間（3～5年）で公募・選定を繰り返すことは、施設運営従事者にとって絶えず雇用不安と向き合うことにもつながる。このような仕組みの中では優秀な人材が集まりづらく、パブリックビジネスの理想と現実に大きなギャップが存在してしまう。PDCAサイクルなど経営的視点、安全管理、雇用不安などを解決するために「モニタリング」が重要な役割を果たす。

2 モニタリングの分類

指定管理者制度にあっては、（1）「業務履行状況の確認」、（2）「サービスの質的評価」、（3）「指定管理者の業務遂行能力（財務等）」の3つを主軸に「年次・月次業務報告書提出」「自治体との定例会議」などの報告行為を加えモニタリングが構成される。

（1）業務履行状況の確認

仕様書や事業計画書などで実施すると謳われている内容（計画）を履行したかを確認する行為。有資格者の配置や開館・閉館時間、研修計画、安全マニュアルの作成とその対応など、当初から計画したことを実施しているかなど。たとえば、仕様書や事業計画書等にもとづき、その業務がきちんと履行されたかを評価シートに沿ってチェックする。業務が履行されていれば（○）、履行されていなければ（×）、今後実施する予定であれば（△）と記し、履行されていない場合は、評価者（自治体）が納得するような相当の理由を明記する。その他、「A・B・C」や「1～5段階」で評価することもある。

（2）サービスの質的評価

（1）「業務履行状況確認」だけでは知ることのできない「サービスの質」を、アンケート調査などを用いて測定・評価する行為。たとえば、規定の業務を滞りなく行ったことは（1）でわかるが、従業員の接客や清掃、空調、水質（プール等）、雰囲気などの目に見えないサービスは測定が難しい。そこで（1）で確認できない部分を、アンケート調査などを活用し利用者に客観的判断（点数評価）をしてもらうことが重要となる。指定管理者が提供するサービスが、どの程度の水準で行われているかなどを顧客満足度調査・分析によって数値化し、その結果を経営改善につなげていく。

（3）指定管理者の業務遂行能力（財務・経営の評価等）

施設経営上のリスクマネジメントの点から「施設経営能力や会社の体力」なども選考やモニタリングでは重要となる。（1）と（2）を財務的な数値で裏づけるモニタリングであり、アウトプット指標とアウトカム指標が併用されることにより、サービスの安定性や継続性を評価することとなる。

これらのモニタリング内容を、指定管理者・自治体・第三者といった実施主体がどの部分を担当していくかなどを事前に取り決めておくことが重要である。

5・補助金適正化法の改正とスポーツファシリティ

従来の「補助金適正化法第22条の規定にもとづく各省庁の長の承認について」では、国の補助金を使って整備した施設については、自治体が当初定めた用途以外に目的を変更する際は、決められた耐用年数（50年）を過ぎるか補助金を全額返還しなければ、転用や譲渡、取り壊しができなかった。そのため不要になった施設も補助金を返還しなければ他の用途に転用することも廃止することも困難であった（例外あり）。財政状況が厳しい自治体では補助金の返還は難しく、不要な施設の廃止ができないまま赤字を垂れ流すといった状況が続いていた。要するに「地方の公共施設」にあっても国の管理下に置かれていたという状況で、これが日本の地方自治を停滞させる問題のひとつであったともいえよう。

改正内容としては、施設の完成後10年経てば、国に報告するだけで、自治体がその施設を自由に転用や処分ができ、補助金の返還も不要となる。また、完成後10年未満でも、市町村合併や地域再生の施策にともなう場合は、自治体の判断（議会承認）で他の有効施設に用途転用がスムーズに行われる。利用者が増えずに維持管理経費がかさむ公共施設については、無理に存続して指定管理者に委ねることなく、廃止や民間施設に転用するという選択も可能となった。

少子化が原因で統廃合になった学校等の施設を、少年スポーツ施設や高齢者向け福祉施設、地域産業拠点施設へ、これ以外にも、小学校の空き教室は厚生労働省所管の「放課後児童クラブ」などへ、保育所は調理場等が完備しているため、給食サービスを行えるような障害者福祉施設や高齢者福祉施設への転用ができる。さらには市町村合併によって不要になった施設を民間へ委ねて有効活用するなど、この法改正が「ＰＰＰ」推進に果たす役割は大きい。

上記の法改正によって、公有資産（公共施設等）を民間が改修し活用していくといった新たなビジネス（ローカルＰＦＩ）が今後は展開されていくと予想される。課題を抱えている施設をどのように改良したら他の施設に転用できるか、改修も含め採算の取れるプランを提案してもらいながら地域貢献ビジネスを民間に託す。今までのＰＦＩは、公共の土地に民間がゼロから建造物を立てるため数十～数百億の資金が必要であり、比較的小さな企業の参入は難しかった。これからは既存の建物を民間の資金によって修繕・改修し、スポーツや交流、健康を柱とした地域再生が行われていくことに期待したい。

6・ＰＦＩという新しい公共スポーツ施設経営の潮流

❶ＰＦＩ方式

ＰＦＩ（Private Finance Initiative）は、民間の資金を活用して社会資本を整備しようという考え方で、公共スポーツ施設の建設から維持管理までを民間企業に任せ、その経営手法を利用して効率的に良質な公共サービスを提供していくというものである。1992年にイギリスで導入され、日本では1999年に促進のための法律が施行された。

従来の公共施設では、建設主体と運営主体が異なることが多く（自治体内でも）、その後の運営が効率的に行われづらい構図があった。PFI方式では、約15年～30年といった長期の運営を前提とした契約が行われるため運営者の意図が反映されやすい仕組みとなる。徐々に事例も増えているが、その他の事業展開（指定管理者など）と比べてリスクも大きいことから、今後の事業モデルの成功が大きなカギといえよう。

2 エンターテインメントの時代と公共スポーツ施設（PFI事業モデル：墨田区総合体育館建設）

現代の成熟した社会では市民ニーズは多様化・高度化し、新しいかたちの公共サービスとしての施設建設や運営の仕組みが必要になってきた。

2010年4月1日にオープンした墨田区総合体育館は、「する（活動の実践）」「みる（スポーツ観戦）」「支える（活動支援）」をコンセプトに次の基本理念を掲げてPFI手法により建設された。

①多様なニーズに対応でき区民の誰もが利用しやすい施設
②地域のスポーツ活動を支援する施設

③副都心錦糸町の立地特性を生かした魅力ある施設
④都市公園機能を重要視し公園と密接に連携する施設
⑤民間のノウハウを活用した利用効率の高い施設
⑥その他（防災機能の確保、環境への配慮、高齢者の健康・体力づくりへの支援）

一つ目の「する」機能としては、民間企業が運営を行うことで低価格を維持しながら、従来よりも営業日数増加や営業時間延長、より質の高い豊富なプログラム提供により、子どもから高齢者までさまざまな利用者のニーズに応えていく。また、施設をあまり利用しない住民や親子を対象としたイベントを定期的に開催するなど、潜在的なスポーツ人口の掘り起こしや地域のスポーツ振興を積極的に図っている。

二つ目の「みる」機能としては、従来の地域のスポーツ大会だけではなく、最大収容人員3000名というアリーナのキャパシティを活かしたトップレベルの大会（バレーボール、バスケットボール、フットサル等）を誘致・開催し、身近な生活圏でエンターテイメントとしてハイレベルなスポーツ観戦が楽しめるような工夫がなされている。

三つ目の「支える」機能としては、スポーツ指導者養成講座の開催や、総合型地域スポーツクラブの育成支援などスポーツ団体や指導者、ボランティアの活動支援（支える）を積極的に行っている。指導者養成講座では「熱中症予防対策講座」「スポーツ障害講座」「スポーツ心理学講座」など、スポーツを行う上で誰もが知っておくべき知識を身に付けるための講座を、大学教授などの専門家

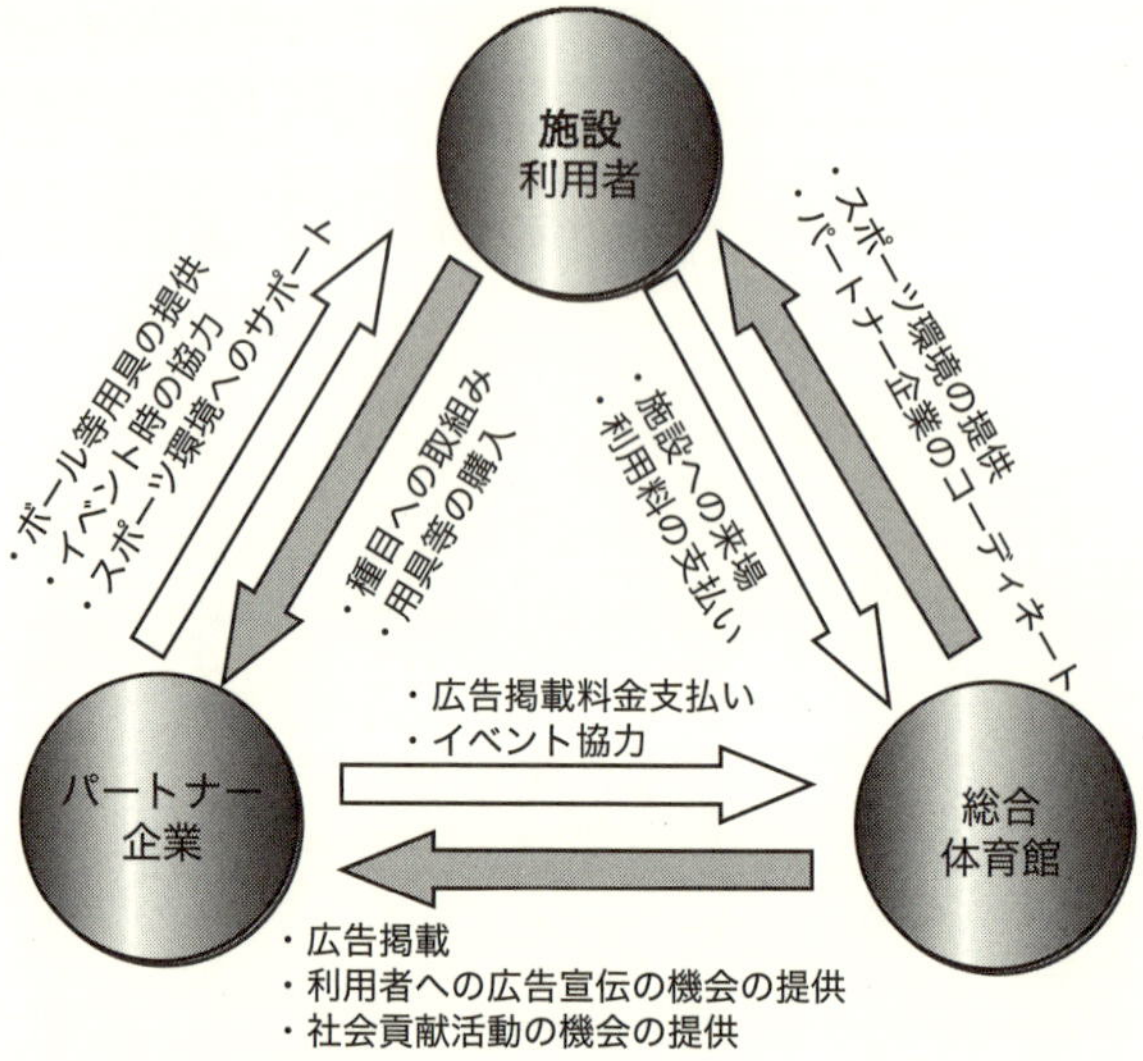

図7　地元企業との連携

を招いて開催。また、「子どもの体力低下問題」から水泳や器械体操、ニュースポーツなどの講習会を学校教員向けに開催し、学校体育現場での指導のレベル向上も図っている。

総合型クラブの育成支援では、クラブ運営に精通している専門職（民間採用）を配置し、通常の運営支援だけでなく、法人化支援やネットワークづくり、他自治体の先進クラブと交流することを積極的に行い、区全域のスポーツ振興の一翼を担っている。

さらに地元のパートナー企業の支援を受けながら「すみだスポーツサポーターズ」を設置。パートナー企業からは資金だけでなく、用具・指導者等の提供も受けるなど官民一体となった施設運営を行っている。

施設を核としたスポーツ振興全般を担える多機能な取り組みは、施設運営者が設計・建設の段階

図8　2010年4月にオープンした墨田区総合体育館

から参画できるＰＦＩならではの機能といえる。
○ＳＰＣ（Special Purpose Company：特別目的会社）の主な構成メンバー
代表企業：新日鉄エンジニアリング㈱
構成員：鹿島建設㈱、セントラルスポーツ㈱、その他企業
融資機関：㈱三井住友銀行
○総事業費
約１４７億円
○プロジェクト期間
20年（建設期間は別）
○施設概要
アリーナ（観客席付き）・武道場・多目的競技場・多目的広場・トレーニングルーム・スタジオ・プール・カフェレストラン・会議室・駐車場など備え、延床面積は約２万平方メートル。２０１０年現在、基礎的自治体が所有する都内最大級の施設。

【参考文献】

・内閣府「今後の経済財政運営及び経済社会の構造改革に関する基本方針」２００１年。
・大竹弘和他『指定管理者ハンドブック』ぎょうせい、２００６年。
・大竹弘和他『実践指定管理者制度・公募と応募の争点』ぎょうせい、２００３年。
・宮脇淳編著『ＰＰＰが地域を変える・アウトソーシングを超えて官民協働の進化型』ぎょうせい、２００６年。
・田中尚樹『ＮＰＯビジネス』学陽書房、２００６年。
・大竹弘和編著『指定管理者モニタリング導入のすべて』ぎょうせい、２００８年。
・大竹弘和「フィットネスビジネス連載（４回）・パブリックビジネスの今後と指定管理者制度」クラブビジネスジャパン、２０１０年。
・佐々木彩香「経営的視点から見た総合型地域スポーツクラブ運営における指定管理者制度の有効性に関する研究」神奈川大学修士論文、２０１０年。

（大竹弘和）

第4章 スポーツファシリティとスポーツ政策

1・スポーツ振興とスポーツファシリティ

❶スポーツ振興法とスポーツファシリティ

わが国のスポーツ振興政策の根拠法は、1961年に制定されたスポーツ振興法である。スポーツ振興法第12条には、「国及び地方公共団体は、体育館、水泳プールその他の政令で定めるスポーツ施設（スポーツの設備を含む。以下同じ。）が政令で定める基準に達するよう、その整備に努めなければならない」とし、国や地方自治体によるスポーツ施設整備を求めている。

文部科学省が実施している「平成20年度体育・スポーツ施設現況調査」によれば、わが国の体育・スポーツ施設の設置数は、合計で22万2533か所である。設置された施設は、学校体育・スポーツ施設が61・2％、大学・高専体育施設が3・8％であり、およそ3分の2の施設は教育機関にある。また公共スポーツ施設は24・1％でわが国の体育・スポーツ施設の4分の1が公共スポーツ施設となっている。つまり12分の11が学校や公的な体育・スポーツ施設であり、職場や民間の体育・スポーツ施設はわずかである。こうしたわが国のスポーツ施設所有者の現状をみれば、公的なスポーツ振興政策がスポーツファシリティの大事な役割を担っている。また平成20年度の調査結果は、前回の平成14年調査と比較して1万7127か所の減少を示している。減少は、学校体育・スポーツ施設や公共スポーツ施設、そして職場スポーツ施設にみられ、それぞれ少子化による学校の統廃合、市町村合併、企業のスポーツ施設の売却・転用の影響と考えられる。

学校の体育・スポーツ施設が大きな比率を占めるわが国では、学校体育施設の一般への開放は重要な施策である。スポーツ振興法第13条では、「学校教育法（昭和22年法律第26号）第2条第2項に規定する国立学校及び公立学校の設置者は、その設置する学校の教育に支障のない限り、当該学校のスポーツ施設を一般のスポーツのための利用に供するよう努めなければならない」とし、さらに2項で「国及び地方公共団体は、前項の利用を容易にさせるため、当該学校の施設（設備を含む。）の補修等に関し適切な措置を講ずるよう努めなければならない」とし、学校体育施設の一般開放を推進している。しかし「体育・スポーツ施設現況調査」によると、学校の課外活動が盛んなわが国では、年間を通じて定期的に曜日を決めて開放する学校体育施設は6割弱と限定的なものになっている。

さらにスポーツ振興法第20条2項では、「国は、学校法人に対し、その設置する学校のスポーツ施設の整備に要する経費について、予算の範囲内において、その一部を補助することができる。この場合においては、私立学校振興助成法（昭和50年法律第61号）第11条から第13条までの規定の適用があるものとする」としており、学校のスポーツ施設整備に補助金を交付している。

2 スポーツ振興基本計画が目指すスポーツファシリティ

スポーツ振興基本計画は、スポーツ振興法の規定にもとづき、2000年9月に文部大臣告示として策定された。2001年度からおおむね10年間のスポーツ振興の基本計画である。計画策定から5年が経過した2006年9月には、中央教育審議会スポーツ・青少年分科会の意見を踏まえて改定がなされた。

まずスポーツの振興を通じた子どもの体力の向上方策として、「子どもが体を動かしたくなる場の充実」をさせることがあげられる。そのためには、学校や公共スポーツ施設の運動場の芝生化や余裕教室等を活用したトレーニングルームの設置などが具体的な課題であり、そのための施策は学校体育施設について温水シャワーや更衣室を備えたクラブハウスを整備するなど施設の整備・充実を図り、公立学校の余裕教室の利用を推進して、トレーニング機材等を備えた「トレーニングルーム」を設置するとしている。

つづいて、「生涯スポーツ社会の実現に向けた、地域におけるスポーツ環境の整備充実方策」では、クラブハウスの整備があげられている。クラブハウスは新たに建設するほか、学校の余裕教室や既存の公共スポーツ施設の積極的な活用が求められている。

そして最後に、「わが国の国際競技力の総合的な向上方策」では、トレーニング拠点の整備としてナショナルトレーニングセンターとなる中核拠点や競技別強化拠点の整備や指定をあげている。

3 スポーツ立国戦略とスポーツファシリティ

文部科学省は、現在の「スポーツ振興法」に代わる「スポーツ基本法」の検討を視野に入れ、今後のわが国のスポーツ政策の基本的な方向性を示す「スポーツ立国戦略」を2010年8月に明らかにした。スポーツ立国戦略では、スポーツ界の連携・協働による「好循環」の創出のために、優れた技術・能力・施設を有する組織には、自らの組織にのみ目を向けるのではなく、それらを他者に開放し、互いに共有・活用しあう姿勢を求めており、スポーツファシリティの開放・共有が今後の課題となっている。

また身近なスポーツ活動の場の確保のために、学校体育施設の地域との共同利用を促進、地域住民が利用しやすい施設づくりの取組を推進し、更衣室を備えたクラブハウスや温水シャワー等必要な施設設備の整備を支援することとしている。さらには、休・廃校で使われなくなった学校体育施設を有効活用するために必要な施設設備の整備を支援するとしている。そのほかグラウンドの芝生化の推進支援が述べられている。

4 日本スポーツ振興センターによるスポーツ施設助成

独立行政法人日本スポーツ振興センターは、スポーツ振興基本計画を踏まえ、スポーツ振興くじ（toto）の販売により得られる資金を使い、国際競技力向上や地域スポーツ環境の整備など、スポーツファシリティ充実のための助成を行っている。地域スポーツ施設整備助成では、地方公共団体または非営利のスポーツ団体を対象に、総合型地域スポーツクラブのクラブハウスの整備、グラウンドの芝生化、屋外夜間照明施設整備等の事業に対して助成している。また国際的または全国規模のスポーツ競技会等を開催する大規模スポーツ施設の整備事業に対して助成している。具体的にはJリーグホームスタジアム等整備事業および、国民体育大会冬季大会競技会場整備事業が対象となっている。

5 産業振興政策とスポーツ施設

わが国では、地域の産業振興や地域活性化を目的とした政策を展開する中でスポーツファシリティが整備された歴史もある。たとえば、1987年に制定された総合保養地域整備法は、国内のリゾート産業振興を目的とした法律である。この法律によってリゾート開発された滞在型のゴルフ・スキー・マリンスポーツ施設などを備えるスポーツ施設やホテルなどの大型施設が整備された。しかしその後の景気悪化のために、宮崎県フェニックスリゾートや北海道アルファリゾートなど経営に行き詰まり法的処理される事例もある。その後進捗の見込みがなく、実現性の乏しい計画については廃止や見直しがなされている。２００４年には総合保養地域整備法第１条の整備に関する国の基本方針が改訂されている。

２・公物管理とスポーツファシリティ

わが国では、道路・公園・河川・海岸等の公共空間における民間事業者の商業的利用は「公物管理法」の枠組みの中で原則的に禁止されてきた。しかし近年の公共空間に係る法整備を見ると、わが国における公共空間の利用拡大が求められていることがわかる。

1 都市公園と大規模スポーツ施設

都市公園法は、わが国の都市における緑とオープンスペースの整備と管理を目的に１９５６（昭和31）年に制定された。それまでは都市公園の管理に関する法律がなく、管理者である地方自治体が条例で管理していたため、「公園の効用と何ら関係のない工作物、施設その他の物件が設けられ、また、公園を廃止し他の用途に使用する例も多く見られるなど、その管理に統一性を欠き、有効・適切に維持管理がなされていたとは言いがたい状態」[1]であった。

こうした状況を受けて公園施設の規格化や基準が決められ、都市公園の公園施設として都市公園法第2条2項五において野球場、陸上競技場、水泳プールその他の運動施設で政令によって定める施設の設置が認められてきた。

より具体的には、都市公園法施行令第5条4項において「野球場（専らプロ野球チームの用に供されるものを除く。）、陸上競技場、サッカー場（専らプロサッカーチームの用に供されるものを除く。）、ラグビー場、テニスコート、バスケットボール場、バレーボール場、ゴルフ場、ゲートボール場、水泳プール、温水利用型健康運動施設、ボート場、スケート場、スキー場、相撲場、弓場、乗馬場、鉄棒、つり輪、リハビリテーション用運動施設その他これらに類するもの及びこれらに附属する観覧席、更衣所、控室、運動用具倉庫、シャワーその他これらに類する工作物、さらに都市公園ごとに、地方公共団体の設置に係る都市公園にあつては当該地方公共団体が条例で定める運動施設、国の設置に係る都市公園にあつては国土交通大臣が定める運動施設が可能である」。

その後、社会の変化によって都市公園法の規格や基準が時代のニーズに合わない事態も生じたために改正がなされてきたが、国土交通省都市・地域整備局が平成16年に示した『都市公園法運用指針』(2)では、「都市公園は、一般公衆の自由な利用に供することを目的として設置される公共施設であるため、公園管理者である地方公共団体又は国が公園施設を自ら設け、かつ、自ら管理することを原則としてきたところであるが、公園施設の中には、売店、飲食店等公園管理者が自ら経営することが不適当なものや、専門性その他の理由により公園管理者が自ら設け又は管理することが困難な施設もあること」から「公園管理者が自ら設置又は管理することが不適当又は困難であると認められるもの」に限って認めてきた公園管理者以外の第三者による公園施設の設置等を、「当該都市公園の機能の増進に資する」場合についても第三者に対し公園施設の設置または管理を許可することができるようになった。

しかし「第三者が管理する公園施設は一般公衆の利用に供するものである。なお、その管理にあたり、営利行為をともなう場合も想定されるため、営利行為をともなう公園施設の許可にあたっては、一般公衆の自由な利用に供されるべき公共施設たる都市公園の本来の使命に影響を及ぼすことのないよう、入場料その他の料金の価格や販売する物品の種類及び価格等が社会通念上適正なものかどうか確認するとともに、必要に応じ指導等を行うことが望ましい」(3)としている。

さらに、地方自治法第244条の2第3項の

表1　指定管理者制度と設置管理許可制度

(『都市公園法運用指針』2004を加工・作表)

	指定管理者制度	設置管理許可制度
根拠法	地方自治法第244条	都市公園法第5条
機能	都市公園全体の包括的な管理を委ねる	都市公園を構成する公園施設について許可を与える
権限	管理のみを対象とした制度	管理のみでなく，設置についても許可を与えることが可能
議会	管理者の指定に当たっては，地方公共団体の議会の議決が必要	設置管理許可を与える場合には議決は不要
適用の方向性	都市公園全体の管理を民間等に利用料金の収受も含めて包括的に委任しようとするような場合	飲食店等の公園施設の設置または管理を民間に委ねる場合や遊具，花壇等の公園施設の設置管理をＮＰＯ等に委ねる場合

規定にもとづく指定管理者制度（以下「指定管理者制度」という）が導入されたことで、都市公園法第5条による第三者に対する公園施設の設置管理許可制度（以下「設置管理許可制度」という）とともに都市公園の整備と管理に民間等のノウハウを活用し、スポーツファシリティをより高機能に活用する可能性が拡大した。

2 民間資金の活用と公共スポーツファシリティの整備

1999年にされた「民間資金等の活用による公共施設等の整備等の促進に関する法律」によって公共スポーツ施設の整備にもPFI（Private Finance Initiative）の手法が取り入れられるようになった。笹川スポーツ財団（2011）[4]によれば、2010年11月までに実施された354事業のうち、地方自治体のスポーツ関連施設の整備には21事業が導入されている。

3 道路を利用するスポーツ：路上競技

2004年、東京都と日本陸上競技連盟は大都市マラソンを開催するための協議をはじめ、2007年に大都市の主要な道路を長時間使用する市民マラソンである東京マラソン2007が開催された。警察庁通達では、マラソン、駅伝、自転車ロードレース、トライアスロン競技等（カーレースおよびラリーを除く）を「路上競技」と定義しており、これらの競技が人や車が通行するための道路においてを開催する場合には、道路の特別な使用行為にあたり、「道路使用許可」が必要になる。

これまで、路上競技にともなう道路使用許可については、「マラソン、駅伝、自転車ロードレースその他の路上における競技に係る道路使用許可の取扱いについて」（昭和62年警察庁）および「トライアスロン競技に係る道路における危険の防止その他交通の安全と円滑の確保及び水難等の防止のための警察措置について」（昭和63年警察庁）にもとづき取り扱ってきたが、東京マラソンにもみられるように地域の活性化等を目的とした自治体等の施策が関係している競技が増えたことから、警察庁は２００５年に新たに路上競技にともなう道路使用許可について通達を出している(5)。

なお、警察庁通達による路上競技に対する道路使用許可の検討項目は次の①から⑥を慎重に検討することとなっている。
①路上競技の目的
スポーツ振興、青少年の健全育成、地域活性化等の

図１　東京マラソン（写真提供：共同通信社）

公益目的を有するものであること。

②地域住民、道路利用者等の合意形成

道路を使用することについての地域住民、道路利用者等の合意の度合いが十分であると認められること。なお、地域住民、道路利用者等の合意形成の円滑化を図るため必要があると認められるときは、「イベント等にともなう道路使用許可の取扱いについて」（平成16年3月18日付け警察庁丁規発第19号）の記3に準じて必要な措置を講じること。

③地方公共団体の関与

路上競技の実施に地方公共団体が関与（主催、共催、後援、支援等）していること。

④使用する道路および交通の状況

ア 原則として、主要幹線道路、幹線道路、路線バス通行道路その他の交通量の多い道路または地域住民の日常生活の基幹となる道路等を使用するものでないこと。

イ 競技実施にともない、順行の交通の通行止め規制が必要となる場合は、規制時間が交通の著しい妨害とならない時間内となるように計画されていること。

ウ 原則として、競技実施にともない対向の交通の通行止め規制を実施する必要がないものであること。ただし、やむを得ず対向の交通について通行止め規制が必要となる場合は、規制時間が長時間におよび交通の著しい妨害とならないように計画されていること。

エ 競技実施にともない通行止め規制が必要となる場合は、使用する道路について、予想される交通量を処理できるう回路が確保されるとともに、緊急自動車の走行路が確保されていること。

⑤競技の内容、実施方法等

ア 実施する日時は、原則として交通量の少ない曜日（日曜日または祝日）、時間帯が選定されていること。

イ 原則として道路に施設を設けるものでないこと。

ウ スタートおよびゴール地点が、原則として道路外に設定されていること。

エ コース内の適当な場所に関門を設けるなどして、競技参加者の整理を行い、競技実施時間が長くならないように計画されていること。

オ 自転車ロードレースの出発地点における自転車置場は、原則として道路外に設置が計画されていること。

カ 競技に使用する自動車は、審判長車その他必要やむを得ない最小限のものが計画されていること。

⑥実施主体の講じる措置

ア 使用する道路の必要なか所に、責任者および自主整理員を配置するなど、実施主体の責任において、競技および観客の安全を確保するため適切な体制が整備されていること。

イ 地域住民、道路利用者等に対する事前広報について必要な措置がとられていること。

ウ　レースおよび観客の安全を確保するため、観客の多数集まる場所にロープを張り、必要な自主整理員が配置されていること。
エ　自転車ロードレースのコース内のカーブか所には、必要な防護柵、防護クッション等を配置するとともに、必要な自主整理員が配置されていること。
オ　自転車ロードレースのコース内の道路に側溝がある場合には、原則として側溝に蓋がされていること。

そのほか、トライアスロン競技にともなう道路使用の許可に際しては、「トライアスロン競技は、陸上及び水上の競技が一体をなしている競技であるので、競泳競技に係る水難、紛争等の防止については水難防止担当部門及び雑踏警備担当部門の意見を徴すること」とされている。

4 河川敷地のスポーツ施設

わが国では、東京オリンピック後には、国民の体力増強のために河川が利用されるようになった。それまでは、河川敷地の利用は牧草地などに限られていたが、都市で不足する運動公園を河川敷地に求めるようになった(6)。現在、河川敷地占用許可準則によれば、地域住民の福利厚生のために利用する施設として、公園、緑地または広場、運動場等のスポーツ施設、キャンプ場等のレクリエーション施設、自転車歩行者専用道路が占用施設として認められており、河川敷地はスポーツができる運動場や広場として魅力的な空間である。

河川管理は、洪水対策（治水）、水道水などの取水（利水）、自然環境の保全（環境保全）を目的に国土交通省によって行われており、これらの支障の生じる恐れがある行為は河川法により制限されている。そのため、ゴルフ場、野球場、サッカー場など河川敷にはスポーツ施設が存在しているが、こうした特定の人が一定の目的で河川敷地の占用（河川の土地を排他・独占的に使用すること）等をするためには、河川法第24条の「河川区域内の土地（河川管理者以外の者がその権原にもとづき管理する土地を除く。以下次条において同じ。）を占用しようとする者は、国土交通省令で定めるところにより、河川管理者の許可を受けなければならない」に従わなければならない。今日ではスポーツ施設に更衣やシャワー、ロッカー、休憩などが可能なクラブハウスの併設が望まれるが、河川法第26条では「河川区域内の土地において工作物を新築し、改築し、又は除却しようとする者は、国土交通省令で定めるところにより、河川管理者の許可を受けなければならない」と定めており、河川の治水上の問題を生じさせるものは許可されない。

しかし国土交通省は2011年度に河川敷地占用許可準則を改定する方針を決め、これまで公的機関しか占用できなかった河川敷地の占用を、民間事業者による河川敷地への商業利用の施設設置ができるよう改め、河川を活用した地域活性化を促す予定である。

5 海岸（ビーチ）のスポーツ施設

ビーチバレービール、ビーチサッカー、ライフセービングなどのスポーツにとって砂浜のビーチ

図２　ビーチスポーツ
（写真提供：NPO法人湘南ベルマーレスポーツクラブ）

は大切なスポーツ施設である。海岸は、海岸法の改正により、一般公共海岸区域の管理も海岸管理者が行うことが明文化されている。海岸法では、海岸は国有地であり都道府県が海岸管理者となっており、占用使用する場合には、それぞれの海岸管理者から占用許可を得る必要がある。

神奈川県の平塚海岸では、海岸管理者の神奈川県から平塚市が一部を占用し、都市公園として開設している。またその都市公園の管理は２００８年から指定管理者制度によって管理がなされている。指定管理者の積極的なスポーツイベントの展開によって、湘南ひらつかビーチエキデンフェスティバルの開催やビーチサッカー大会の増加がみられる（注1）。

3・大規模スポーツ施設経営とプロスポーツ

わが国のプロスポーツ企業は、多くの観戦者を収容する大規模スポーツ施設を所有するケースは少ない。東京ドームや札幌ドームのような民間の大規模スポーツ施設があるが、施設で興行するプロスポーツ企業ではないため、スポーツ観戦以外のコンサートなどのイベントを開催するなど、スポーツ興行に関わるチームをはじめ観戦者、施設で商売をする業者、協賛会社にとって必ずしも最適な施設であるとは言いがたい。また公共の大規模スポーツ施設は、維持管理費に莫大な費用がかかるため、自治体にとってもその支出に頭を悩ますことも多い。近年では、法改正もありこうした大規模スポーツ施設を興行の主催者であるプロスポーツ企業が指定管理者制度や管理許可制度を利用して運営する事例も増えている。

1 指定管理者制度

2003年に地方自治法244条が改正された。それまでの管理委託制度では、住民の福祉を増進する目的をもってその利用に供するための施設である「公の施設」の管理委託先が公共団体、公共的団体、政令で定める出資法人に限定されていたが、改正により地方自治体の議会の議決を得て民間事業者からNPOまで広く委託がなされるようになった。「公の施設」にはスポーツ施設も含まれ、公共スポーツ施設の管理を民間事業者が請け負える。2008年の「体育・スポーツ施設現況調査」[7]によれば、公共スポーツ施設において「総施設数5万3732か所のうち制度を導入している施設が2万357か所であり、導入率は37・9%」と報告されている。スポーツ白書(2011)[8]によれば、都市部での導入が比較的活況であるのに対し、地方では施設の規模や設置年数、既存管理団体の処遇といった課題があり、地方自治体が直接管理する例も少なくないことが述べられている。

わが国のプロスポーツチームが使用するスポーツ施設は、地方自治体が所有する公共スポーツ施設を借りている。そのため、チームの協賛企業と競合する企業が施設内で物品を販売することができ、プロスポーツチームが集めてきた施設内の企業広告料を受け取れない、またポスター1枚貼るために管理する組織の許可を得なければならないなどの、興行を行うトップレベルのスポーツチームの経営を支援するものにはなっていなかった。そこで鹿島アントラーズ、アルビレックス新潟、千葉ロッテマリーンズ、広島東洋カープのように、指定管理者制度を利用し、自ら施設管理に乗り出すチームも現れた。㈱千葉ロッテマリーンズは、千葉市が所有する千葉マリンスタジアムの指定管理者に平成18年4月1日から5年間指定された。千葉市が述べる理由は、①フランチャイズ球団が末永く千葉市で活躍できること(千葉マリンスタジアムの宣伝効果としては充分に値する結果を持ち合わせている)、②管理運営業務の事業収支計画が明確であること、③球場およびその周辺を活用した自主事業の企画力に優れていること、④市民利用の公平を確保できることをあげている。特に千葉ロッテマリーンズが試合の前後に球場周辺で行うステージでの選手の挨拶やインタビュー、アトラクションは評価されている。また千葉市の平成21年指定管理者評価シート(9)によれば、利用者の増加をはじめ、「プロ野球興行を基軸とした本施設の特性を生かし、積極的な広報PRに努めたほか、新たに施設見学ツアーを実施するなど、自主事業の充実を図った」ことも評価されている。

一方、鹿島アントラーズは、２００６年4月1日から5年間、さらに２０１１年4月1日から10年間、茨城県から指定管理者として指定されている。鹿島アントラーズは、購入者が自由に内装をアレンジできる。スペースとして売り出す新タイプの年間指定席「ＳＵＩＴＥ ＢＯＸ」を設置するなどの顧客のニーズに合う商品の開発に着手している。また、スタジアム内にあるスポーツクラブ「カシマウェルネスプラザ」には、最新トレーニングマシンやエステ、スポーツマッサージなどがあり、高齢者の介護予防教室なども事業化している。さらにカシマサッカーミュージアムを設置し、「Dream Stadium」にふさわしい施設づくりを行っている。

2 管理使用許可制度

都市公園法第5条にもとづく管理使用許可制度を利用するプロスポーツチームには、楽天野球団とオリックス野球クラブがある。都市公園を管理する地方自治体には、管理許可使用料が入るが、運営収入は事業者である球団に入ることになる。事業者の運営上も裁量が大きく、施設の設置なども可能であり、観戦客に対する高いホスピタリティのサービスが可能である。

宮城県が所有する日本製紙クリネックススタジアム宮城（宮城球場）は、野球場を除いた宮城野原公園総合運動場を宮城県スポーツ振興財団が運営管理を行っているが、野球場は本拠地とする東北楽天ゴールデンイーグルスの運営法人である楽天野球団が都市公園法第5条にもとづく管理許可制度により管理運営している。楽天野球団は、指定管理者制度よりも、球団自ら施設設置や運営面で柔軟な対応が可能となっているため、施設を改修し、より観戦者が楽しめるスタジアムになっている。そして公園全体がボールパークとして「子どもが楽しみ」「大人が休む」エンターテイメント施設である「こどもの国」を外野席後方に設置するなどしている。一方で宮城県は、減免後の管理許可使用料として約69百万円、命名権料で約66百万円の合計約135百万円が収入となっている。

注1：神奈川県平塚市まちづくり事業部みどり公園・水辺課が、「平塚海岸の活性化について」と題した資料を公開している。http://www.pref.kochi.lg.jp/uploaded/life/24541_49003_misc.pdf（2011年1月3日確認）

【引用文献】

(1) 公園緑地行政研究会編著『都市公園制度Q＆A』ぎょうせい、1993年、2-3頁。

(2) 国土交通省都市・地域整備局『都市公園法運用指針』2004年。
http://www.mlit.go.jp/crd/townscape/pdf/koen-shishin01.pdf

(3) 前掲(2)。

(4) 笹川スポーツ財団『スポーツ白書～スポーツが目指すべき未来～』２０１１年。
(5) 警察庁『路上競技にともなう道路使用許可の取扱いについて』
http://www.npa.go.jp/pdc/notification/koutuu/kisei/kisei20050705.pdf
(6) 吉川勝秀『河川の管理と空間利用　川はだれのものか、どうつき合うか』鹿島出版会、２００９年、21頁。
(7) 文部科学省『平成20年度 体育・スポーツ施設現況調査』
http://www.mext.go.jp/b-menu/toukei/chousa04/shisetsu/kekka/__icsFiles/afieldfile/2010/04/14/1261398_1_1_1.pdf
(8) 前掲(4)。
(9) 千葉市「平成21年度指定管理者評価シート」
http://www.city.chiba.jp/toshi/koenryokuchi/kanri/download/21marin-hyoukaseat.pdf

（高橋義雄）

第5章 スポーツファシリティの運営組織論

組織運営は、一筋縄ではいかない。やる気がある人もいれば、そうでない人もいる。また実直で、コツコツとものごとを積み重ねるような人もいれば、一見すると協調性に欠けたり、周りを振り回したりするような人が、組織にドラスティックな変化をもたらす場合もある。組織運営の難しさは、ある意味、予測不可能な要素を多分に持つ人間を対象とするということとともに、そのような特徴を持つ人間によってもたらされた行為を、組織の成果に結びつけなければならないということにあるのだろう。その一方で、一人では成し遂げられないことを、たった一人の同志が加わり、二人になったとたん、思わぬ成果を生んだということは、何らかの形で数多くの人が経験してきただろうし、少なくともそのような成果を上げられそうな予感を抱いた瞬間には出くわしてきたことだろう。

ガルブレイス（Galbraith, J.R.）[1]は、組織を設計する際には、「戦略」「構造」「プロセス」「報酬」「人材」の5つの要素が重要であると述べている。戦略とは、事業ドメインや組織のポジショニング、また目標や組織の存続意義などといった組織の方向性を示すものである。構造とは、どのような専門性を有した人材を確保し、配置するのか、また意思決定やパワー（権限）の体制や配置のことを意味する。プロセスは、組織を形づくる構造と関連した情報の流れのことである。報酬は、組織成員個人の職務に対する動機づけと組織目標達成との関連性のことを指し、人材とは、従業員の意識や能力など、人的資源管理に関することである。組織運営を論じる視点は、多様であるため、ここでは特に、組織を構造化する仕組みづくりと、組織運営において欠くことのできない人的資源をどのように機能させるという2つの視点から、組織構造、ヒューマンリソース・マネジメント、モチベーションとリーダーシップといった視点から運営組織論について考える。

1・運営組織のマネジメント

マネジメントとは、組織が有する経営資源を有効に機能させて、組織が掲げる理念、ミッション（使命）、目的を達成するための営みのことである。民間フィットネスクラブのような営利を目的とする企業のみならず、学校、病院、そして自治体といった公共機関を含めたあらゆる組織にとって、マネジメントは欠くことのできない活動である。「公共-民間」「営利-非営利」といった区別を問わず、運営組織は、人びとのニーズと欲求に裏づけられ、それを満たすことによって社会に存続しているため、社会的要請や経営環境を鑑み、人びとのどのようなニーズ、また欲求に応えるべきかを具体的かつ明確にしなければならない。

運営組織は、掲げた理念、ミッション、目的を達成するために、まず経営資源を確保する必要がある。経営資源とは、組織経営に必要な資源や能力のことであり、組織にとって財産となるものである。一般的に人（人的資源）、もの（物的資源）、金（資金）、知識（情報資源）などのことを指し、技術・ノウハウ、ネットワークなども経営資源に含まれる。そして、それを有効に機能させるために、運営組織は、組織目的の達成と確保した資源の有効に機能させるための方向性や指針となる経営ビジョンを描く必要がある。経営ビジョンは、単に「地域住民に質の高いサービスを提供する」ということにとどまるものではなく、誰を対象に、どのような事業（business）をどのように提供しようとするのか、そのような行為が運営組織に何をもたらすのかといったことが描かれなければならない。また短期的なビジョンだけでなく、提供する事業や運営組織の発展を考え、人事の採用、組織間の連携や構造の変革など、中・長期的なビジョンも描かれなければならない。

運営組織が掲げた理念、ミッション、目的を達成するための具体的な活動は、「戦略の策定」「組織化・仕組みづくり」「リーダーシップ」の3つに大別できる。戦略の策定とは、組織を取り巻く環境の変化に適応し、適切なアクションを起こすための指針づくりをすることであり、組織化・仕組みづくりとは、個々人や小集団の分業や調整、また組織の構造や形態を描くことであり、そしてリーダーシップとは、組織メンバーの主体性を育みながら、人を動かす仕組みをつくることである。このような活動を通じて、運営組織は、無形のスポーツサービスを地域住民、またターゲットとする顧客に対して提供する。スポーツサービスとは、人や組織に価値や効用をもたらす活動や機能のことであり、取引・対価を払う対象となるもので、一般的にスポーツをしたり、みたりするための活動場所の提供や場の演出、雰囲気づくりや、スポーツとの関わりを促進するための活動の啓発・支援に関わるプログラムの提供、活動への継続的な参加を促し、強化するための仲間づくりや組織化、そしてスポーツに対する興味・関心の喚起や知識の習得、またサービスの提供に関連する情報提供といったものなどが含まれる。その際、スポーツサービスは、金・時間・エネルギー・機会費用を費やす顧客にとって価値あるものでなければならない。さらには、顧客は、プログラムに代表されるような提供されるサービスそれ自体に興味・関心があるのではなく、爽快感、興奮、社交、体重の減少、新しいことへの挑戦など、プログラムに参加したり、サービスを提供されたりすることによって得られるベネフィット（便益）の享受に意味を見いだすということを忘れてはならない。

運営組織は、掲げた組織の目的を効果的かつ効率的に達成するために、マネジメントサイクルを用いて、組織の継続的な活動を管理する。一般的にマネジメントサイクルは、「計画→組織→統制」や「計画→実行→評価」といった3サイクルがよく知られているが、現在では、「計画（Plan）→実行（Do）→評価（Check）→修正行動（Action）」の頭文字をとった、「ＰＤＣＡサイクル」などが用いられる。これらの諸活動は循環的に行われ、スパイラル上に進化・発展を遂げるようなイメージが描かれている。それを示したものが**図1**である。マネジメントサイクルをうまく回すためには、到達の是非がわかるように数量化された基準が定められた目標設定、いつまでに何をどの程度達成するのかを明確にした具体的な実行計画（アクションプラン）の作成、目標達成のために必要な役割分担などの組織化と実行、そして設定した目標の到達是非を評価し、目標や計画にフィードバックする仕組みづくりがポイントとなる。

2・運営組織の構造化

「組織は戦略に従う」というのは、チャンドラーの名言であるが、この表現では、戦略が組織の上位概念のようにとらえられがちであるが、チャンドラー自身は、「戦略が組織に影響を及ぼすのと同じように、組織も戦略に影響する」と述べている[2]。すなわち、組織を取り巻く外部環境と戦略との相互作用をとらえ、組織は、組織としていかに成果を上げるかについて考えなければならない。戦略や外部環境に関わる内容は、他の章に委ねたいが、組織構造は、事業の遂行に必要な諸活動の分業と調整の基本的な枠組みを示すものであり、組織の「運営」を進める上で非常に重

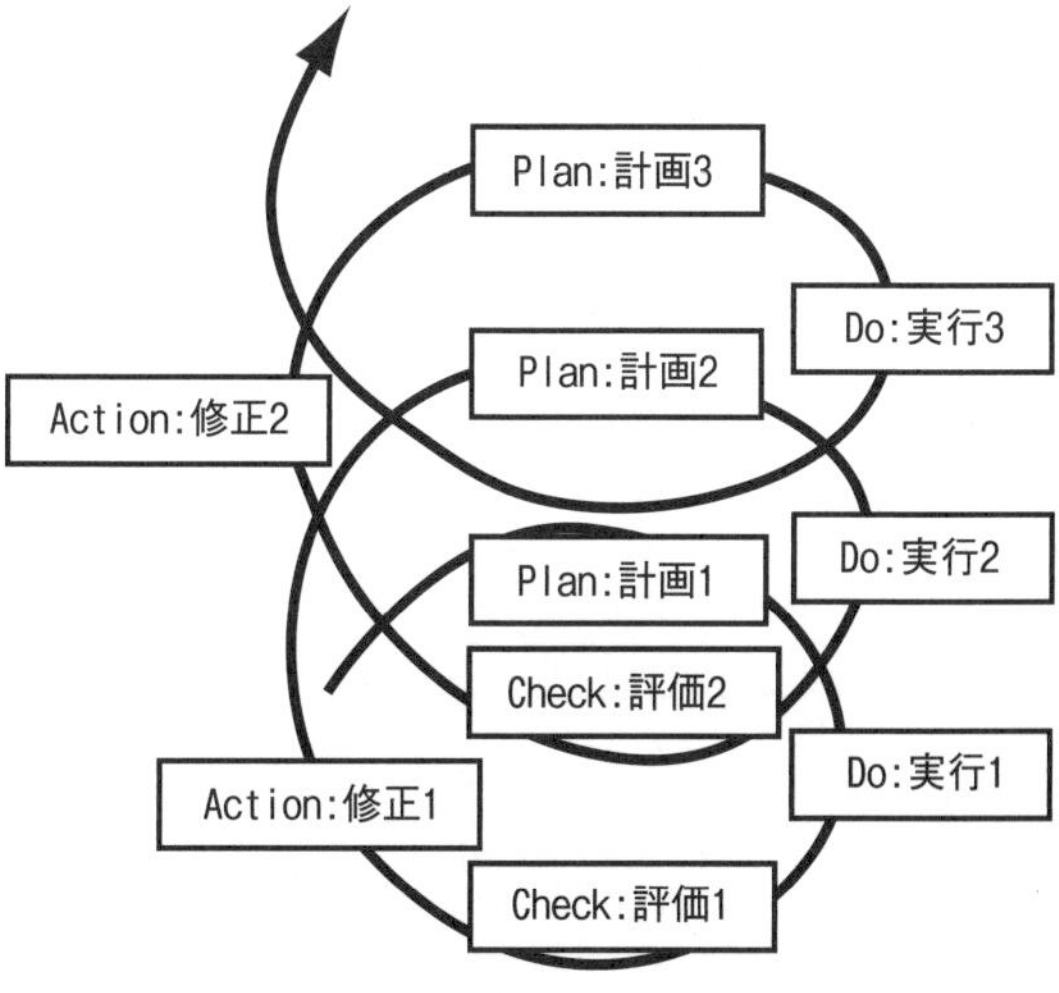

図1　スパイラル状に循環するマネジメントサイクル

要なものとなる。なぜならば、組織は、複数の人間が共通する目的を達成するための協働システムであり、これが有効に機能するためには、分業と調整が必要になる。

1 職能別組織

単純な組織構造を示すものとして、一般的に「職能別組織」と「事業部別組織」とがあげられる。**図2**に示すように、職能別組織とは、組織の基本職能ごとに部を設けて、組織内部でより専門的な分業を行う組織である。職能別組織は、専門的な分業を行うため、原価や固定費などのコスト削減や部門に知識や経験が蓄積されやすい組織である。その一方で、各々の部門は、専門化集団として独自の考え方やものの見方をするため、部門間のコンフリクト（軋轢・対立）が生じやすい。また複数事業を同時に管理する場合、部門間の連携や調整が困難であったり、トップマネジメント（管理統括責任者）の負担が増えたりもする。

2 事業部別組織

事業部別組織とは、個々の事業ごとに職能による部門化を図った組織のことであり、**図3**に示すように、営業広報や企画運営のような基本職能のことを「ライン部門（ライン組織）」と呼び、管理や総務のように複数の事業

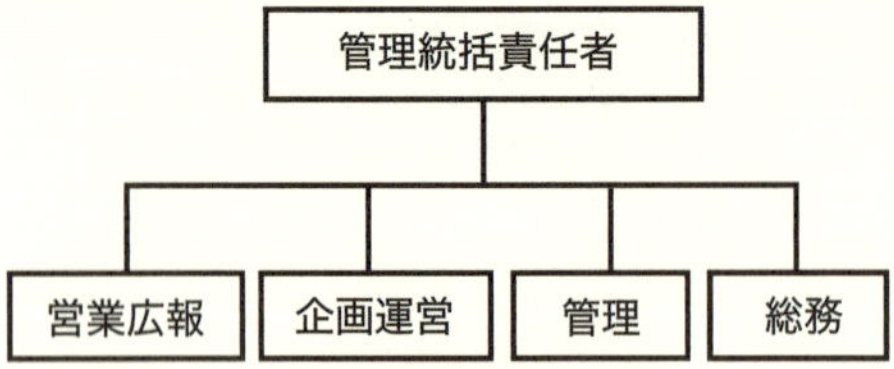

図2　職能別組織

部をサポート・促進する業務を担うのが「スタッフ部門（スタッフ組織）」と呼ぶ。事業部制組織は、事業ごとに異なる地域住民のニーズに技術や能力を始めとした資源をマッチさせやすい組織である。また事業部間で刺激し合うことが組織学習や組織の自律性にもプラスに働くことが期待できる。さらに、組織の自律性が高まることによって、トップマネジメント（管理統括責任者）が各事業の業務的な意思決定から解放され、組織全体の長期的な意思決定に専念できるというメリットもある。その一方で、事業部を何によって組織化するかという事業の定義が困難であったり、事業部ごとに職能を分割するため、非効率・非能率、また事業部間で共通利用可能な資源や職能が有効に機能させられなかったりもする。

3 プロジェクトマネジャー制組織

職能別組織と事業部別組織のメリットとデメリットをうまく反映した複合型の組織構造を示すものが、「プロジェクトマネジャー制組織」と「マトリックス組織」である。図4に示すプロジェクトマネジャー制組織とは、単一の事業部において、異なる複数のプログラムやプロ

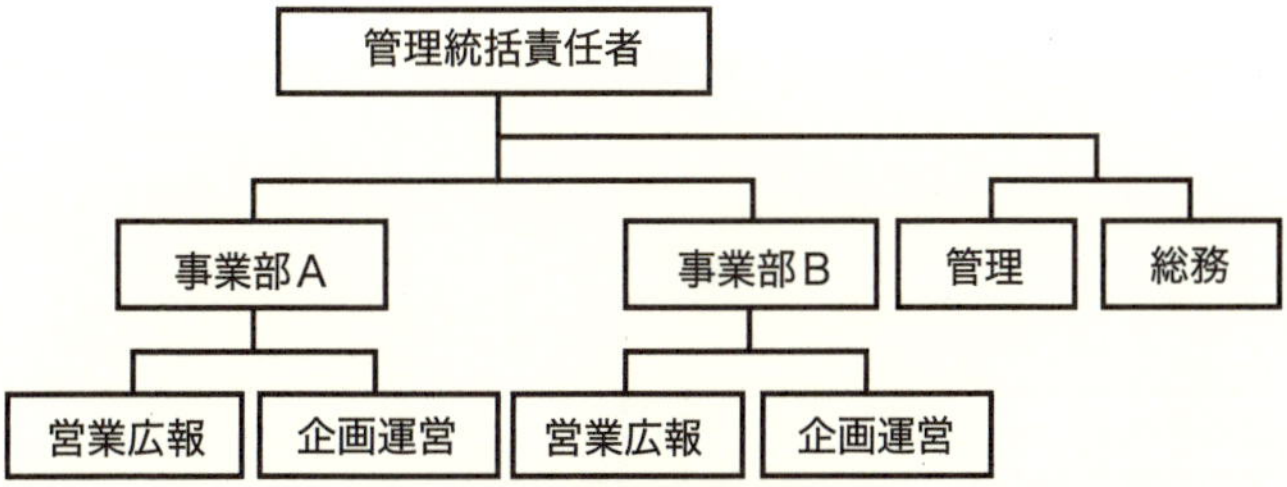

図3　事業部別組織

ジェクトを並行的に扱う場合、特定のプログラムやプロジェクトごとに責任者となるマネジャーを置き、事業部内の営業広報や企画運営といった基本職能の調整役をつくる組織のことである。プロジェクトマネジャー制組織は、ひとつの事業部内で特定のプログラムやプロジェクトに担当マネジャーを置き、住民ニーズの把握から職能間の調整、また損益責任までのすべてを担わせる組織形態のことである。一般的には、特定製品に関する「プロダクトマネジャー」や、特定ブランドに関する「ブランドマネジャー」と呼ばれている。プログラムなどのラインアップが多岐にわたる場合に、この制度は有効に機能しやすい。マネジャーに与えられる権限と責任の範囲を明確にしなかったり、組織的な位置づけを周知させなかったりすれば、職能部門の責任者との間に障害が生じやすくなる。

4 マトリックス組織

マトリックス組織とは、図5に示すように、組織の全体的な編成原理を、事業部やプロジェクトを中心にするのではなく、職能を加えて、組織の縦方向と横方向の二元的な命令権限を配置した組織のことであ

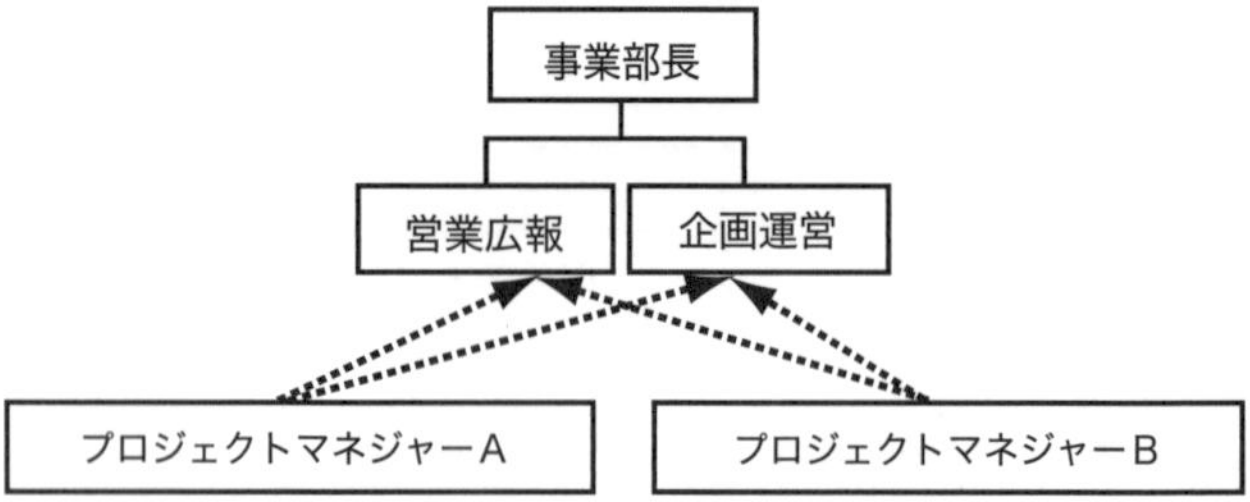

図4　プロジェクトマネジャー制組織

る。マトリックス組織は、職能別編成と事業別編成の2つの異なる組織形態を合成し、双方の長所を享受しようとするものである。その他にもプロジェクト別や製品別、また顧客別や地域別といった編成によって組み合わされ、組織が編成されることもある。この組織は、異なる組織を組み合わせて編成しているために、複数の目標を同時に実現することが可能になる。その一方で、「命令一元化」という管理原則を考えれば、同時に二人の上司が存在するという二重権限関係となるため、両者の命令が矛盾する場合に、部下が混乱したり、コンフリクトが生じたりもする。

組織構造は、分業と調整の基本的な枠組みを提示するものであり、この構造を機能させるためには、「運営マニュアル」や「行動指針」、さらには後述するリーダーシップなど、さまざまな補完的な仕組みが必要となる。また組織構造は、組織の置かれた環境や戦略によって姿や形を変える必要がある。たとえば、組織を構成するメンバーの数や与えられた職務内容によっても構造は異なり、また決まったパターンの職務を遂行するだけでなく、状況に応じて臨機応変な行動が求められるような場合などには、有機

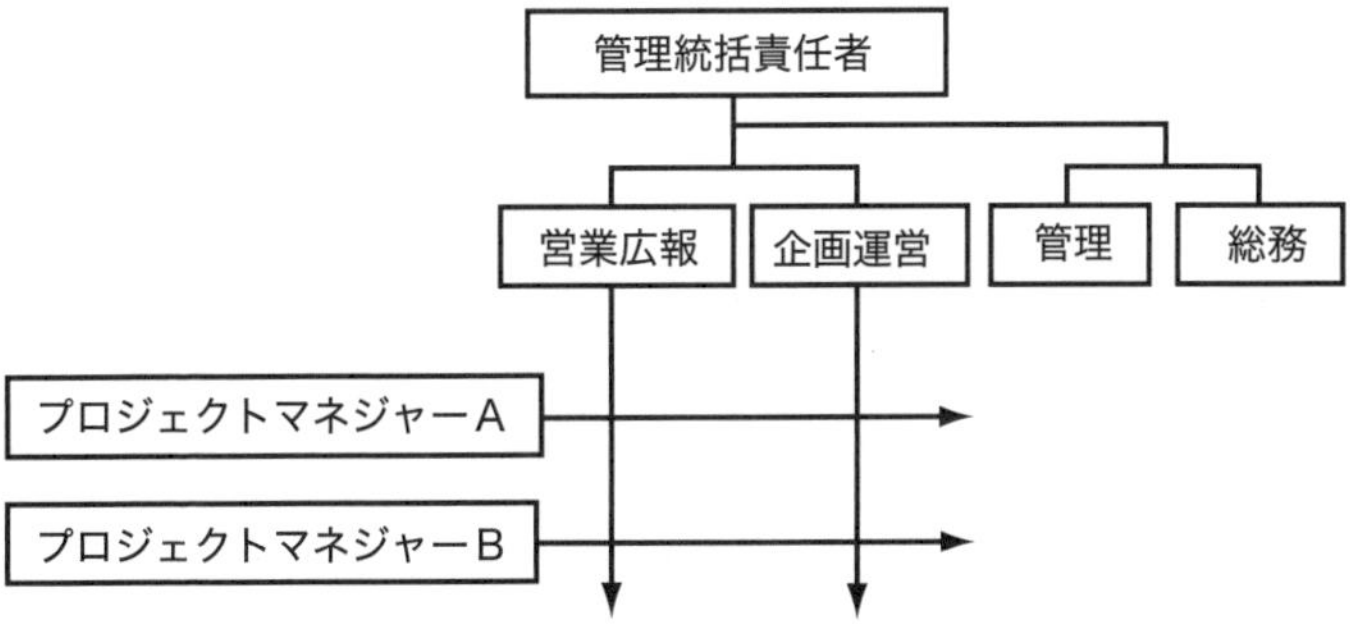

図5　マトリックス組織

的に機能しやすい組織構造や形態を採用する必要がある。その代表的なものが、「ネットワーク組織」といわれるもので、複数の個人や集団が、組織や構造の壁を越えて、柔軟的に結合し、分権的かつ自律的に協働しやすい構造を有する組織のほうが顧客のニーズや要望に応えやすく、また変動する環境に適応し、さまざまなイノベーションも起こしやすいと考えられている。

3・ヒューマンリソース・マネジメント

組織経営を進める際には、人・もの・金・情報などといった経営資源は欠くことができない。中でも、「組織は人なり」という言葉でたとえられるように、人の善し悪しは、組織経営に強い影響力をもたらす。根本と金は、人事管理の目的とは、①企業ニーズに対応する人材を確保・活用すること、②人材の意欲・能力を高めること、③コミットメント、生産性、創造性の高い組織構築と開発をすること、④労使関係の安定を目指すことにあり、それによって企業の経営戦略や経営目標の達成に向けて、企業の成果・業績を向上させ、人材の満足度を高めるために組織で営まれるマネジメント活動であると述べている(3)。

1 ヒューマンリソース・マネジメントとは

人的資源管理（ヒューマンリソース・マネジメント）は、もともと「経営労務」「人事管理」「労務管理」などといわれており、1990年代以降の企業の従業員に対する人事労務管理施策の総称として用いられ、最近になって人的資源管理、あるいはHRM(Human Resource Management)という用語が使われるようになった(4)。人事部のようなスタッフ部門において、人事労務管理や経営労務として扱われてきた活動内容は、人員の募集、採用、訓練、配置、賃金の決定、作業組織の編成、従業員代表者との協議、福利厚生、団体交渉といったものであったが、1960年代に従業員のモチベーションをいかに高めるかということに関心が寄せられ、労務管理に行動科学の手法などが用いられるようになった。中でも人事労務管理制度と経営戦略との結びつきが重視され始め、特に「目標管理制度(MBO)」は、従業員の自己実現欲求を満たし、モチベーションを高める制度として評価された。しかしながら、その一方で、単に従業員のモチベーションをアップさせるという人事労務管理制度としてではなく、そのような目標管理という制度そのものが企業の戦略とどのように結びつくのか、また企業の戦略と個人の

表1 ヒューマンリソース・マネジメント(人的資源管理)の活動内容

- 雇用管理:募集・採用から退職の世話までに至る一連の活動。
- 教育・訓練:新入社員の教育から経営者教育までを含む。今日ではキャリア開発として具体的な制度が設計されている。
- 作業組織の設計:作業組織を設計することにより,作業能率を向上させる諸施策。
- モチベーション管理:従業員のモラール(士気)を高め,高いモラールを維持するための諸方策。
- 報酬管理:報酬の与え方・決め方を工夫することにより,モチベーションや業績を高める諸方策。
- 福利厚生制度:住宅や健康保険制度など,賃金以外のサービスの提供。
- 労使関係:労働組合との団体交渉や労使協議制度の運営。

目標をどのように結びつけることができるのかという視点から、戦略的（Strategic）人的資源管理（SHRM）という言葉が用いられるようになった⑷。ヒューマンリソース・マネジメントの活動内容については、表1に示すとおりである。

組織の目的を達成するために、人が貴重な存在となり、資源となることは、疑いの余地もない。したがって、組織は、このような人材を有効に機能させるために人びとを動機づけ、人びとのやる気を高めるような工夫が必要となる。したがって、ヒューマンリソース・マネジメントとは、人を組織の資源として認識し、組織が掲げる目的達成を目指して、組織の中の人びとが効率よく、またイキイキと働くための諸活動や仕組みづくりのことといえるだろう。また人材は、成長し、発揮する価値を変化させていくため、単に組織の目的達成に貢献する資源としてだけでなく、長期的には、組織自身の価値を高めていく存在としてとらえる必要がある。つまり、ヒューマンリソース・マネジメントの目的は、組織の目的を達成するために必要な人材を供給することであり、同時に組織の成果に結びつくような人材の能力を高めながら、組織全体の能力と価値を高めることにあるといえるだろう。さらには、戦略的人的資源管理という視点からは、組織の目的や目標と、個人の目的や目標といかにマッチングさせるかという視点も忘れてはならない。

2 雇用管理と人材開発

ヒューマンリソース・マネジメントにおける雇用管理は、「募集、選考、配置、異動、昇進、退職などの一連の管理過程として認識される(5)。ただ、先に述べたように、戦略的人的資源管理という視点に立てば、組織は、従業員を募集し、採用した後、雇用に関する一連のプロセスの中で、個人のキャリア目標などを考慮しながら、人材を有効に機能させるために、教育・研修、従業員の適性を判断した人的配置、異動や昇進を見据えたキャリアカウンセリングやキャリア開発など、組織としての成果と個人の成長とを連動させられるような制度設計をすることが望まれる。

梶原によれば、そもそも雇用管理は人材開発システムを構成する「能力開発促進要因」のひとつであり、教育訓練管理、人事考課管理と並列的な関係に位置づけられている(6)。また人材開発システムの構成領域には、能力開発動機づけ要因として人間関係管理、福利厚生管理、賃金管理、労働条件管理、労使関係管理があり、組織や部門を統括するマネジャーは、この2つの領域に関わる管理活動として職場管理を行うものとされている。図6に示したものは、右記のような人材開発システムの中でも、従業員の募集から定年・退職に至るまでの雇用管理における一連のプロセスと、それに付随する従業員の能力開発を促進する人事考課と教育訓練の概要について示したものである。

まず、人的資源の確保については、人材の採用と、業務委託や請負といった制度を利用する方法がある。特に人材を採用する場合、正規・嘱託の種類、人材のスキル・能力・資質といったことを明確にし、募集や採用の基準づくりをする必要がある。このような組織が求める人材のスキルや能力のことを、守島は、「人材スペック」と呼んでいる(7)。人材スペックには、①戦略から導かれる役割を遂行する能力（資格や特定分野の知識といったコンピテンシー）、②組織との関係のあり方（短

図6　雇用管理と人材開発のプロセス

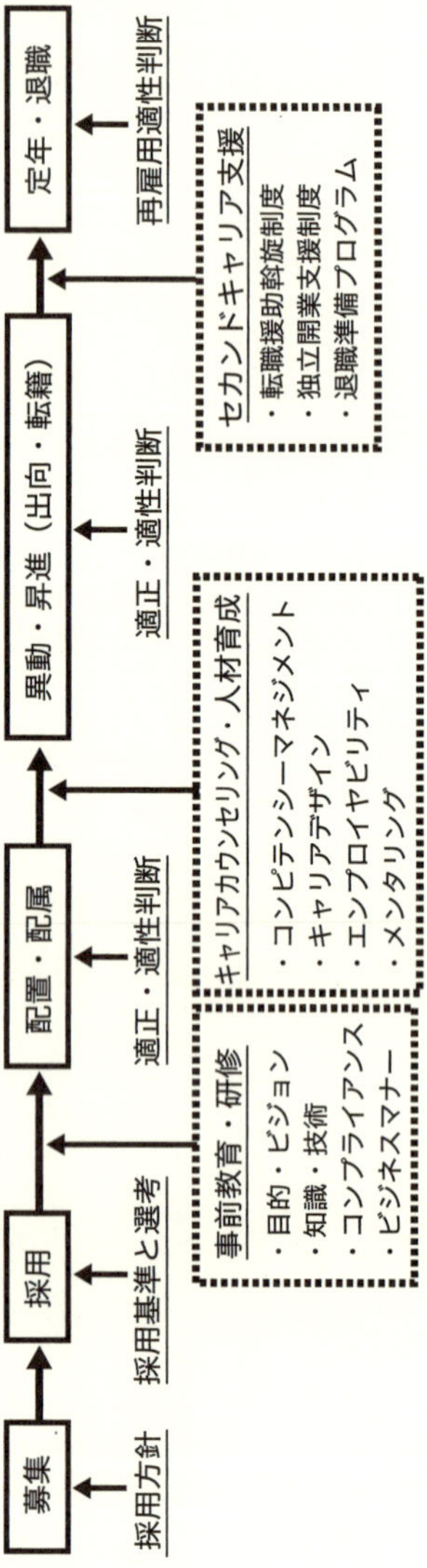

期的・長期的など雇用形態のあり方）、③組織文化と価値観の共有度（組織に対するアイデンティティや一体感の強さの程度であり、個人の自律的行動を促す要因）、④変革する能力（変化に対応する能力、未来への適応、新しいやり方を学習する能力）、⑤異端児性（予想しないことを仕掛ける能力）がある。このような人材スペックと組織の戦略やビジョン、また仕事や役割とを組み合わせて、最も適合する人材を獲得するのが採用である。

次に人事考課であるが、そもそも人事考課とは、従業員の「働きぶり」を評価し、それをその後の昇進や処遇に反映させるというイメージを持たれがちであるが、楠田によれば、「従業員一人ひとりの日常職務行動を通して、各人の職務遂行度や業績、能力を細かに分析・評価し、これを人事管理の全般または一部に反映させる仕組み」のことである[8]。人事考課の基準については、①能力評価（潜在能力、顕在能力）、②情意評価（意欲、態度）、③成果評価（業績、目標達成度、他部門協力度、部下育成度）の3つに区分されている[3]。つまり、能力考課とは、何がどの程度できるのかということであり、情意考課とは、どのような態度や意欲で取り組んだのかということであり、そして成果考課は、何をどの程度行ったのかということを評価することである。

ヒューマンリソース・マネジメントの目的は、教育訓練、研修、配置、仕事の割り振り、人事考課などを通じて、人材の貢献可能性や人材の価値を高めることにある。いわば、教育訓練は、経営環境の変化や時代の流れに適応した個人の能力と将来を見据えた組織への貢献可能性を高めるとともに、その個人が組織に寄与し、組織力や組織能力を高めるための重要な投資といっても過言ではない。一般的に、職場を離れての教育訓練である「Ｏｆｆ-ＪＴ（Off the Job Training）」と、職場での仕事の経験を通じて学習する「ＯＪＴ（On the Job Training）」とがある。Ｏｆｆ-ＪＴは、人材に必要な知識やスキルを短期的に獲得させるために有効である。また従業員がキャリアを積み重ねるにあたって、職場や仕事と離れたところで、新しい価値観や自己啓発を促すためにも有効である。一方、ＯＪＴは、実際の経験を通じて行われるため、仕事に対する直感的な理解を促すとともに、直面する課題や目標達成に向けた活動の中から学びの機会を得る点に特徴がある。

4・モチベーション

これまで繰り返し述べてきたように、組織は人によって成り立っている。組織が定めた規範やルールなどの枠組みの中で、自ら考え、行動し、組織目標を達成させるために活動し、貢献してもらいたい人びとによって構成されているのが組織である。したがって、そのような組織メンバー一人ひとりが与えられた役割や職務に動機づけられ、熱心に活動するほど、基本的に組織の成果は上げられると考えられる。そのため、組織運営を進める上で、組織メンバーのモチベーションを管理することは、重要な事項である。

モチベーション（motivation）とは、「動機づけ」と訳されることが多いが、一般的には、動機づけによって引き起こされた行動に対する「意欲・やる気」のことを意味する。すなわち、モチベーションは、人が一定の方向や目標に向かって行動し、それを維持する働きのことを指す。したがって、仕事に対する意欲、仕事に対して向けられる心理的エネルギーのことを、「ワークモチベーション」と呼び、これに対する多くの関心事は、何によって働くことに動機づけられているのかという「欲求」や内容、またどのようにして働くことに動機づけられるのかという「プロセス」に対して向けられている。

1 ハーツバーグの「動機づけ―衛生理論」

ハーツバーグは、人間の欲求を、「苦痛や欠乏状態といった不快を回避する欲求」と「精神的に成長し、自己実現を求める欲求」の2つからとらえ、両者の欲求はまったく異質なものであり、異なる要因によって充足されるということを理論化した[9]。図7に示すように、職場環境や労働条件の不備によって不満をもたらす前者の欲求を「衛生要因（保全要因）」と呼び、満足をもたらす後者の欲求を「動機づけ要因（成長要因）」と呼ぶ。つまり、職務不満と職務満足は反対の事象を意味するのではなく、異なる発生源によって引き起こされる。衛生要因は、解消されても満足を形成するものではなく、労働環境に対してひとつでも不備があれば、それだけで不満を引き起こす。逆に動機づけ要因は、満たされなくても不満にはつながるものではなく、ワークモチベーションは仕事自体に内在するものと考えられている。

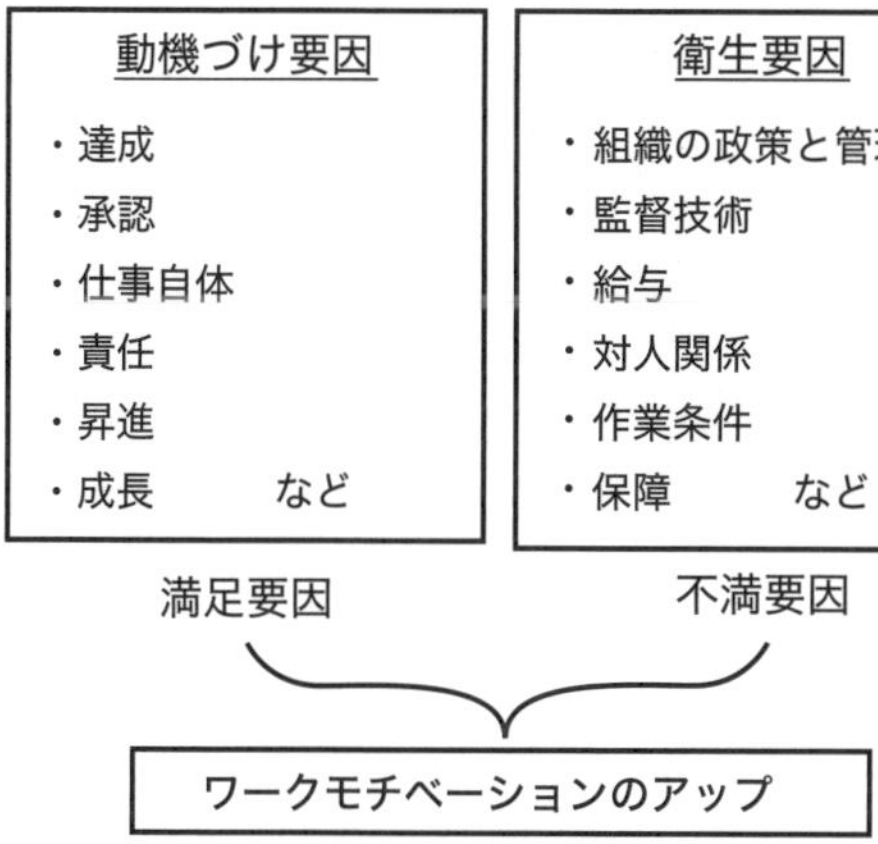

図7　ハーツバーグの動機づけ―衛生理論

理論的に考えれば、満足を生み出す動機づけ要因を高め、不満を生み出す衛生要因をコントロールすれば、ワークモチベーションはアップする。つまり、動機づけ要因と衛生要因の両者が満たされている場合は、仕事に対して充実感を抱き、組織に対する貢献意欲も大きくなる。ただ、それが必ずしも成果に結びつくとは限らないため、個人的な成長の機会を付与するような継続的な教育機会の提供や成果に見合う地位の向上などが求められる。逆に動機づけ要因と衛生要因の両者が満たされない場合は、仕事に対して無気力になり、能率低下やミスにつながることが予測される。そのような行動がさらに有能感や組織に対する貢献意欲を低下させ、周りの従業員に対しても悪影響をもたらす。動機づけ要因、衛生要因の一方だけが高い場合も従業員の管理は難しくなる。動機づけ要因だけが満たされている従業員は、仕事に対するやりがい感を抱き、職場における存在感や存在価値が大きくなると考えられる一方で、心理的なエネルギーによってのみ組織との関係をつなぎ止めているため、職場環境が改善されない場合は、離職する可能性が高くなる。また衛生要因だけが満たされている従業員は、仕事に対する緊迫感や使命感が低くなりがちで、大きな成果を上げることができていないことが予想される。そのような従業員に対しては、有能感を抱けるような責任や権限を付与するなど、組織の貢献意欲を高める工夫が必要となる。

2 やる気と意欲に関わる2つの動機づけ

動機づけは、いくつかのタイプに分類することができるが、やる気と意欲に関わる動機づけは、一般的に、「内発的動機づけ」と「外発的動機づけ」の2つに分けられる。内発的動機づけに関する研究は数多く進められているが、自己決定理論[10]や達成目標理論[11]が主流といえる。デシとフラストによれば[12]、内発的動機づけとは、「活動することそれ自体がその活動の目的であるような行為の過程、つまり、活動それ自体に内在する報酬のために行う行為の過程」を意味すると述べられている。また外発的動機づけとは、それとは逆に、他者からの主体への働きかけによって生じるすべてのものととらえられている。これら2つの動機づけは、同様に2つの「報酬の付与」と関連づけられている。内的報酬とは、仕事における達成感ややりがい、また仕事によってもたらされた責任や自己成長感のことを指し、個人の知的好奇心、向上心、有能感と関連し、内発的動機づけを高めることから、「ドライブ（動因）」とも呼ばれる。一方、外的報酬とは、給与や昇進の機会、身分や地位といった職務上での賞罰、承認、強制、評価などから外発的動機づけを高めるため、「インセンティブ（誘因）」とも呼ばれる。これら2つの報酬がモチベーションを高めるために効果的であるかどうかは、まず個人のニーズの種類やその強さに依存するといわれ、次いで報酬の与え方に依存すると考えられている。

また組織運営を進める際に、管理運営者は、内発的動機づけと外発的動機づけの関連性によってもたらされる2つの影響について、留意しなければならない。そのひとつが、「アンダーマイニング効果（undermining effect）」である。アンダーマイニング効果とは、内発的に動機づけられている行為に、金銭的報酬のような外的報酬を与えることによって、内発的動機づけが低減する現象のことをいう。たとえば、仕事内容そのものにやりがいや達成感を感じている従業員に対して、その行為に金銭的な報酬を与えたことによって、従業員の行為の目的が仕事そのものから金銭的報酬を得ることへと変化してしまう場合などがそれに当たる。その他にも、自発的、自律的に行っていた行為に「監視」や「評価」といった介入が加わることによって、個人の内発的な動機づけが下がってしまうことなどもアンダーマイニング効果の一例といえる。逆に、個人の行為を正当に評価し、認めたり、褒め称えたりする「言語的報酬」のような外的報酬が個人の内発的動機づけを高め、強化させるような現象のことを、「エンハンシング効果（enhancing effect）」と呼ぶ。

5・リーダーシップ

「リーダーシップを発揮する」という言葉を耳にすれば、地位のある人がその役割を果たすようなイメージが持たれがちであるが、一般的にリーダーシップとは、ある一定の目標を達成するために、個人または集団をその方向に行動づけるための影響のプロセスであると考えられている。したがってリーダーシップとは、特定個人の地位や能力、または資質によって発揮されるものではなく、対人的な関係の中で発揮される人間的な行為でありながら、目的を持つ組織には備わった集団機能であるといえる。つまり、リーダーシップを発揮したその人の存在自身が必要とされているというよりは、組織がその発揮されたリーダーシップの機能そのものを必要としていたからこそ、リーダーの存在が認知されるのである。

一般的には、集団に対して影響力を与える主体を「リーダー」と呼び、影響力を与えられる客体を「フォロアー」と呼ぶ。適切なリーダーシップを発揮するためには、以下のことが考慮されるべきであろう。

①フォロアーに対して、ポジティブな影響力をもたらしているか？

②組織の目的や目標を達成するために資する行為であるとともに、リーダー自身が組織の目的や目標を達成することを、最大の関心事としてとらえているか？

③フォロアーをその気にさせるための行為であり、またそのような行為が他律的なものに留まるだけでなく、自主的・主体的・自律的な行為となるような支えや促しとなっているか？

1 リーダーの行動とリーダーシップのスタイル

これまで責任感や統率力、また洞察力や知性など、リーダーには共通の特性があると考えられてきた。しかしながら、体型や見た目、また性格のような資質の有無によって、リーダーの向き不向きを論じるのには限界がある。フォロアーの目に映るのは、見た目ではなく、リーダーの行動、言動、態度といった振る舞いそのものである。リーダーの行動は、「仕事中心」と「人間関係中心」というように2つの機能から分類されることが多く、リーダーシップを「目標達成（P機能）」と「集団の維持（M機能）」の2次元からとらえようとしたのが、三隅のPM理論である[13]。

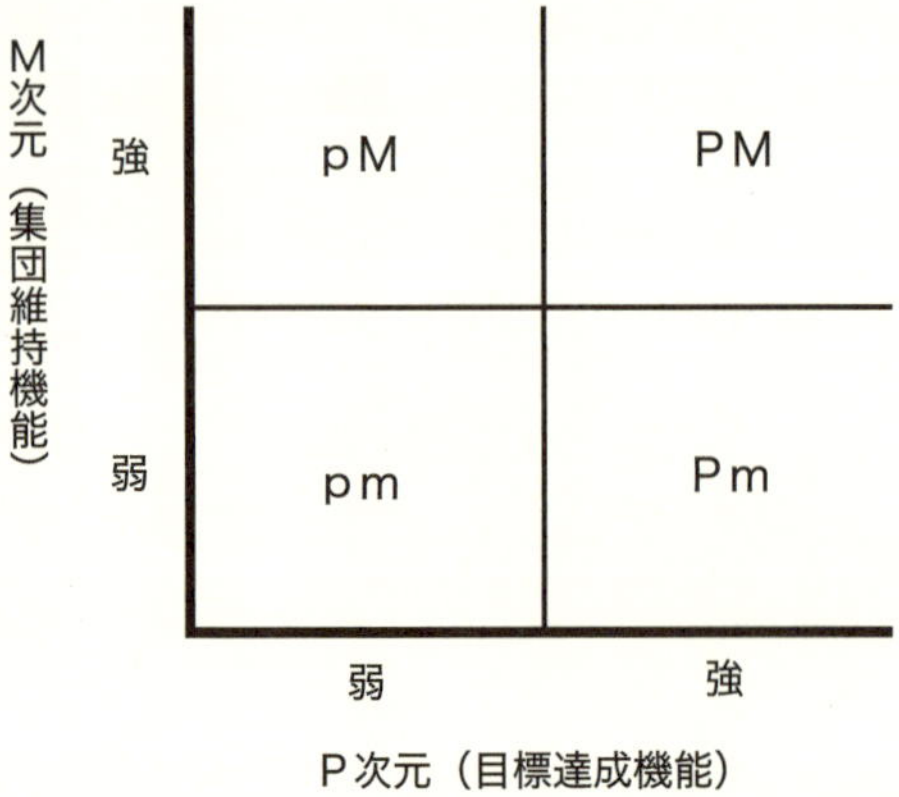

図8　三隅によるリーダーシップのPM理論

P（Performance）機能とは、組織が達成しなければならない目標や課題解決に向かってメンバーが動くように、その行動を促進するとともに強化する機能のことである。M（Maintenance）機能とは、メンバー間の協働が促進されるように、メンバーに配慮した行動や激励することにより、組織内の人間関係を強化する機能のことを指す。図8に示すように、2つの機能を高低によって組み合わせ、4つの象限でリーダーシップのスタイルをとらえようとしたのがこの理論である。4つに分類されたリーダーシップスタイルの特徴は、以下に示す通りである。

①**Pm型**：人間関係や集団の維持よりも課題達成や目標の遂行に意を払う、いわば、仕事中心のスタイル

②**pM型**：課題達成や目標の遂行よりも組織内の人間関係に気を配り、集団の維持に力点を置くスタイル

③**pm型**：課題達成や目標の遂行、また人間関係や集団の維持にあまり関心を示さない消極的なスタイル

④ＰＭ型：課題達成や目標の遂行に対して、積極的にイニシアティブを発揮するとともに、人間関係や集団の維持といったフォロアーの感情面にも配慮するスタイル

このＰＭ理論は、２次元の機能の両方を高く持ち備えたリーダーが理想であるという考えにもとづいている。このような高低によって、４つのタイプを示した枠組みは、「Hi・Hiパラダイム」と呼ばれ、右上に位置づく象限が「理念型」ととらえられる。しかしながら、常にリーダーの行動やリーダーシップのスタイルがその「理念型」の部分に位置づけられる必要があるのかという疑問が湧く。発揮されるべきリーダーシップは、唯一、普遍的なものではなく、そのリーダーの置かれた状況や環境によって変化し、それに対応した上で、リーダーシップが発揮されるべきであるというのが、次に説明する「状況対応（状況適合）リーダーシップ」と呼ばれるものである。

2 状況対応リーダーシップ

組織の成果とリーダーの行動には、ある一定の関係は示されるものの、リーダーが発揮すべき有効なリーダーシップは、固定的かつ普遍的なものではなく、リーダーの置かれた状況に応じて、適切なリーダーシップスタイルを選択し、フォロアーに影響力を行使すべきであると考えられるようになった。図９に示すように、状況対応リーダーシップとは、リーダー行動の有効性はフォロアーとの関係によって規定されると考えるものであり、判断材料となる状況要因を、フォロアー（部下）のレディネスでとらえようとしたものである[14]。

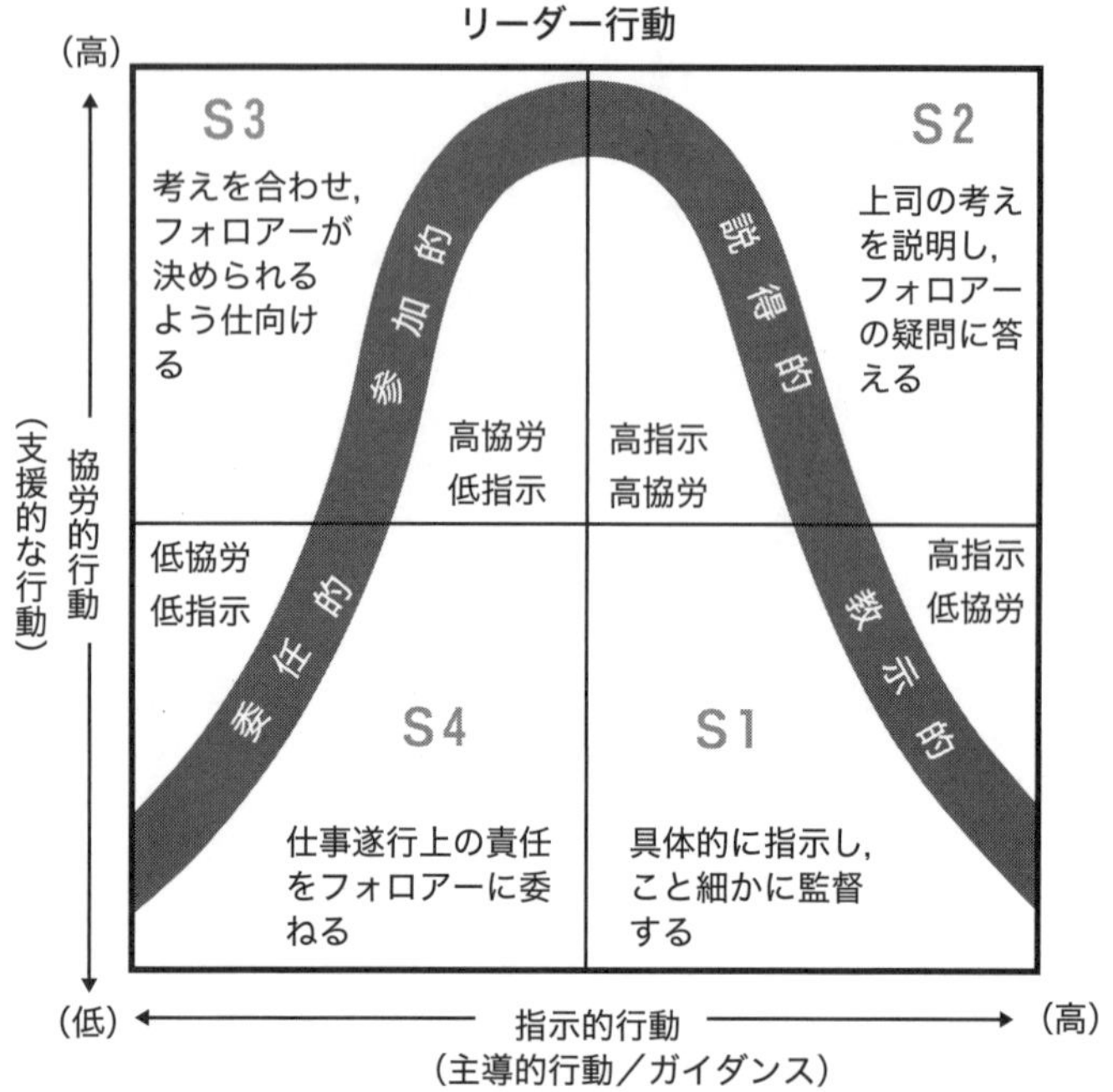

部下のレディネス

(高)	(中程度)		(低)
R4	R3	R2	R1
高能力で意欲や確信を示す	高能力だが意欲弱く不安を示す	低能力だが意欲や確信を示す	低能力で意欲弱く不安を示す
自律的		他律的	

図9　ハーシーらによる状況的対応リーダーシップ

このモデルの特徴は、リーダーシップはフォロアーの成熟度、つまり、部下のレディネスに応じて変化するという点にある。ここでいう部下のレディネスとは、特定の課題を達成するための部下・メンバーの能力と意欲の程度のことを意味する。またリーダーが示す2つの行動は、「指示的行動」と「協労的行動」である。指示的行動とは、メンバーのそれぞれがどのような役割を果たすべきか、いつ、どこで、いかに課題を達成すべきかを指示し、規定するような行動のことであり、協労的行動とは、メンバー間のコミュニケーションを促進し、意思の疎通を図るとともに、メンバーの声に傾聴し、支援し、連帯感を図るような行動のことである。部下となるフォロアーのレディネスを把握する際には、1つひとつの仕事ごとにとらえることが重要であり、部下のレディネスが高まるにつれて、集団のダイナミクスは、他律的なものから自律的なものへと変化する。部下のレディネスとの兼ね合いで、発揮すべきリーダーシップのスタイルは、以下に示す「教示的」「説得的」「参加的」「委任的」の4つである。

①S1（低能力・低意欲）：仕事に対する具体的なポイントを指示したり、役割を決めたりするような指示的・主導的行動が強い「教示的スタイル」

②S2（低能力・高意欲）：指示的行動も協労的行動も強く、リーダーの指示や決定、フォロアーに与えられた役割にどのような意味があるのか、その理由を説明したり、質問を奨励したりする「説得的スタイル」

③S3（高能力・低意欲）：指示的行動よりも、積極的にフォロアーの声に耳を傾け、チャレン

ジすることを支持したり、決定の責任を分担させたり、また行いを褒めたりするような支援や励ましを重視する「参加的スタイル」

④S４（高能力・高意欲）：仕事を委任し、緩やかに監督しながら、フォロアーに決断を下させ、自立・自律を奨励する「委任的スタイル」

組織の運営は、一筋縄ではいかない。最後に説明した状況対応リーダーシップのように、集団の成熟度や組織力が高まれば、リーダーの出番そのものが少なくて済む。つまり、個人や集団が学習し、成長や進化を遂げ、集団が組織の目的や目標達成に向かって自律的に行動し、機能する、いわば、自己調整や自助機能を有するような組織体となることが望ましいといえる。われわれは、組織を機能させるために、さまざまなオペレーション上の手法やテクニックを身につけることも重要であろうが、それ以上に組織がダイナミックに機能する源泉は何であるのかに目を向け、構造的に組織の問題をとらえ、その運営に手掛けるべきであろう。

【引用文献】

(1) Galbraith, J.R. "Designing Organizations" Jossey-Bass, 1995.
(2) アルフレッド・チャンドラー（有賀裕子訳）『組織は戦略に従う』ダイヤモンド社、２００４年。
(3) 根本孝・金雅美『人事管理』学文社、２００６年。

(4) 奥林康司『入門人的資源管理』中央経済社、2003年。
(5) 森五郎『労務管理論』有斐閣、1979年。
(6) 梶原豊『人材開発論：人材開発活動の実践的・体系的研究』白桃書房、2001年。
(7) 守島基博『人材マネジメント』日本経済新聞出版社、2004年。
(8) 楠田丘『人事考課の手引き』日本経済新聞社、1981年。
(9) フレデリック・ハーツバーグ（北野利信訳）『仕事と人間性：動機づけ—衛生理論の新展開』東洋経済新報社、1968年。
(10) Deci, E.L. and Ryan, R.M. "Intrinsic Motivation and Self-determination in Human Behavior" Plenum Press, 1985.
(11) Nicholls, J.G. "The Competitive Ethos and Democratic Education" Harvard University Press, 1989.
(12) エドワード・デシ&リチャード・フラスト（桜井茂男監訳）『人を伸ばす力：内発と自律のすすめ』新曜社、1999年。
(13) 三隅二不二『リーダーシップ行動の科学（改訂版）』有斐閣、1984年。
(14) ハーシー他（山本成二他訳）『入門から応用へ行動科学の新展開（新版）：人的資源の活用』生産性出版、2000年。

（長積　仁）

第6章 スポーツファシリティ運営とサービス

スポーツファシリティ運営はハードとしての施設・空間にソフトであるサービス・情報が加味されて生まれた、スポーツ産業領域における、新しいタイプのビジネス「施設・空間マネジメント産業」としてとらえることができる。ここでサービス財が生産されるためには施設・空間に加え、指導者やプログラムがあり、サービスを受ける消費者（受講生や会員・利用者）が出会うこととそれをマネジメントする必要がある。つまり、スポーツファシリティ運営のマネジメントを考える場合は、ハード、ソフト、ヒューマンの3つの切り口でとらえることが重要となる。

本章では、スポーツファシリティとサービス、そしてファシリティマネジャーの資質と心構え、ホスピタリティマネジメントについて考えてみよう。

1・スポーツファシリティとサービス

1 スポーツファシリティの運営形態

スポーツファシリティにおける提供サービスは、消費者の使用目的やそもそもの設置目的によって多様である。たとえば「見るスポーツ」のための施設として考えられるスタジアムと「するスポーツ」のための施設として考えられるフィットネスクラブやテニスクラブそして公共スポーツ施設では実際に想定されるサービスは当然異なる。本章では、主に「するスポーツ」のためのスポーツサービスを想定して論じていく。

図1はスポーツ施設の営業形態を2本の軸によって、基本的な4つのタイプ（I～IV）に区分したものである。縦軸は消費者の需要を示し、それはスポーツ施設の利用だけでなく、スポーツ技術にも及ぶ。どちらの需要を重視するかにより、施設本位のサービスビジネスとレッスン本位のサービスビジネスの分極化が生じる。また、横軸はサービスの受け手を不特定多数の消費者としてとらえるか固定化した会員としてとらえるかによりビジネスの事業特性が分かれることを示している（中川）(1)。

タイプIに位置づけられるのが、当初から日本のスポーツビジネスとして展開されてきた、ゴル

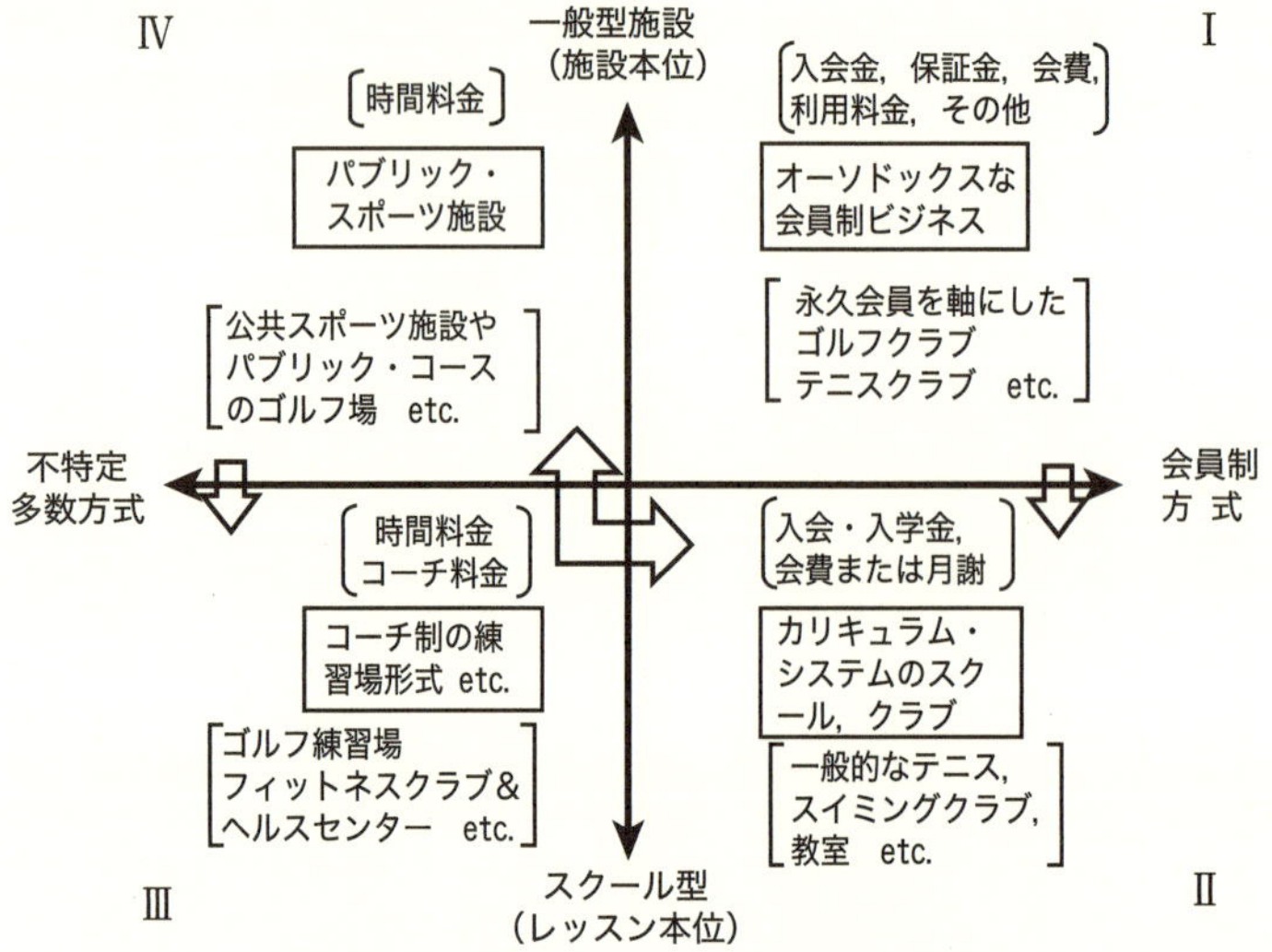

図1　スポーツ施設の営業形態区分

（中川，2000を修正）

フに代表されるような会員制のクラブ運営を中心としたものである。永久会員を軸にした会員制ビジネスにあっては、その後の社会情勢もありそれまでの永久会員制に加え、短期的な会員制を導入する施設も増加した。短期的な会員制は、入会金売上の増収等の経営の効率化にポイントを置いた方式であり、テニスクラブやフィットネスクラブなどの営業形態が一般的となっている。

また、会員を募り、その会員のニーズに応じたカリキュラムシステムを考案して、スポーツのマナー、ルール、技術等を段階的にレッスンするスクールビジネスがある（タイプⅡ）。

スポーツ人口の増加にともない、タイプⅠの会員制クラブのサービスを利用するビジターの質を高めるためにタイプⅠのビジネスモデルにこのビジネスモデルが組み合わせられるケースもある。

タイプⅢは、不特定多数の消費者を対象に、利用時間料金を基本とするサービスに、消費者のニーズに応じてコーチングシステムを取り入れたサービスビジネスである。ゴルフのパブリックコースでも練習場を併設し、それをスクール形式に発展させるなどレッスン本位のサービスに積極的なケースも多い。タイプⅣは、不特定多数の消費者にスポーツ施設を時間開放し、施設機能を生かした時間料金による施設本位の営業である。

以上4つのタイプを説明したが、消費者のスポーツサービスに対するニーズやウォンツの多様化にともない、各タイプ単独の営業形態よりも4つのタイプのいくつかを組み合わせた複合型の営業形態が多くなっている。近年特に、タイプⅣに示される公共スポーツ施設においても指定管理者制度をはじめとする施設の運営を民間に委託する体制が定着すると同時に、不特定多数の消費者に対しての施設本位のサービス提供の運営形態に加え、会員制方式でレッスン本位の営業形態を組み合わせた営業形態を取るケースが増えている。

中川[1]は、都市型施設を営業拠点としながらも、自然を消費できるエリアまで移動して、そこでサービスを行うケースの可能性を指摘しているが、現在では、海外のマラソン大会やマスターズ水泳大会、スクーバダイビング、その他のスポーツイベントへのツアーなどのサービスは、会員制のフィットネスクラブ等では一般的なサービスとして定着している。最近の新しいサービス提供形態の例としては、ランニング・ウォーキングブームを受けて、都市圏において屋外でトレーニングを行うランナーやウォーカー向けにロッカーやシャワー施設を提供する「ランニングステーション」のサービスが見られるようになっている。

2 スポーツファシリティのサービス機能

前項で確認したさまざまな営業形態のスポーツファシリティにおけるサービス機能は基本的に以下のように整理して考えることができる。

(1) 施設の整備（エリアサービス：AS）

たとえば公共スポーツ施設では、メインアリーナ、サブアリーナ、トレーニングルーム、室内プールなど、「スポーツの場」を提供することにより消費者の運動の目的に利用できるようにすること。具体的には、ⓐ利用案内機能：利用手続きや利用案内、利用料金、利用上のルールといった情報の提供、ⓑ利用促進機能：利用者の求める内容を充実させ各種プロモーションによる利用の促進、ⓒ利用管理機能：施設保守管理、施設機器管理、施設維持管理、施設警備管理による施設の安全性や快適性を確保すること等がある。

(2) 集団の育成（クラブサービス：CS）

利用者同士のクラブやサークルといった仲間づくりのためのサービス。具体的には、ⓐクラブ育成機能：スポーツ教室の参加メンバーのつながりを維持・継続させるためクラブとして発展させるための支援。ⓑクラブ交流機能：日頃のクラブとしての活動を広げ活性化するために他クラブとのネットワーク会議や交流会等を開催等がある。

(3) プログラムの提供（プログラムサービス：PS）

利用者のさまざまなニーズに応じて運動の目的が達成できるようなプログラムやイベントの提供をするサービスである。具体的には、ⓐプログラム提供機能：安全で効果的で楽しいプログラムそしてそれを提供する指導者を含めた環境を整える。ⓑプログラム開発機能：幅広い対象者のさまざまなニーズや社会的な課題に対応するプログラムを開発する等である。

(4) 情報の提供（情報サービス：IS）

施設やスポーツ・文化活動を含めた情報を提供することにより利用者の施設利用や運動の目的を達成するための支援をするサービスである。具体的には、ⓐ情報収集機能：関連機関との連携や定期的なモニタリングとにより、利用者のニーズに的確に対応できるように情報が必然的に集まる仕組みづくり。ⓑ情報提供機能：利用者が容易に情報を得られる仕組みづくり。各種セミナーの開催やライブラリー機能、ホームページの整備や情報誌の発行などがある。

いずれにしてもこれらのサービス機能は、ハードである施設や機器とソフトであるプログラムやシステムが組み合わされる形で提供されるというように、それぞれの機能が単独で成立することはあまりないといえる。加えてこれらのサービスはヒューマンウェアであるスタッフを介して利用者に提供されるため、その資質や人間性がサービスクオリティに影響する重要な条件であることを留意すべきである。

3 スポーツプロダクトとしてのサービス

コトラーは、製品（プロダクト）とはニーズや欲求を満たすために市場に提供されるものであり、有形財、サービス、経験、イベント、人、場所、資産、組織、情報、アイデアがあると指摘した(2)。市場提供物は3つのレベルで計画され、製品の中核にいくつかの特性が加わって一般の製品を形成し、付随機能が加わり特定の製品となる。最も基本的なレベルは、中核ベネフィットであり、顧客が実質的に買っている基本的なサービスやベネフィットを意味する。山崎は図2にあるように、コトラーによる3つの製品レベルとそれに対応した例としてフィットネスクラブが提供するプロダクト（製品）を

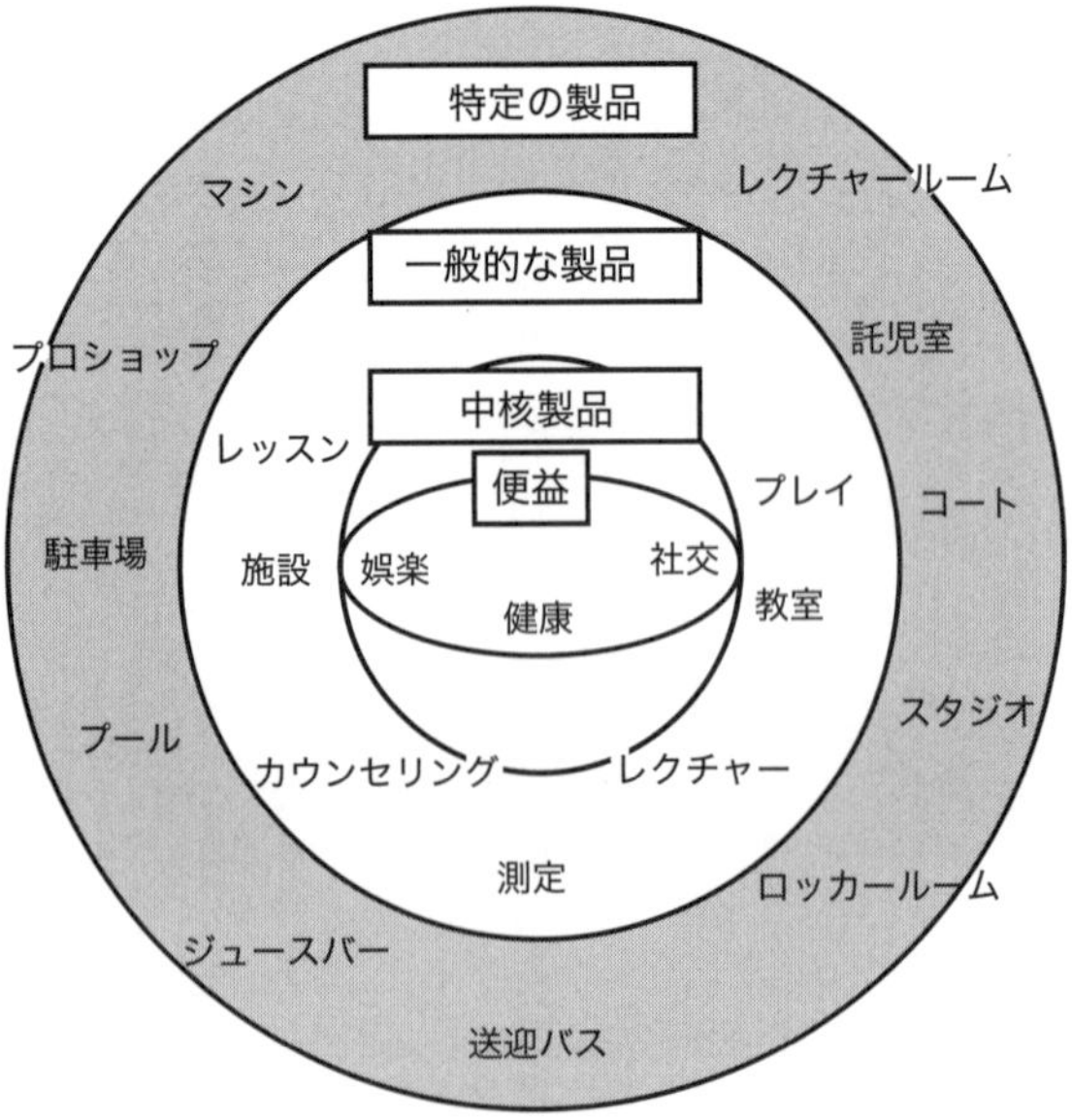

図2 製品の3レベル（山崎，2010より引用）

示した[3]。「するスポーツ」としてのスポーツファシリティの、サービスとしてフィットネスクラブの例は非常に参考になる。最も基本的な次元である中核ベネフィットは「健康」「社交」「娯楽」である。基本的にプロダクトのレベルを上げていくことは他社との差別化や競争優位につながるが、コスト増がともなうため、追加コストをどう吸収するか（通常は単価の引き上げ）を検討しなければならない。また拡大した製品によるベネフィットはやがて期待されるベネフィットとなるために常にベネフィットの拡大を検討する必要がある。拡大製品を提供することで差別化を図る戦略に対して、基本製品のみを安価で提供することで競争に参加する戦略をとることも可能である。

フィットネスクラブの利用者満足を得るためには、利用者に便益を得てもらうことが必要となるが、ここで留意すべき点として、畑は、以下のように指摘している[1]。利用者（スポーツ消費者）が期待する価値は、本来的にいって利用者個人の主観的な問題であり、利用者が置かれた状況によっても左右されやすい。それはきわめて多様であり、かつ流動的であることは否めない。したがって、実際のクラブの経営においては、この中核ベネフィットが不明確であり、特定できない場合も少ないようである。

スポーツファシリティ運営においては、自分たちの使命を提供するプログラムによって定義づける製品志向ではなく、プログラムが生む便益に目を向け、提供するサービス（プロダクト）を消費者個人がどのような便益として受け止めているかに注意を払うマーケティング志向のマネジメントが重要となる。

4 スポーツファシリティサービスのマーケティング

前項で確認したように利用者が期待する価値は、きわめて多様でありスポーツファシリティにおける中核ベネフィットは不明確であり特定できない場合もある。スポーツファシリティ運営においてはマーケティング活動を通じて、①市場機会の分析、②標的市場の設定、③マーケティングミックスを定期的に実施していくことで、顧客の満足度につながるサービスを検討することが大事である。ここでは詳細を他の章に譲りその概要を説明する。

はじめに実施するのが「①市場機会の分析（マクロ・PEST／ミクロ・3C）」である。市場機会の分析とは、マーケティングに必要な基礎的なデータを収集することであり、スポーツファシリティ運営に関しては、スポーツ実施に関する全国的な傾向や政策動向などのマクロ環境と、ファシリティの立地する周辺の地域における人口構成（現在と将来）、スポーツ実施率、クラブ加入率、類似・競合する施設の分布や経営状況、市町村等のスポーツ施策内容などのエリア環境が収集の対象として想定される。

次に収集したデータをもとに「②標的市場の設定（セグメンテーション／ターゲティング／ポジショニングを行う）」具体的には想定される顧客をいくつかのグループに分類し、各グループの特徴を分析する。さらにそれらを踏まえ、スポーツファシリティ運営の経営目標（ミッションやビジョン）を踏まえて、想定される顧客分類の中から、施設利用の期待できそうな層を特定し、当面の主たる対象とする顧客を抽出する。

最後に、「③マーケティングミックス（4P）」を検討する。スポーツファシリティ運営の実際では、「価格」「利用システム」「施設・プログラム」「ホスピタリティ」の組み合わせを設定することになる。

5 公共スポーツファシリティのサービス

従来のファシリティマネジメントでは、人、物、金、情報の経営資源の中で、物（ハードの維持管理）は民間で25％、公共で60％の割合を持つと認識されてきた(4)。このことは、従来は公共のスポーツ施設管理運営者においては、利用料収入の増加や利用者満足度の向上といった経営努力よりも施設の維持管理に重点を置く運営方法であったことを裏づけるものであろう。その結果、民間のスポーツ施設に比べれば、「料金は安いがサービスもそれなり」「顧客志向よりも管理志向」といった評価を受ける結果となっていた。しかし、平成18年の指定管理者制度完全導入後、公共スポーツ施設の運営についても、スポーツ領域への市場原理の導入により質の高いマネジメントの重要性が認識され、利用者へのサービスも質の高さが要求されるようになってきた。従来、自治体の補填を受けながら施設を管理してきた外郭団体、新たに門戸が開かれた民間企業、またNPO法人や競技団体などが、それぞれ試行錯誤しながら指定管理者としての管理運営を進めている。

間野は、公共スポーツ施設の運営にさらに競争原理が働き、〝Value for Money〟が高まり財政支出を縮減しつつよりよいサービスを提供できるような環境を整備することが必要であると指摘している(5)。その際、公共のスポーツ施設の公共性・公益性を担保し、サービス向上であったり、利用者数増加であったりと市場経済の原理を用いた効率的な運営を目指さなければならない。これらの対照的な要求に対して新しい組織の運営手腕が試されることになる。

2・ファシリティマネジャーの資質と心構え

1 ファシリティマネジャーに求められる資質

ファシリティマネジャーに求められる資質は、大きく2つに分類できる。ひとつは、ファシリティマネジメントに関する専門的知識と技術であり、これに関しては教育・トレーニングプログラムによって高めることが可能な側面である。そしてもうひとつは、人間性や性格といったその人に本来備わっているもので、教育・トレーニングプログラムでは容易に変わらない側面である。ドラッガーはマネジャーの資質として、人という特殊な資源とともに仕事をする上で特別な能力が要求されるとした上で、最も重要なものは学ぶことができない資質、後天的に獲得することのできない資質、初めから身につけていなければならない資質は才能ではなく「真摯さ」であると指摘している(6)。スポーツファシリティにおけるサービス財の特性として消費者が生産に参加し、サービス提供に関わるスタッフの資質がそのクオリティに影響を与えることを考慮すると、この「真摯さ」という資質はファシリティマネジャーにのみ必要とされるものではなく、スポーツファシリティ運営に関わるすべてのスタッフに必要とされる資質であるということもできる。

2 ファシリティマネジャーの心構え

(1) サービス文化

ファシリティマネジャーの心構えとしてまず重要な点は、提供するサービスの向上を課題とすべきであるということである。そのためには、組織内にサービス文化を形成することが必要となる。サービス文化とは、顧客にサービスを提供し満足を与えようとする文化である。サービス文化はまずマネジメント層で育み、それを組織全体に推し進めなければならない。サービス文化が生まれると、利用者に満足を与えようとする気風がスタッフ間に芽生える。そうした気風を支えるのが、利用者の満足を基準にスタッフに報奨を与える制度である。この報奨はスタッフに対する動機づけとして重要な意味を持つ。高品質なサービスを提供しようとすれば、利用者のニーズに応える行動を後押しして報奨を与える文化を組織に育む必要がある。

従業員満足は顧客満足を生む。ファシリティマネジャーはこの点で、利用者の満足度のみならず、スタッフの満足の両者に目を向けたマネジメントを心掛ける必要がある。

(2) サービスの４つの特徴

利用者の満足につながるサービス提供（サービスのマーケティング）においては、無形性、不可分性、変動制、消滅性というサービスの4つの特徴を念頭に置く必要がある（**表1**）。

①無形性

購入前のサービスは、観ることも味わうことも、触れることも、聞くことも、においをかぐこともできない。スポーツファシリティの利用者は、そのサービス機能を体験するまでその評価をすることは難しい。フィットネスクラブの例でいえば、健康・社交・シェイプアップといったベネフィットを得られるかどうかである。通常利用者はサービスの無形性から生じる不確実性を少なくするために、有形の証拠を探し、そのサービスに関する情報や安心感を得ようとする。フィットネスクラブでは、スタッフの身だしなみやクラブのパンフレットを質の高いものにし、施設を清潔に保つことなどによって、潜在的なサービスの質を示す。有形の証拠は、無形のサービスの品質を伝える手がかりとなるのである。

②不可分性

多くのサービスは、サービス提供者とサービスを受ける消

表1　サービスの特性とマネジメントのポイント

	サービスの特性	マネジメントのポイント
無形性	購入前のサービスは，観ることも，味わうことも，触れることも，聞くことも，においをかぐこともできない。	スタッフの服装，パンフレットの質，清潔な施設，ブランドイメージの向上など無形を有形にする。
不可分性	サービスはサービス提供者と切り離すことができない。	顧客第一の態度を身につける。顧客を選び「教育」する。
変動性	サービスの品質は，誰が，いつ，どこで，どのようにサービスを提供するかによって変化する。	①人材の採用と教育訓練，②サービスの自動化，③顧客満足度のモニタリングシステムの構築
消滅性	サービスは，在庫にしておいて後で販売したり使用したりすることはできない。	需要と供給のバランスをとる。価格変更，キャンペーン，予約システムなど

（コトラーとアンドリーセン，2005 (8) をもとに作成）

費者（受講生や会員・利用者）の両方が存在しなくては、成り立たない。スタッフもサービス（製品）の一部なのである。施設の設備や器具がいくら最新のものであっても、スタッフが気配りに欠けていたり、態度が悪かったりすれば、ファシリティに対する全体評価は下がり、利用者は不満を覚えるだろう。また、サービスの不可分性は、利用者も製品としてのサービスの一部であるということを意味している。たとえば、フィットネスクラブのトレーニング機器の使用方法やレッスン受講時のルールやマナーなどを利用者自身が理解して実行することがサービスの品質に影響を与える。ルールやマナーを守らない利用者の存在は、他の利用者の不満につながる可能性を意味する。その意味でマネジャーには、利用者を選び「教育」し「管理」するということが求められる。

③変動性

サービスの品質は誰が、いつ、どこで提供するかによって異なる。サービスは生産と消費が同時に行われるため、品質を管理しにくい。スポーツファシリティにおいては、曜日や時間帯によって需要が絶えず変動するため、需要ピーク時に一定の品質を提供するのが難しい。その時の提供者の技量や調子によってサービスの品質に差が出ることがある。変動性のマネジメントのためには、資質を備えた人材を採用し、教育訓練に時間と費用をかけることによりサービス提供に必要な知識と技術をスタッフに身につけさせること。マニュアル等を活用してサービスを自動化し、質の変動を最小限にとどめること、スタッフへのインセンティブの仕組みの整備、そして顧客の満足度を測るモニタリングシステムを確立することが必要である。

④消滅性

サービスは、在庫を持つことができない。自動車は売れるまで在庫としておくことができるが、受講者のいないレッスンや教室からの収入は永遠に失われたままとなる。サービスの消滅性は、需要が安定しているときは大きな問題とならない。なぜなら、前もってサービスを提供するスタッフを準備しておくことが容易だからである。需要が大きく変動する場合にはサービス提供者は困難な問題にぶつかる。たとえば、スポーツファシリティでは、利用者が多くなるピーク時ではロッカーの不足やレッスンの定員をオーバーし受講できないケースが生じる可能性がある。需要と供給のバランスをとるためには、①「価格の変更」によって需要をピーク時からオフピーク時にずらす。②キャンペーンによって「オフピーク時の需要」を創出する。③「予約システム」により、サービスを事前に売ることで、サービスの需要の程度を把握しそれに備える。これらの対策を講じることで、サービスの品質を保つことと機会ロスを防ぐことにつながる。

3・ホスピタリティマネジメント

1 ホスピタリティとは

Hospitality（ホスピタリティ）という言葉は、一般の英語辞書では、「心をこめたおもてなし、歓待、厚遇」と説明される場合が多い。一方では、ホスピタリティマインド、ホスピタリティ産業、ホスピタリティ業をさす言葉として、もともとサービスマインド、サービス産業、サービス業と認識されていた分野において辞書にある訳以上の意味を持つ言葉として定着しつつある。ここでは、「ホスピタリティマインド」すなわち辞書での語源に近い「おもてなしすること、おもてなしの思考」に焦点を当てる。

服部はホスピタリティとサービスの概念比較において、サービスは提供する際に一時的主従関係という取引関係を結ぶことになり、そこでは主人である顧客の意思が最優先され、従業員は一時的従者としての役割を演じることになる。そこには常に「お客様の言うことは常に正しい」「お客様は神様である」といった考えが出現していると指摘している(9)。ホスピタリティの概念においては「ホスピタリティ（hospitality）の主要な語源である hospes はホスト・ゲストの両者の意味を含み、ホストとゲストが同一の立場に立つ態度を常に保つという意味を持つ。つまり「主客同一」にある関係ととらえられるとしている。以後、「サービス」という用語はホスピタリティの概念を含んだ意味で使用する。

2 スポーツファシリティにおけるホスピタリティの重要性

スポーツファシリティの運営における活動のほとんどが、ホスピタリティ産業と変わらないサービスと考えることができる。ファシリティ運営では、利用者に顧客満足を感じてもらい、リピーターとなってもらうことが運営継続・発展の鍵を握っているといえる。ただ満足しただけの顧客は、よりよいサービスが現れればすぐそちらに乗り換えてしまう。しかし喜びを感じた顧客は、そのサービスに対して感情移入するようになる。単なる期待と価値の差という合理的な理由からサービスを選ぶのではなく、サービスに対して高いロイヤリティを持つようになる。顧客は非常に満足するとリピーターとなり、購買を継続しその組織やサービスについて好ましい話題を周囲に提供するようになる。ホテルの顧客を対象にした調査では、新規顧客を開拓するのにかかる費用のわずか20％で、既存顧客を維持できることがわかっている。また別の調査では顧客維持率を5％上げることで、利益が25～125％もアップすることがわかっている(7)。

3 ホスピタリティマネジメントの基本的考え方

ホスピタリティマネジメントは、一言でいえば「スタッフが現場で起きるあらゆる場面に柔軟に対応できる環境を整えること」でありすべてのマネジメント活動がこの環境づくりにつながっているといえる。

今まで述べてきたように、サービスの評価はその受益者の環境や状態によっても変化してしまう。常に同じサービスが高い評価を受けるとは限らないため、スタッフはその時の状況を都度正しく判断しサービスを提供する必要がある。

ここで重要となるのが、利用会員からの苦情に対し、応対したスタッフが「どのように対応し（態度・プロセス）」「何を提供したか（結果）」という「クレーム処理」である。この処理がいかになされたかにより利用者のその後の態度が決定される。「クレーム処理」が受け入れられなければ、利用者は二度と施設を利用しなくなる。逆に迅速に、誠実に苦情が処理され受け入れられた場合、その利用者はリピーターとなり周囲によい評判を広めてくれるようになる。

ホスピタリティマネジメントの第一歩として、マネジャーが利用者の求めているサービス、あるいは、改善を望んでいる点について把握してマネジメントの指針とすること。そのうえで、スタッフに対しては、ホスピタリティに関する知識と技術のための十分な教育訓練、サービス生産システム、権限委譲（エンパワーメント）やインターナルマーケティングといった、スタッフを支援する体制を整えることが必要である。

4 サービス生産システム

スポーツファシリティにおけるサービスは「利用者とスタッフ」「利用者と利用者」「スタッフとスタッフ」が出会う「サービスエンカウンター（顧客接点）」の連続である。サービスエンカウンターとは顧客が組織を構成するあらゆる要素（人、物、施設等）と接するポイントのことである。スポーツファシリティにおいて、利用者はこの顧客接点のたびにサービスを無意識・意識的に評価しているのである。したがって、「利用者とスタッフ」「利用者と利用者」「スタッフとスタッフ」が互いによい影響を与えあうことが「サービスエンカウンター」において高い価値を生み出す上で重要である。たとえば利用者が利用する駐車場の案内係の接客に始まり、受付での対応、スタッフによるプログラム指導の場面など1回の施設利用の中に存在するサービスエンカウンターは多い。サービス生産システムとは、あらかじめサービスエンカウンターを予測し「いつ」「どこで」「誰が」「いかに」サービスを提供するのかを事前に準備・計画することである。その結果、利用者は期待したサービス、またはそれ以上のサービスを享受することが可能となるのである。

しかし、サービス生産システムを整備する際に、マニュアルの優先順位を高めすぎて柔軟性に欠けたサービス提供の姿勢は本来のサービス生産システムの意味を損なう危険性を含んでいるのでその点には注意が必要である。

5 権限委譲（エンパワーメント）

前述のサービス生産システムにおいて、マニュアルに縛られた結果、本来あるべきホスピタリティが発揮できなくなる可能性について述べた。サービス業にかかわらず、日本の産業のほとんどは経営者を頂点としたピラミッド型の組織形態をとることで発展を遂げてきた。従来のピラミッド型組織では、マネジャーの仕事はスタッフの管理監督でスタッフの視線は組織内部の上司に向きがちである。

サービスの品質が受け手や状況で変わるスポーツファシリティ運営において、サービス提供者であるスタッフ自らが考え行動する権限を与えられていないと組織は機能しない。スタッフの視線は第一に利用者に向けられるべきである。逆ピラミッド型組織では、ファシリティマネジャーの仕事は、サービス提供者であるスタッフが、よりよいサービスを提供できるようにサポートすることであり、スタッフには、サービス提供時に自ら状況を判断し柔軟に対応することが要求される。この組織が機能すると前述の利用者を中心に考えるサービス文化が浸透し、すべての決定は利用者の満足を基準になされることになる。

しかし、ただ単に組織内で組織図を書き換えただけでは、これは実現しない。逆ピラミッド型組織が機能するためには、ファシリティマネジャーとスタッフの間に信頼関係が成立していることが必要である。この信頼関係は「権限委譲（エンパワーメント）」することにより築かれる。権限委譲とは、利用者とのエンカウンターにおいて、ほとんどの権限をスタッフに委ねることであり、それによって、サービス提供者であるスタッフはエンカウンターにおけるさまざまな出来事や利用者の希望に、自らの判断を持って即座に対応することが可能となる（図3）。

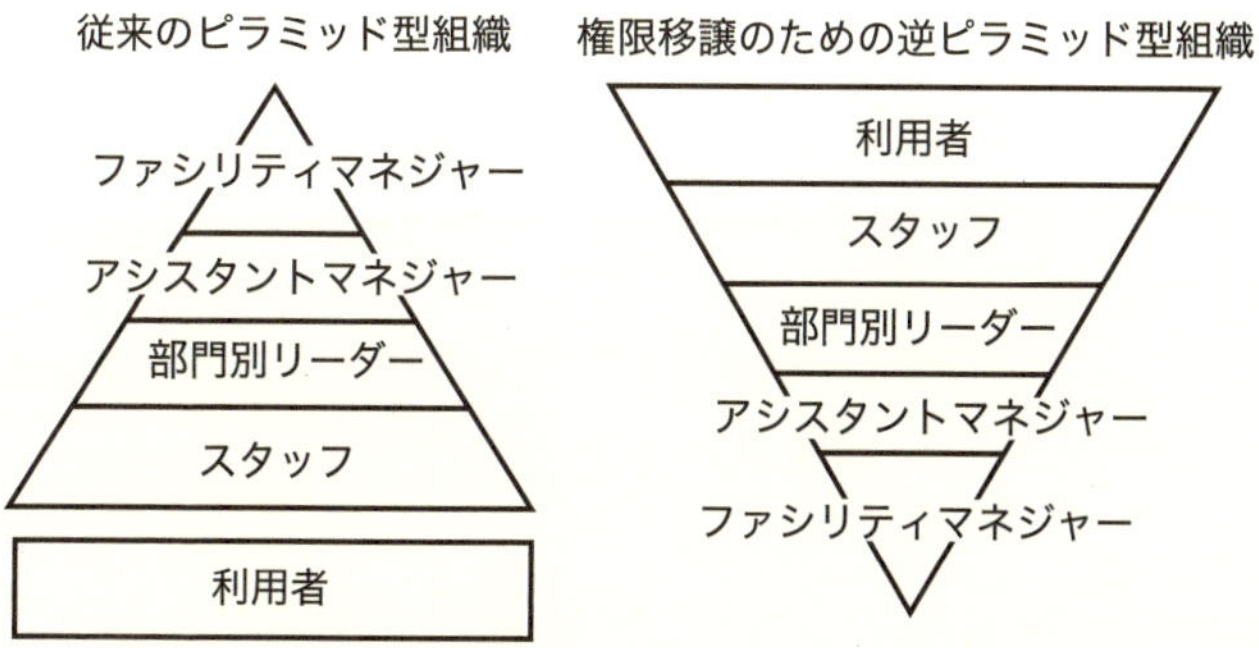

図3　逆ピラミッド組織（日本体育協会, 2006を修正・加筆）

6 インターナルマーケティング

スポーツファシリティの有形要素は、差別化が困難であることが多い。そこでサービスを提供するスタッフがしばしば差別化要因となる。ホスピタリティを実践する場では、まず組織内のスタッフに対してインターナルマーケティングを行う必要がある。インターナルマーケティングとは、接客を担当するスタッフと彼らを支援するすべてのスタッフに効果的に教育を実施し、サービスについて理解させ、サービスが優れた価値を備えているという信念を持たせることである。モチベーションを与えた上で顧客満足を達成することで、顧客志向を継続させることが可能となる。インターナルマーケティングは、外部顧客に対して行うエクスターナルマーケティングと区別され、一番初めに実践すべきものである（図4）。

インタラクティブマーケティングとは、サービスエンカウンターにおいて、利用者とサービス提供者のやり取りが利用者の知覚するサービス品質を左右するというとらえ方であ

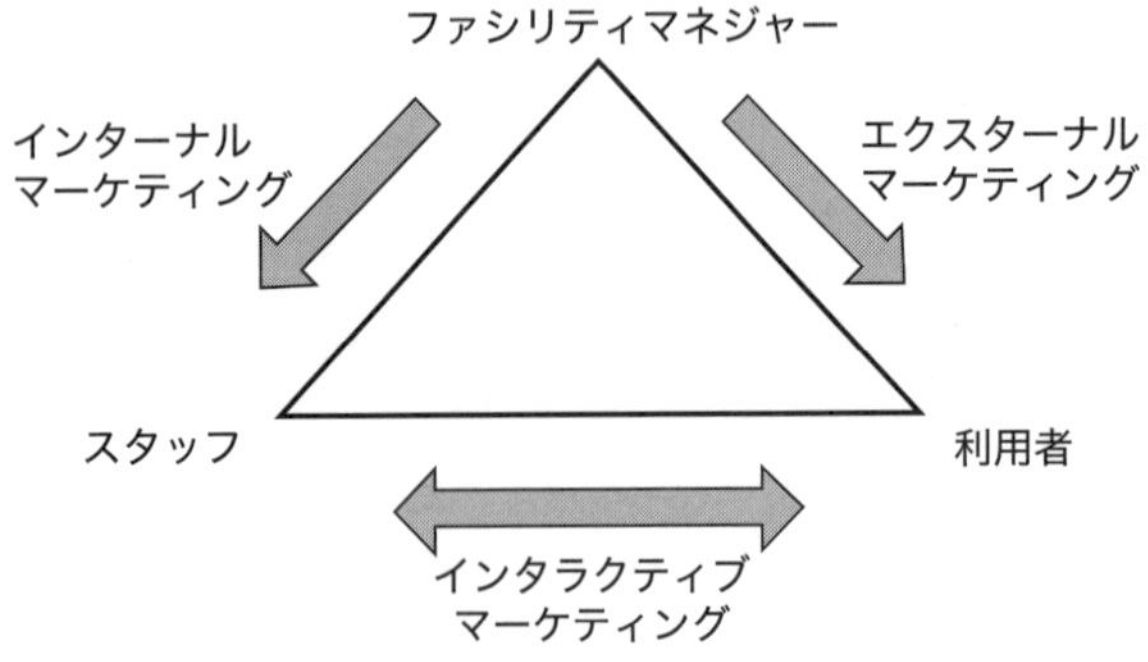

図4　サービス産業における3つのマーケティングスタイル

（コトラーとアンドリーセン，2005 [8] を修正・加筆）

る。スポーツファシリティ運営におけるサービス提供者はこのことをしっかりと理解し、サービス提供時の状況をも含めて顧客満足の達成を目指すべきである。

組織の利益（プロフィット）が従業員満足と顧客満足につながっているという考え方、すなわちサービスプロフィットチェーンによって5つの成果が連鎖的に生まれる（**表2**）。

スポーツファシリティ運営とサービスを維持向上させるためには、まず、スタッフにサービスを提供しなくてはならないのである。

【引用・参考文献】

(1) 山下秋二・畑攻・冨田幸博編『スポーツ経営学』大修館書店、2000年、122-125頁。

(2) コトラー『コトラーのマーケティング・マネジメント　基本編』ピアソン・エデュケーション、2002年、225-243頁。

(3) 原田宗彦編著『スポーツマーケティング』大修館書店、2004年、25-30頁。

(4) 日本ファシリティマネジメント推進協会『公共ファシリティマ

表2　サービスプロフィットチェーンの5つの成果

1	健全な利益と組織の成長	より優れたサービスを提供できるようになる
2	顧客満足と顧客ロイヤルティの形成	顧客はリピーターになり，周囲に良い口コミ情報を提供できるようになる。
3	サービス価値の増大	より効果的に顧客価値を生み，サービスを提供できるようになる。
4	従業員満足とサービス生産性の向上	スタッフはより満足し，組織に対してロイヤルティを持ち，一生懸命働くようになる。
5	インターナル・サービス（スタッフへのサービス）の向上	優れた人材により良い教育を受けさせることができるようになり，職場環境が良くなり，サービス提供者の活動を強力に支援できるようになる。

（コトラーとアンドリーセン，2005 (8) をもとに作成）

ネジメント戦略』ぎょうせい、2010年、3頁。
(5) 間野義之「公共スポーツ施設における指定管理者制度公募2巡目の現状と課題」スポーツ科学研究7、2010年、63-67頁。
(6) ドラッカー(上田惇生編訳)『マネジメント　基本と原則』ダイヤモンド社、2001年、128頁。
(7) フィリップ・コトラー他　白井義男監修『コトラーのホスピタリティ&ツーリズム・マーケティング』第3版ピアソン・エデュケーション、2010年、12頁。
(8) フィリップ・コトラー&アラン・アンドリーセン(井関利明監訳)『非営利組織のマーケティング戦略』第6版、第一法規出版社、2005年、454-467頁。
(9) 服部勝人『ホスピタリティ・マネジメント学原論』丸善、2006年、95頁。
(10) 日本体育協会『公認クラブマネジャー養成テキスト』2006年、125-130頁。
(11) 原田宗彦編著『スポーツ産業論』第4版、杏林書院、2007年。
(12) 山崎利夫監修『健康フィットネスマネジメント』サイエンティスト社、2010年。

(古澤光一)

第7章 スポーツファシリティを取り巻く組織間連携

1・関係諸団体との連携

1 関係諸団体の類別

(1) 公共スポーツ施設内部で関連のある団体

公共スポーツ施設の管理は、運営面だけではなく、設備・警備・清掃などさまざまな業務があり、それらは、施設運営を担っている組織（指定管理者）から別組織（企業）に業務委託（アウトソーシング）することがある。この場合、アウトソーシングされた企業（設備・警備・清掃等）は、指定管理者とパートナーシップを結ぶことから、関係団体として位置づけられる。公共スポーツ施設の管理者は、これらの企業と連携して効率的な運営を図りシナジー（相乗）効果を追求することを目指す必要がある。指定管理者は、施設全域における各エリアの担当者、業務内容等の理解を深め、運営面を充実させることに努めなければならない。

(2) 公共スポーツ施設外部と関連のある団体

公共スポーツ施設の利用形態には、一般利用と専用利用がある。一般利用とは、公共施設が主催しているスポーツ教室の参加や併設されているトレーニングルームの利用、スポーツ情報コーナーの閲覧など個人で公共スポーツ施設を利用する場合を示す。

専用利用とは、団体で施設を借り上げることを示し、全施設または、一部の施設を借り上げる場合がある。これらの専用利用団体は、公共スポーツ施設にとって重要な顧客であることから関係団体としてとらえ、密接な関係を構築しなければならない。専用利用団体は、さまざまなカテゴ

表1　カテゴリー別専用利用団体料金体系例

区分				通常の金額			休日等の金額	準備，後片付け等のために利用する場合
				午前 9：00～12：00	午後 13：00～16：30	夜間 17：30～21：00		
アマチュアスポーツに利用する場合	入場料を徴収しない場合	生徒等※1が利用する場合	全面利用	×××××円	×××××円	×××××円	通常の金額の120%	通常または休日等の金額と同額
			半面利用	×××××円	×××××円	×××××円		
		その他の場合	全面利用	×××××円	×××××円	×××××円		
			半面利用	×××××円	×××××円	×××××円		
	入場料を徴収する場合			×××××円	×××××円	×××××円		
その他の場合※2	入場料を徴収しない場合	営利および宣伝を目的としない場合	全面利用	×××××円	×××××円	×××××円		通常または休日等の金額の50%
			半面利用	×××××円	×××××円	×××××円		
		その他の場合	全面利用	×××××円	×××××円	×××××円		
			半面利用	×××××円	×××××円	×××××円		
	入場料を徴収する場合			×××××円	×××××円	×××××円		

※1：高校生以下，※2：プロスポーツやスポーツ以外の利用

リーに分類され、それぞれ施設使用料金が設定されている（表1）。

また、公共スポーツ施設における貸施設（専用利用）は、重要な収入源となる。施設利用料金は、使用団体のカテゴリーにより金額が大きく異なることより、施設経営に大きな影響を与える。そのため、専用利用団体が、どのカテゴリーに属するか適切に判断しなければならない。

2 公共スポーツ施設における貸施設業務内容（年間利用調整）とその対応

貸施設業務は、まず、専用利用団体の申し込みの調整から始まる。利用申し込み方法は、各公共スポーツ施設が独自に決めていることが多い。利用申込期日においてもさまざまであり、利用日の1か月前から申し込みを受け付ける施設もあれば、年間を通して利用の申し込みを受け付ける場合（年間利用調整）もある。近年、Ｗｅｂ上から利用申し込みが可能な施設も増えてきている。

大規模スポーツ施設では、年間利用調整のシステムを導入していることが多い。ここでの注意点は、同一日に複数の団体の申し込みがあった場合（ブッキング）、利用団体を決定するための方法（調整）に細心の注意を払わなければならないことである。

この場合、年間利用調整申込時に、優先される大会等を専用利用団体に明示することは、年間利用調整におけるトラブルを回避する方法のひとつである。国際大会、全国大会、公共施設のため各都道府県が主催する大会などに優先順位をつけ、事前に専用利用団体へ施設の方針を提示して理解を促すのである。

また、年間利用希望申請用紙に第1希望だけでなく、可能な利用希望日を記載してもらうことや、他施設へも利用希望を申請しているかの有無も記載してもらい、これらの情報をもとに利用調整を行うことも対応策として考えられる。

一方で公共スポーツ施設が独自で近隣の公共スポーツ施設と連絡をとり、情報交換することも重要である。これは、先に記載した他施設利用申請の有無による調整だけでなく、たとえば、本施設の利用希望日が、優先団体とブッキングしており利用することが困難である場合、他施設の空き状況の情報を入手していれば斡旋することも可能となる。このような対策をとることで多くの団体が公平に利用できるよう調整され、利用団体との信頼関係が高まる。

土曜、日曜、祝日は、利用希望が集中し、先に記した対応策を用いてもブッキングを解消することができない場合がある。この場合の利用団体決定方法は、抽選方式をとることが多い。抽選方式については、事前に利用希望団体に対して抽選方法、抽選日等について厳密に告知（利用調整案内に記載）する必要があり、これらの内容に関する問い合わせに対しても、統一見解を示せるようマニュアルを準備するなど慎重に行うことが要求される。

抽選会は、透明性を高く、厳正に実施しなければならない。一方で不正行為にも注意を払う必要がある。その一例として同一団体が、申し込み団体名を変え、複数の利用申し込みを行い、実質同一団体から複数名が抽選会に参加することなどが考えられる。これらに対して倫理規定を定め明示するなど対応策の準備も怠ってはならない。

専用利用のキャンセル規定についても、明確にしておく必要がある。特に大規模イベントにおいては、優先的に予約を入れ、長期間の施設利用となることが考えられる。このような状況でキャンセルが起こると収入にも大きく影響する。そこで、キャンセルにより生じた空いた施設情報を敏速に広報するなどの対応が求められる。

キャンセル対策としては、予約時に大規模イベントの申し込み団体と開催決定の有無について情報交換することも重要である。特に開催が不確定な団体の利用については、慎重に対応しなければならない。

また、数回のキャンセル実績のある団体等については、リストアップするなどして、他団体の利用に不具合が生じないような対策も考えなければならない。

3 専用利用における収入源の確保と利用団体の予約バランスの留意点

公共スポーツ施設では、年間利用調整を確定することで、次年度の施設利用料の収入額がほぼ決定する。このことから、年間利用調整をすることは、施設利用収入を確保することであり、重要な業務である。

公共スポーツ施設（公の施設）の施設使用料（利用料金）は、当該指定管理者の収入として収受させることができる。当該利用料金は、公益上必要があると認める場合を除いて、条例の定めるところにより、指定管理者が定めることができ、このことについては、「指定管理者制度における利用料金制に対する基本的な考え方」（行財政改革推進室）に詳細が記載されている。

公共スポーツ施設において専用利用団体の予約がなく施設が空いている状況が続けば、施設運営の危機的状況に陥る。そこで取り組まなければならないことは、施設利用のリピーターを確保することであり、そのためには、顧客満足（CS：Customer Satisfaction）の向上を目指し、ソフト面を充実させなければならない。

民間企業においては、CSが今後の営業戦略などに大きく影響を及ぼす指数として重要視されている。公共スポーツ施設においても、貸施設業務を含む事業形態はサービス業であることを認識し、独自でCSの調査を行い、今後の運営に反映させることは、必要不可欠である。

利用料金に関しては、プロスポーツや営利目的（スポーツ以外の利用団体も含む）の施設利用料が最も高額に設定されている。このことから、高額収入を見込める団体の専用利用をできる限り年間利用調整で確定させる傾向となる。しかし、一方でアマチュアスポーツ団体への利用促進も、公共スポーツ施設としての重要な役割である。このことから、高額な収入が確保できるプロスポーツ団体と、スポーツ振興を推進するためのアマチュアスポーツ団体との利用バランスをいかに保つかが、専用利用調整の難しさである。

4 専用利用団体との信頼関係の構築

先に記載したように公共スポーツ施設は、専用利用団体の確保に努めなければならない。ここでは、専用利用リピーター団体を確保するためのソフト面の充実を目指した具体的内容を示すこととする。

施設側と専用利用団体との接点は、利用前の事前打ち合わせ（通常は約1か月前に実施されるが、国際大会等の大規模イベントでは、早期より実施される）、利用日当日の準備、後片付け、使用中の運営状況の確認等が考えられる。事前打ち合わせでは、専用利用団体の目線にたち、利用者の意向を十分理解、尊重した上で、よりいっそう効果的に充実した施設活用ができるように多角的な側面よりサポートすることが信頼関係構築につながる。

一方で専用利用団体から対応が困難な要望が出された場合、明確に断ることも重要である。利用方法で特例、前例をつくることでさらなる要求をされることにもつながり、今後の対応に大きく影響を及ぼす。公共スポーツ施設を芸能人のバラエティー番組の収録などで利用する場合やスポーツ以外の催しで利用する場合においては、対応が困難な要求をされる可能性が高い。特に危険性が高い要求や衛生面に問題がある要求には、注意が必要である。利用日当日のトラブルを避けるためにも、事前の打ち合わせは、複数の担当者で対応し、その場で合意された内容の記録を利用団体にも確認してもらうことがトラブル回避の重要な手法である。

利用日当日の準備（setting）、後片付け（breaking）においては、施設側の的確なリーダーシップが求められる。効率よくsetting, breakingを行うことで利用者からの信頼も高まる。その際、利用者に対して命令的立場にたつのではなく、同じ目線にたち協力的な態度、行動をとることがCS

を高めることにつながる。

また、専用利用団体の施設利用時には、事前打ち合わせ通り安全に利用されているか巡回し確認することも重要な業務である。問題点がある場合は、大会（イベント）進行に影響を与えることなく、すみやかに打ち合わせを行った担当者に報告し、対応を求めなければならない。

施設の貸し出した備品等（特に電気系統）が問題なく作動しているかの確認も怠ってはならない。大会（イベント）運営に支障をきたす事態（利用団体側の責任範囲）にも敏速に対応できる体制を整えておく。そのような事態が発生しても的確に対応することが、施設運営に対しての高い評価につながるのである。

国際大会等の大型イベントなどでは、利用団体（主催者）だけでなく、イベント制作会社、設備、音響、警備など多くの業者と連携が求められる。その際、さまざまな要望に対して的確に対応するためにも施設のハード面（設備）を熟知し、幅広いニーズに対応できる体制を整えておく必要がある。大型イベントなど特化した専門的設備技術の対応が求められる場合は、公共スポーツ施設内の設備担当者も事前打ち合わせから参加してもらうことが望ましい。また、国際大会等では、皇室をはじめさまざまなＶＩＰが来賓として来場される場合も想定されることから、行政・警察等の連携も求められる。

2・スポーツ指導員・クラブの育成

1 日本体育協会公認スポーツ指導者制度とその活用

日本体育協会スポーツ指導者制度の趣旨は、「国民スポーツ振興と競技力向上にあたる各種スポーツ指導者の資質と指導力の向上をはかり、指導活動の促進と指導体制を確立する」とされており、スポーツリーダー、競技別指導者、スポーツドクター、アスレティックトレーナー、スポーツ栄養士、フィットネストレーナー、スポーツプログラマー、ジュニアスポーツ指導員、マネジメント指導者の9つのカテゴリーから構成されている。

公共スポーツ施設の職員(スタッフ)がスポーツリーダー、競技別指導者の指導員、上級指導員、ジュニアスポーツ指導員、コーチ等の資格(ライセンス)を有することで、地域におけるスポーツ活動の指導的立場となりえる。

一方、公共スポーツ施設では、独自で企画・運営するスポーツ教室、スポーツイベント等の自主事業を行っており、これらは、独創的なアイデアを提案することで利益を生み出す可能性が高い。そのため、施設管理者(指定管理者)は、経営者としてのマーケティングマインドを有することが要求され、スポーツマーケティングについての知識を備えることが大前提となる。

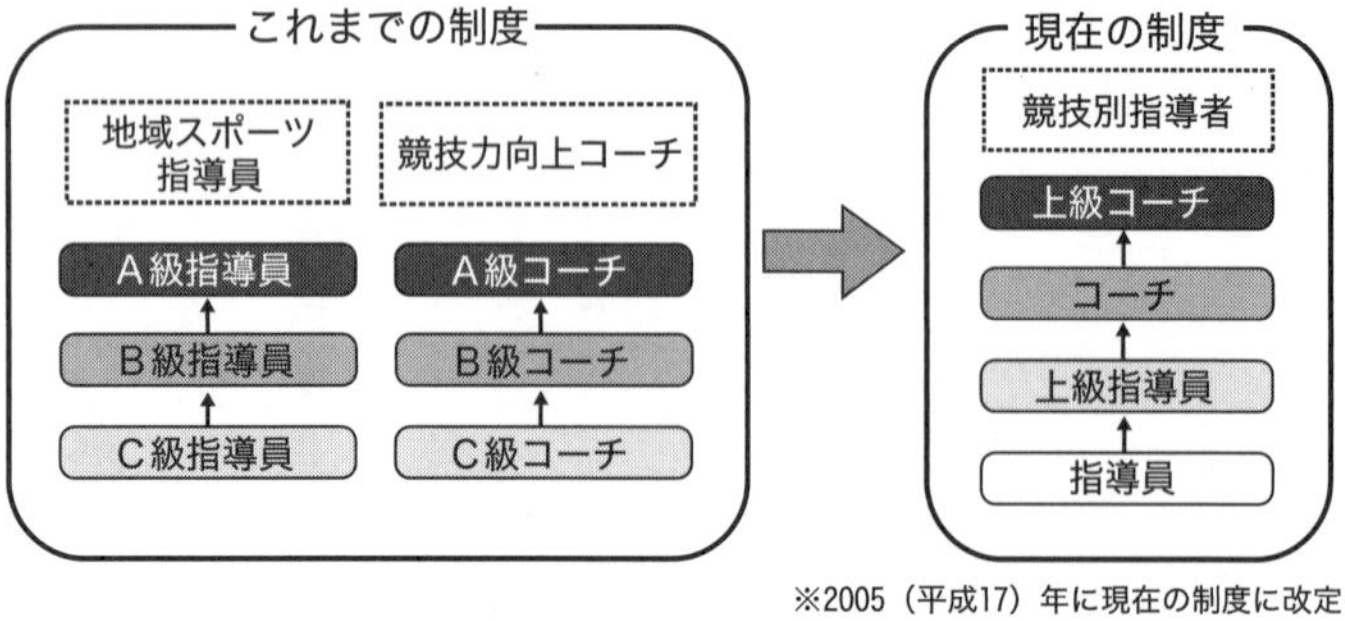

※2005（平成17）年に現在の制度に改定

図1　ライセンス制度の変遷

また、公共スポーツ施設が自主事業として開催するスポーツ教室において有資格者が指導を行うことにより、参加者は、安全面、技術面のさまざまな側面から安心して受講することができ、信頼性の高いスポーツ教室の運営につながる。公共スポーツ施設のスタッフが指導者として自主事業であるスポーツ教室等を担当することは、外部指導者を改めて招聘する必要もなく、人件費のコスト削減となるメリットもある。

このことから、日本体育協会が示す競技別指導者資格の内容について理解を深め、積極的にライセンスを取得することで自己の活躍できる幅も広がり、公共スポーツ施設の活性化にもつながる。

これまでのライセンス制度は、社会体育指導員（A級指導員、B級指導員、C級指導員）と競技力向上コーチ（A級コーチ、B級コーチ、C級コーチ）と並列型であったが、現在では、指導員の上部にコーチが位置づけられ直列型となり、指導員、上級指導員、コーチ、上級コーチの4種別に改定された（図1）。

〈各ライセンスの役割〉

・スポーツリーダー（基礎資格）：地域におけるスポーツグループやサークルなどのリーダーとして、基礎的なスポーツ指導や運営にあたる役割を担う。

・競技別指導者

・指導員：地域のスポーツクラブやスポーツ教室などにおいて、初心者を中心に個々の性別や年齢などに合わせた競技別の専門知識を生かし技術指導等にあたる役割を担う。

・上級指導員：指導員の役割に加え、事業計画の立案などクラブ内指導者の中心的な役割を担う。

・コーチ：地域において、競技者育成のための指導にあたる。また、広域スポーツセンターの巡回指導にも協力し高いレベルの技術指導を行う。

ライセンスを取得するには受講条件（年齢等）を満たし、共通科目および専門科目を受講しなければならない。共通科目は、日本体育協会が共通科目Ⅰ、Ⅱ、Ⅲ、Ⅳを設定し実施され、専門科目は、中央競技団体において計画、実施される。共通科目、専門科目ともに受講時間が決まっており、検定試験も実施される（図2）。

スポーツ系の大学（学部）および専門学校等では、共通科目の受講内容に該当する講座を日本体育協会に申告し認定されることで、共通科目Ⅰ、Ⅱ、Ⅲを取得できる。ここで注意すべきことは、共通科目の免除科目の申請は、卒業時に個人で行う必要があり、卒業後に申請しても免除科目として認定されない。

※専門科目は資格によってカリキュラム，時間数が異なる。

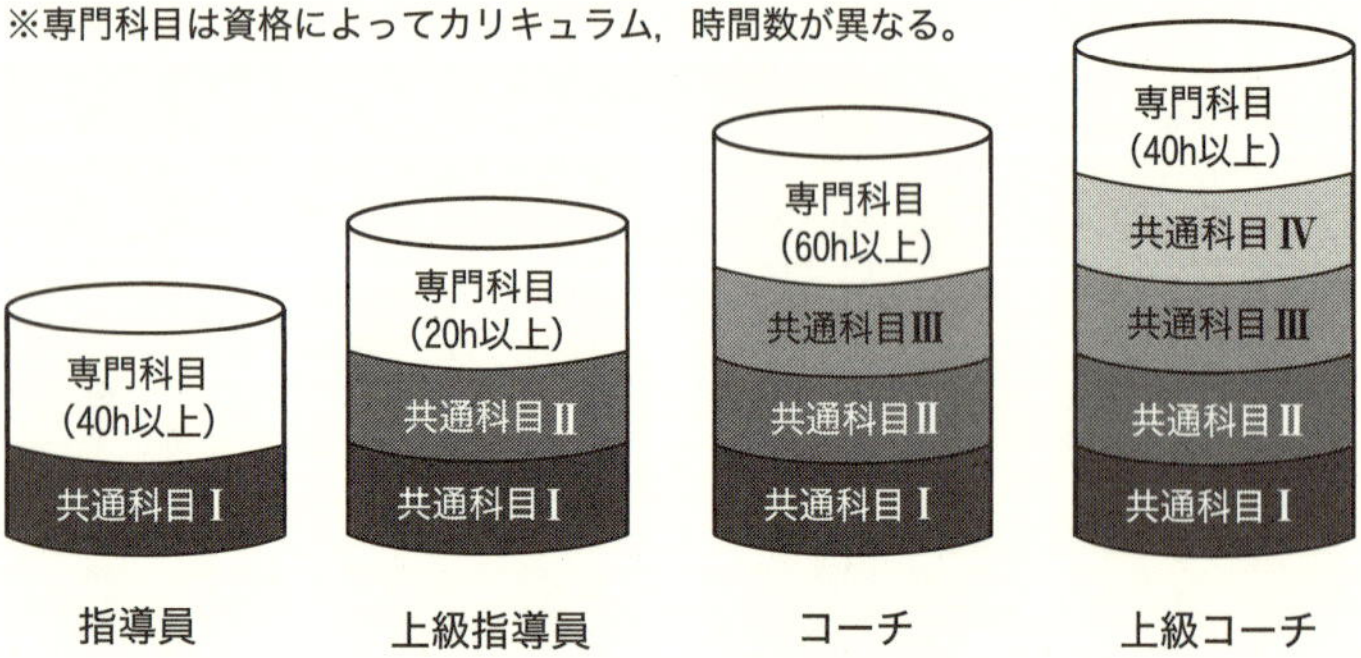

図2　ライセンス取得要件

公共スポーツ施設を会場として，スポーツ指導員の育成事業が実施されることがある。これは，日本体育協会，都道府県体育協会と連携を深めることができ，最新の情報を共有することができる。また，公共スポーツ施設がスポーツ指導員の相互交流・情報交換の場として活用されることは，スポーツ振興の拠点となり情報発信基地の役割を担うことも可能となる。

2 公共スポーツ施設とスポーツクラブの連携

スポーツクラブとは，多種目，多世代からなる総合型地域スポーツクラブだけでなく，地域内で単一種目のスポーツに取り組んでいる小規模なスポーツクラブ（民間も含む）までさまざまな形態があり，そのすべてのスポーツクラブを意味する。

スポーツクラブが活動するには，スポーツ活動を実践できる施設が必要不可欠である。そのため，公共スポーツ施設とスポーツクラブが密接に連携することでスポーツクラブが発展しスポーツの振興につながる。

一方で日本体育協会スポーツ指導者制度には，マネジメント指導者資格があり、このような有資格者（スポーツクラブの代表者等）と公共スポーツ施設との間で施設利用、クラブ運営等について話し合われる。そこで施設側がスポーツクラブの運営に関する基礎知識を持つことも相互理解が深まるためにも重要となる。

・アシスタントマネジャー：クラブマネジャーを補佐しクラブマネジメントの諸活動をサポートする。
・クラブマネジャー：総合型地域スポーツクラブなどにおいて経営資源を有効に活用し、継続的に快適な運営を実践できるよう健全なマネジメントを行う。

スポーツクラブの活動には、継続的な活動施設の確保だけでなく、その活動にともなう必要な備品の準備（購入）または、施設から備品等の借用をしなければならない。その際、クラブ所有の備品の保管など施設に依頼される場合が考えられるが、公共スポーツ施設として公平性の理念を踏まえ、さまざまなクラブに対して整合性を保ち、責任を果たせる対応で臨まなければならない。

3 広域スポーツセンターと公共スポーツ施設の関連について

広域スポーツセンターは、地域のスポーツ振興の推進を目的として設置され、総合型地域スポーツクラブが、継続的かつ安定的に運営することができるように指導、助言など支援する役割を担っている。また、広域スポーツセンターは、都道府県行政のスポーツ振興関係の部署が管轄し大規模な公共スポーツ施設に併設されていることが多い。

一方で公共スポーツ施設は、教育委員会が管轄している場合が多く、そこより業務委託を受け、指定管理者が管理運営を担っているケースが増加してきた。このように管轄等複雑に絡み合っていることから広域スポーツセンターの機能、業務等に関しての役割を明確にする必要がある。

公共スポーツ施設内に設置されている広域スポーツセンターにスタッフとして行政（スポーツ振興関係部局）から派遣され常駐している場合もあれば、そうでない施設もある。後者においては、クラブに関する問い合わせ、相談に来られた利用者への対応が不十分となることも考えられる。そこで、公共スポーツ施設のスタッフがアシスタントマネジャーなどの資格を得ることで広域スポーツセンターのアドバイザースタッフとして兼務することが望ましい。なぜならば、一般の利用者（クラブ関係者等）が、広域スポーツセンターに相談しに来た際、相談対応者が不在または、対応できない状況を当然想定していない。仮にこのような不測の事態が起こった場合、広域スポーツセンターとして問題視されるだけでなく、公共スポーツ施設のマイナスイメージにも繋がる。指定管理者にとってCSの低下は、施設運営上最も避けなければならない。スポーツ振興関係部局、教育委員会、指定管理者の三者で十分討議し、地域のスポーツクラブ発展のために公共スポーツ施設が中心的存在として確立しなければならない。

3・健康増進事業

1 健康増進事業の具体的な取り組み

公共スポーツ施設において健康増進事業を展開するには、健康に関する知識を理解することが最低条件である。たとえば、生活習慣病予防のための健康キーワードとして、水分摂取、食生活の改善、適度な運動、禁煙、適度な飲酒、ストレス対策、睡眠などがあげられる。このような健康に関する理解を深め、利用者に対して安全に効果的に実践していくためには、研修を積み資格を有することが望ましい。

代表的な資格として「健康・体力づくり事業財団」が資格認定している健康運動指導士、健康運動実践指導者がある。これらの資格を有することで、自主事業として健康増進に関する企画、運営が可能となる。

・健康運動指導士：個々の心身の状態に応じた安全で効果的な運動を実践するための運動プログラムの作成および指導を行う者。

・健康運動実践指導者：積極的な健康づくりを目的とした運動を安全かつ効果的に実践指導できる能力を有すると認められた者。

健康増進事業には、スポーツ実践（スポーツ教室）以外に健康相談、健康セミナー、健康管理事業など各種健康教育の企画、運営も含まれ、これらの健康増進事業を公共スポーツ施設において幅広く事業展開を推進することが望ましい。一方でこれらの事業は、医学領域とも密接な関わりがあり、このことを十分考慮して実践しなければならない。

現代社会では、自分の健康は自ら守る時代となり、健康増進に対する国民の意識、ニーズは高まっている。地域や社会に関する情報から、そのニーズを敏感に感じ取り、年齢層、性別、実施時間帯、プログラム内容等を分析することで、ターゲットを絞り利用者に応える健康増進事業を提案する。

健康増進事業の自主事業を展開する際、財源面、施設面に留意する必要がある。財源面では、自主事業は、指定管理者において貸館以外の大きな収入源のひとつであるため、収支バランスが崩れると自主事業の継続だけでなく、経営面にも支障がでることが予測される。施設面では、専用利用との兼ね合いの中で継続的に同一曜日、時間帯等の使用施設を確保することが必要となる。

〈健康増進事業の実践例〉

・介護予防教室：高齢者対象の機能測定、転倒予防、筋力向上トレーニング等
・健康チェック：体力測定、骨量測定、足裏測定、血管推定年齢計等
・健康セミナー：エアロビクス、ストレッチ体操、ウォーキングセミナー等
・特定保健指導：メタボリックシンドローム対策など生活習慣の見直しの提案

2 公共スポーツ施設として健康増進事業の拡大戦略

多くの公共スポーツ施設では、これまで、来場する利用者に対して、施設内部でさまざまなサービス（スポーツ教室、健康増進セミナーなど）を提供している。これからは、公共スポーツ施設内だけで健康増進事業を展開するのではなく、積極的に外部（施設外）に指導員を現地に派遣するなど、機動的な対応も視野に入れて実践する必要がある。

外部で健康増進事業を展開するには、多角的な情報が必要不可欠である。多くの実践例を検証しながらオリジナルの企画を提案することが、公共スポーツ施設の発展に直結する。

〈施設外での健康増進事業の実践例〉

・企業で行う体力測定、健康実践セミナー、健康管理やストレス管理に関するアドバイス
・行政機関と連携して行う健康増進事業（企画、立案、実践）
・幼児、子どもに対する個別指導
・高齢者に対する出張教室：転倒防止教室、骨粗鬆症予防教室など
・企業、教育機関等で行う健康増進に関する講演会、セミナーなど

施設外活動も含め、公共スポーツ施設が行っている情報を周知するための広報活動も重要である。ＨＰや広報誌など広報手段（ツール）を充実させるだけでなく行政機関や企業に出向き積極的な広

報活動を展開する必要がある。

このように実際にスポーツ施設の運営に携わる指定管理者は、来場利用者を対象に事業を展開（消極的戦略）するだけでなく、広角的な事業戦略を取り組まなければ、これからの公共スポーツ施設の発展は見込めない。

3 地域コミュニティの再生と地域力の再構築のための健康増進支援事業

オートメーション化、情報化にともない、運動不足、運動能力の低下が社会問題となっている。また、少子高齢化が進み、高齢者の生きがいも課題とされ、子どもと高齢者のライフステージの充実が急務とされている。多くの地域では、コミュニティにおける人とのつながりが希薄化し、地域力が低下していることが社会問題の原因としてあげられる。

心身の健康、コミュニティ再生など地域の活性化、地域協働の街づくりのきっかけとして健康増進のためのスポーツに対する期待が高まっている。公共スポーツ施設においても、それらのことを念頭におき地域住民のライフステージに応じた取り組みを提供するなど、地域と積極的に関わっていく必要がある。

行政、地域に働きかけ、公共スポーツ施設が中心となり、地域住民とともに創意と工夫を繰り返しながら、手づくりの健康増進支援事業などスポーツイベント（自主事業）を開催することで地域力を向上させる。このように、地域のスポーツ振興が、地域の健康増進につながることは、公共スポーツ施設の発展と密接な関わりを持っている。

公共スポーツ施設のイベント（自主事業）の成功は、地域の活性化だけでなく、業務収入にも関係してくる。公共施設で開催されるイベントについては、施設使用料は必要なく、参加費がイベント収益となり、参加者数の拡充で財政面を潤わす経常利益が期待される。

また、近年、障がいのある方のスポーツ熱も高まりをみせている。障がいのある方のライフステージもノーマライゼーションの観点に立ち、スポーツサービスを提供することでライフステージの充実を図ることも忘れてはならない。

このように多角的に健康増進も含むスポーツ推進体制の確立を目指すことが、公共スポーツ施設の役割でもある。

4・イベントマネジメント（警備・管理体制）

1 自主事業における安全対策

自主事業は、公共スポーツ施設が独自で企画から実施まですべてを担当するため、イベント中の事故等の責任は、すべて主催者である施設が負うことになる。企画段階よりさまざまな事象を想定し自主事業の参加者に安全かつ有意義な時間を提供することに努めなければならない。

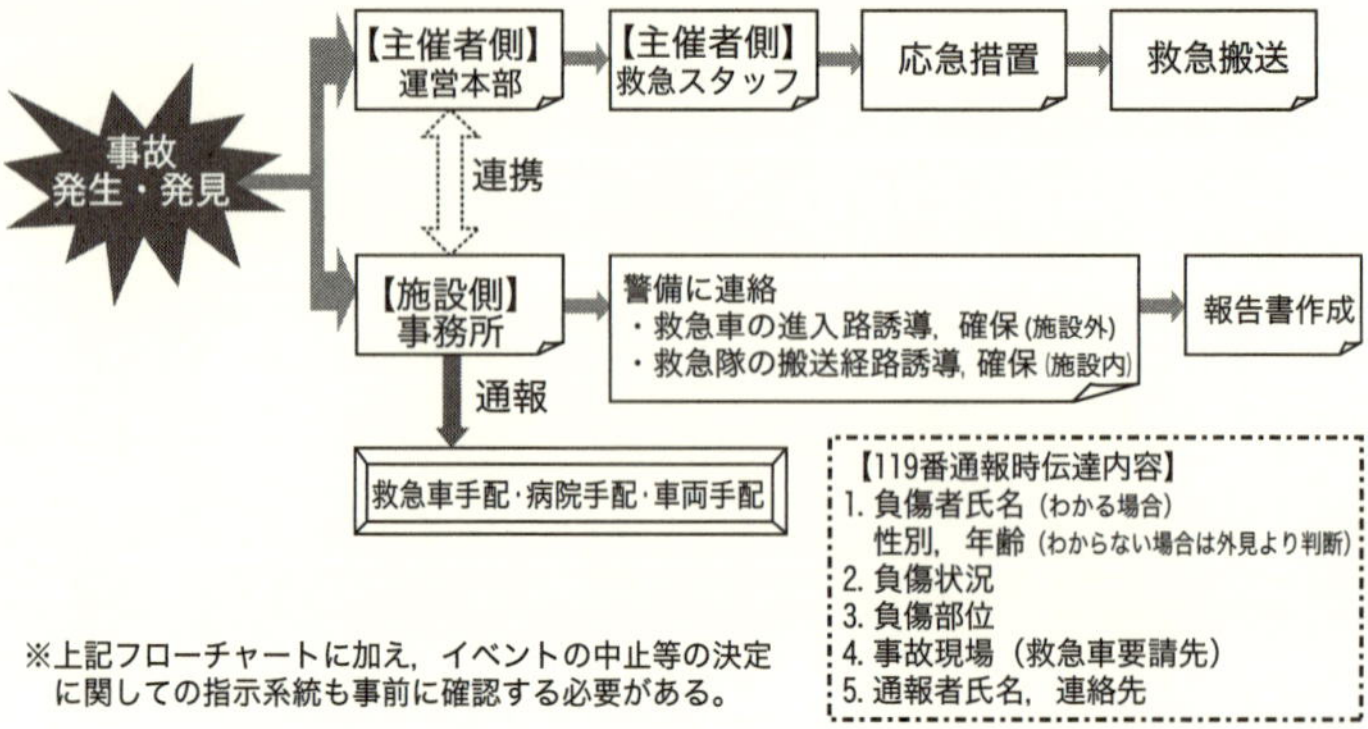

図3　事故発生時の対応フローチャート例［簡易版］

警備体制においてもイベント開催中だけでなく、最寄り駅からの動線状況、入場、退場時の混雑、駐車場の対応など広範囲にわたってすべてを公共スポーツ施設が担わなければならない。そこで、綿密な計画を立てるためのプロジェクトチームを編成し一元化の体制で取り組むことが望ましい。イベント規模が大きくなれば、入場者数が拡大し、事故等が起こる可能性も高まる。そのために通常の警備体制ではなく、警備体制の強化が求められる。また、イベント中においても同様に通常のスタッフだけでは行き届かないことも予測され、臨時スタッフの動員も必要となる。このことにより人件費等のコスト増大が見込まれる。これらのことも踏まえ、プロジェクトチームでは、企画内容だけに焦点をおくのではなく、安全面を重視し、一方で人件費等を含めた収支バランスを予測した全体的なビジョンに立って企画しなければならない。

事故発生時の対応マニュアルを作成しておき、それをイベント主催者である公共スポーツ施設関係者（指定管理者）

が徹底することは最低条件である。もし事故が発生した場合、そのマニュアルに従い迅速に対応することが重要である。同時に時系列で対応内容を明確に記載しておき、説明責任を追及された場合においても適切に対応したことが証明できるようにしておく必要がある。

また、緊急対応としてＡＥＤの使用方法など救急処置に関する研修を積み重ねることは当然である。

2 大型イベントの対応と警備、管理体制の具体的業務内容

大型イベントでは、通常をはるかに上回る来館者数が見込まれる。そこで事前に予想されるさまざまな事象を想定し、施設側と主催者側が共通認識を持ち、対応策を講じなければならない。事故が発生した場合、その責任の所在が問題となる。その責任範囲について、イベント開催前に主催者と施設側が共通認識を持たなければならない。そのためには、イベント関係者との事前打ち合わせが重要であり、その中で、発生しうる事象を想定し、それらの対応について協議することで、イベント時における事象に対する責任の所在を明確にしておく。

大型イベントに関しては、メインとなる施設だけでなく、同時に館内の複数施設を利用する場合がある。また、同日に他の施設を専用利用している団体、スポーツ施設が行っている教室（自主事業）参加者、その他一般利用者なども来館しており、パブリックスペースの活用方法やそれにともなう動線を確保するなどさまざまな事象への対応が求められる。

パブリックスペースとは、施設に来られた方が自由に出入りできる開放的な公共の場所を指し、具体的には、エントランス、駐車場、通路、スポーツ情報コーナー、トイレなどがある。

特にパブリックスペースのひとつである駐車場の問題については、十分な協議が必要である。たとえば、主催者より関係者車両、搬入車両などの駐車場確保が求められた際、その警備体制についての人的配置（主催者からの警備員派遣を含む）、車両動線などを確認しておかなければならない。

一方で駐車場収入は公共スポーツ施設の大きな収入源でもある。このことから主催者より駐車場の借り切りの申し出があった場合の料金設定も事前に協議する必要がある。

次にイベント運営時の警備、管理体制については、その業務の特殊性から警備（セキュリティ）関係の会社にアウトソーシングすることが多い。その具体的業務内容は、大きく5つに分類される。

・交通誘導：地域住民に対する迷惑の回避、駐車場内の案内、駐車場入口の交通整備近隣駐車場への誘導案内、一斉出庫対応
・入退場の管理：来館者の安全確保、最寄り駅との連携（増便の依頼）・入場待機動線の確保と入場制限
・館内動線の確保：選手、大会関係者、観客者との動線の区別化、混雑が予想されるトイレの動線の確保
・イベント中の巡回：不審物、不審者の発見、窃盗予防
・乱闘等：来場者間のトラブル等

3 地域、警察署、消防署との連携・協力体制の構築

予想外の突発的な事故に対して適切に対応するには、主催者と公共スポーツ施設が適切に連携をとれる協力体制に加え、地域、警察署、消防署との連携・協力体制の構築をすることが重要である。

(1) 地域との連携

来場車両数がスポーツ施設の収容台数を超えた場合、近隣で渋滞が起こることが予測される。また、不法駐車も起こる可能性が高い。このことから事前に地域住民にイベントが開催されることを周知し、理解を求めておかなければならない。

(2) 警察署との連携

大型イベント（民間団体主催）が開催される際、警察への法的な届出義務はないが、公共スポーツ施設独自の書式を作成し、主催者に届ける義務を課すことが望ましい。届けることで警察もイベント情報を入手でき、交通誘導、窃盗、乱闘等が発生した際、敏速な対応が可能となる。

(3) 消防署との連携

通常の形状で利用する場合は、消防署への届出の義務はないが、新たに観客席を仮設増設する場合など通常の形状ではない利用については、避難経路の確保などの安全面に関して規定が記載されている消防法にもとづき届出の義務が課せられる。また、イベント中に火気（火薬、スモーク等）の使用、照度（暗転）、スポーツ以外で利用する場合なども消防署への届出の義務が課せられる。

イベント前に消防署の立入検査（インスペクション）がなされ、消防法にもとづいた使用がなされているか点検される。イベント当日も、インスペクションが実施される場合がある。

国際大会等では、実施される種目の国際競技規定に準じた形状（コート等）にセットされているか、その種目の国際競技連盟より検査が行われる。このこともインスペクションと呼ぶ。

【参考文献】

・大阪府立門真スポーツセンター（なみはやドーム）料金表、２０１０年。
・行財政改革推進室「指定管理者制度における利用料金制に対する基本的な考え方」２００５年７月。
・保健体育審議会答申「スポーツ振興基本計画の在り方について」２０００年８月。
・財団法人日本体育協会『公認スポーツ指導者制度オフィシャルブック』２０１０年。
・文部科学省『総合型地域スポーツクラブ育成マニュアル』
・厚生労働省「健康増進事業実施要領」２００４年。
・健康・体力づくり事業財団　http://www.health-net.or.jp/

（村上佳司）

第8章 スポーツファシリティのマーケティング

1・なぜ、マーケティングが必要なのか？

寒い冬の日の午後、市民体育館を利用してみた。寒い駐車場から荷物を抱え、体育館内へ向かったものの、初めての利用だったことに加え、案内のサインも少なく右往左往。迷いながら更衣室へたどり着くと、驚いたことに、更衣室の暖房は入っておらず、室内は冷え切っていた。暖房のスイッチを自分ですぐに入れたものの、着替えを躊躇するほどの寒さに、楽しくスポーツをしよう！というテンションもやや下がり、気を取り直して準備を進めたが、最後まで更衣室は冷え切ったままであった。さらに追い打ちをかけたのが、更衣室内に設置されていたコインロッカーである。見るからに、歴史を感じるものであったが、特に有料という大きな表示もなかったため、最近の習慣で投入した100円玉は使用後に返却されるという勝手な思い込みのまま、100円玉を投入し鍵をかけると、100円玉はそのまま回収されてしまった……。さらにテンションが下がった……。

市民体育館のような公共施設はそんなものだ……と思うならば、それは大きな間違いである。公共スポーツ施設の使命は、利用者となる地域住民のニーズに応え、魅力的な空間とプログラムなどのサービスを提供し、住民の豊かなスポーツライフの形成に寄与するために、その機能と役割を果たす必要がある。

1999年のPFI法や2003年の地方自治法改正による指定管理者制度の導入などで、多くの公共施設は民間活力の導入により、単なる場所貸しだけではなく、多様で魅力的なプログラムを提供したり、積極的なイベントを誘致したりするなどの変容を遂げている。しかしながら、筆者が体験したようなスポーツ施設がまだまだ残っていることも現実である。コッツらは、すばらしいファシリティマネジメントサービスを実践している組織の特徴として、①個々のスタッフがすべてのファシリティに関して責任感を持っており、また仕事に誇りを持っている、②スタッフは経験したことのない業務に対しても何でも積極的に対応する、③すべての業務が顧客中心であり、顧客ニーズにもとづいて、サービス充実が図られているという3つの法則を提示している(1)。スポーツ施設の利用促進のためには、地域住民や利用者のニーズを見きわめ、それに応えること、つまり、そのスポーツ施設を利用してみたい、そして利用し続けたいという満足に導くための仕組みが必要になる。それを実現するのがマーケティングである。

2・マーケティングとは？

コトラーとケラーによると、「マーケティングとは、人間や社会のニーズを見きわめてそれに応えることである。最も短い言葉で定義すれば『ニーズに応えて利益を上げること』となろう」と述べている[(2)]。利益を上げるというと、ビジネスの狭い領域に限定しがちであるが、マーケティングの考え方や技術を応用できる領域は、物やサービスを提供する営利組織だけでなく非営利組織にまで及ぶ。米国マーケティング協会（AMA）では、「マーケティングとは、顧客、クライアント（得意先）、パートナー（取引先）、社会全体に対して、価値のある物を創造し、伝達し、提供し、交換するための活動であり、組織の形態であり、プロセスである」と社会全体にまで広がる定義を示している[(3)]。

さらに、多様で複雑化する社会に対応するため、組織が取り組むべきマーケティングを、「ホリスティックマーケティング」としてとらえられている。ホリスティック(holistic)とは、「全体的な」「包括的な」という意味であり、ホリスティックマーケティングのコンセプトは、マーケティングのプログラム、プロセス、活動それぞれの幅と相互依存性を認識した上で、マーケティングのプログラム、プロセス、活動を開発し、設計し、実行することである。ホリスティックマーケティングには、①リレーションシップマーケティング、②インターナルマーケティング、③社会的責任マーケティング、④統合型マーケティングという4つから構成され、マーケティング活動の範囲と複雑性を認識し、融和させようというアプローチである（図1）[4]。

1 リレーションシップマーケティング

リレーションシップマーケティングのねらいは、顧客やその他のマーケティングパートナーと相互に満足のいく長期的な関係を築くことであり、成果はマーケティングネットワークという資産を構築することである。グメソンは、社会はさまざまなリレーションの集まりであるとし、ビジネスの発想を変える30のリレーションシップを示している[5]。施設を運営する組織においても利用者・利用団体やさまざまなチャネル、パートナーなどが存在するが、スタジアムやアリーナにおける命名権をめぐるスポンサー企業との関係（コラム1）、またスポーツ以外でも音楽ライブなどのイベントを実施するプロダクションや広告代理店なども重要なパートナーとなる（コラム2）。

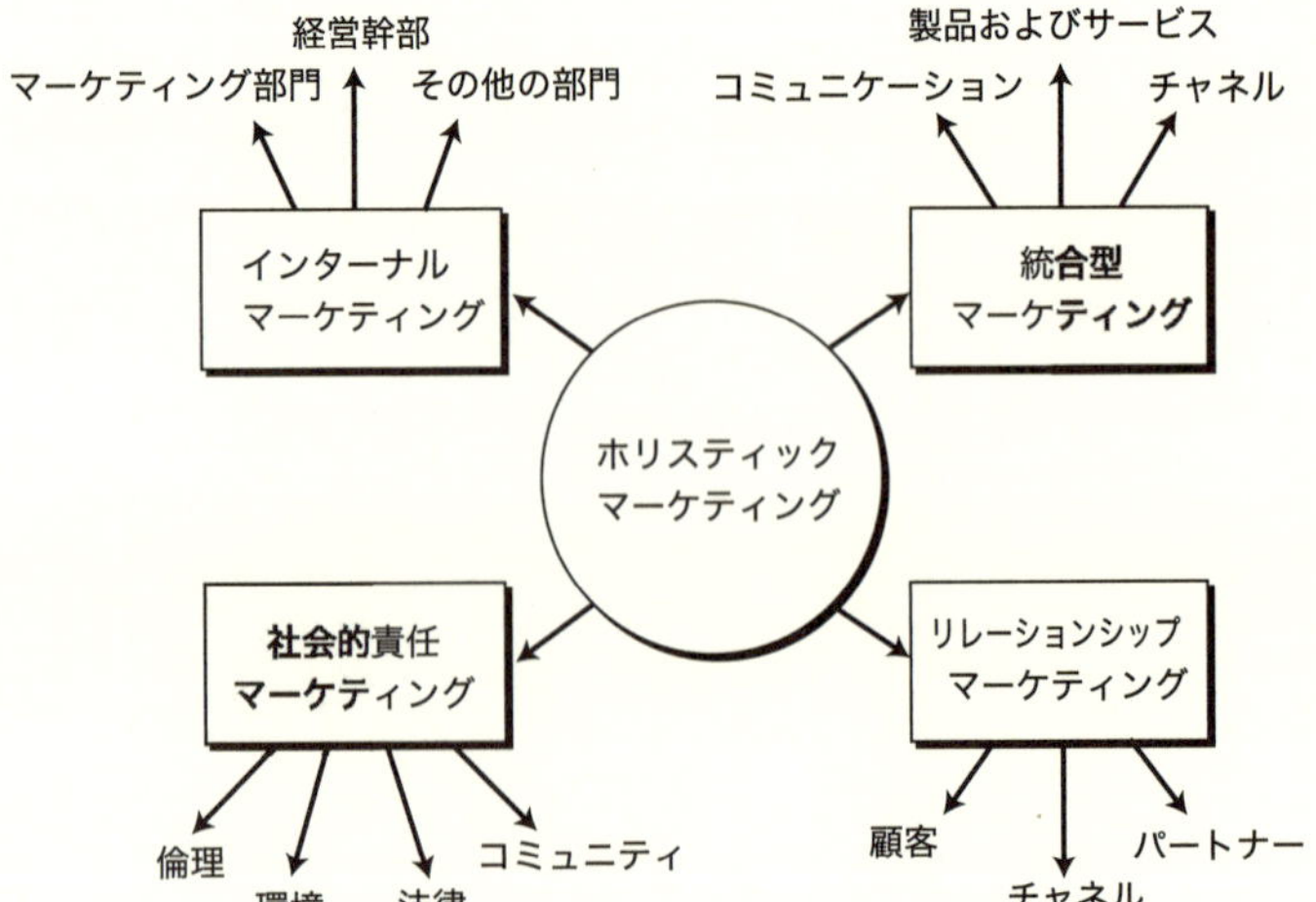

図1　ホリスティックマーケティングの次元
（コトラーとケラー，2008をもとに作成）

コラム1　スポーツ施設のネーミングライツ（命名権）

ネーミングライツとは、「施設、設備等対象物に対し名称を付与することに一定の経済的価値を見出し、この名称を付与する権利」と定義され、アメリカにおいて「命名権」に経済的価値を見出し、ビジネスとして発展したものである(6)。わが国でも施設に限らず、チームや道路、バス停、ベンチ、座席、トイレなど、その対象は広がりつつある。またスポーツ施設の新たな収入源として大きな役割を果たし、リレーションシップマーケティングの観点からも注目されている。

わが国の公共スポーツ施設のネーミングライツにおいて有名なものは、東京スタジアムの事例である。施設は、東京都が建設し、その管理運営は、第三セクターである株式会社東京スタジアムが行っていたが、東京スタジアムと味の素株式会社がネーミングライツの契約を結び、「味の素スタジアム」が誕生した。期間は、2003年から5年間で、契約料は総額12億円である。その後、東京国体を視野に入れ、さらに14億円で6年間の契約更新がなされた。味の素スタジアムは、JリーグのFC東京、東京ヴェルディのホームゲーム・スタジアムであり、露出度も高く、プロモーション効果も大きいため、この事例を皮切りにネーミングライツの関心は一気に高まった。

図2(7)は、公共スポーツ施設のネーミングライツの概要について示したものである。ネーミングライツのスポンサー企業の主なメリットは、①広告・宣伝などのプロモーションの観点と、②社会貢献（CSR）の観点になる。現状としては、プロスポーツと関係の深いスタジアムなどは順調にスポンサー企業とネーミングライツ契

約を結んでいる。しかし、一方で全国の市町村立の体育館や各種競技場などはもちろん、都道府県立のアリーナ・体育館においては、ネーミングライツ契約料を収入として得るために導入をした結果、スポンサー企業の応募がないという現状に悩んでいる施設が多いのも事実である。

　表1は、2010年から11年にかけて新しくネーミングライツを導入したスポーツ施設の一覧である。最近では、愛知県の一宮市総合体育館のように、公共スポーツ施設の総称のネーミングライツではなく、体育館内の第1~第3のアリーナごとのネーミングライツに分割することで価格設定を抑え、地元企業の参入を後押しする仕組みを打ち出している。スポンサー企業にとっては、価格が低い分、露出度も低くなるが、地域貢献や社会貢献などのCSRを前面に打ち出すことによって、地元企業のスポンサー獲得を可能にしている。しかし、一般的には、スポンサー企業の変更と共に施設名も変更となり、経済的利益があるとはいえ、地域にスポーツ施設やその愛称が根づかない

命名権新規導入施設)　(各施設等所有者の公式サイトおよび公表資料をもとに作成)

施設等所有者	スポンサー	契約開始日	期間	契約料
大阪市	大日本除虫菊株式会社	2010年8月1日	3年5ヶ月	年額3600万円
山梨県	株式会社山梨中央銀行	2011年3月1日	5年間	年額2000万円
岡山県	尾崎商事	2010年3月1日	5年間	年額1000万円
株式会社千葉マリンスタジアム	株式会社QVCジャパン	2011年3月1日	10年間	年額2億7500万円・総額27億7500万円
那覇市	沖縄セルラー電話株式会社	2010年4月	3年間	年額1200万円
奈良県	佐藤薬品工業株式会社	2010年7月1日	3年間	年額500万円
成田市	平山建設株式会社	2010年9月26日	5年間	年額200万円
徳島県	徳島県信用農業協同組合連合会(JAバンク徳島)	2011年3月1日	5年間	総額2500万円
尼崎市	株式会社ベイ・コミュニケーションズ	2010年10月1日	3年間	3施設で年額500万円
塩竈市	塩釜ガス株式会社	2010年4月1日	3年間	年額300万円
群馬県	群馬綜合ガードシステム株式会社	2010年11月1日	5年間	年額700万円
一宮市	モリリン株式会社	2011年4月1日	5年間	年額300万円
	いちい信用金庫			年額100万円
				年額100万円

という公共性の問題点も考慮しなければならない。

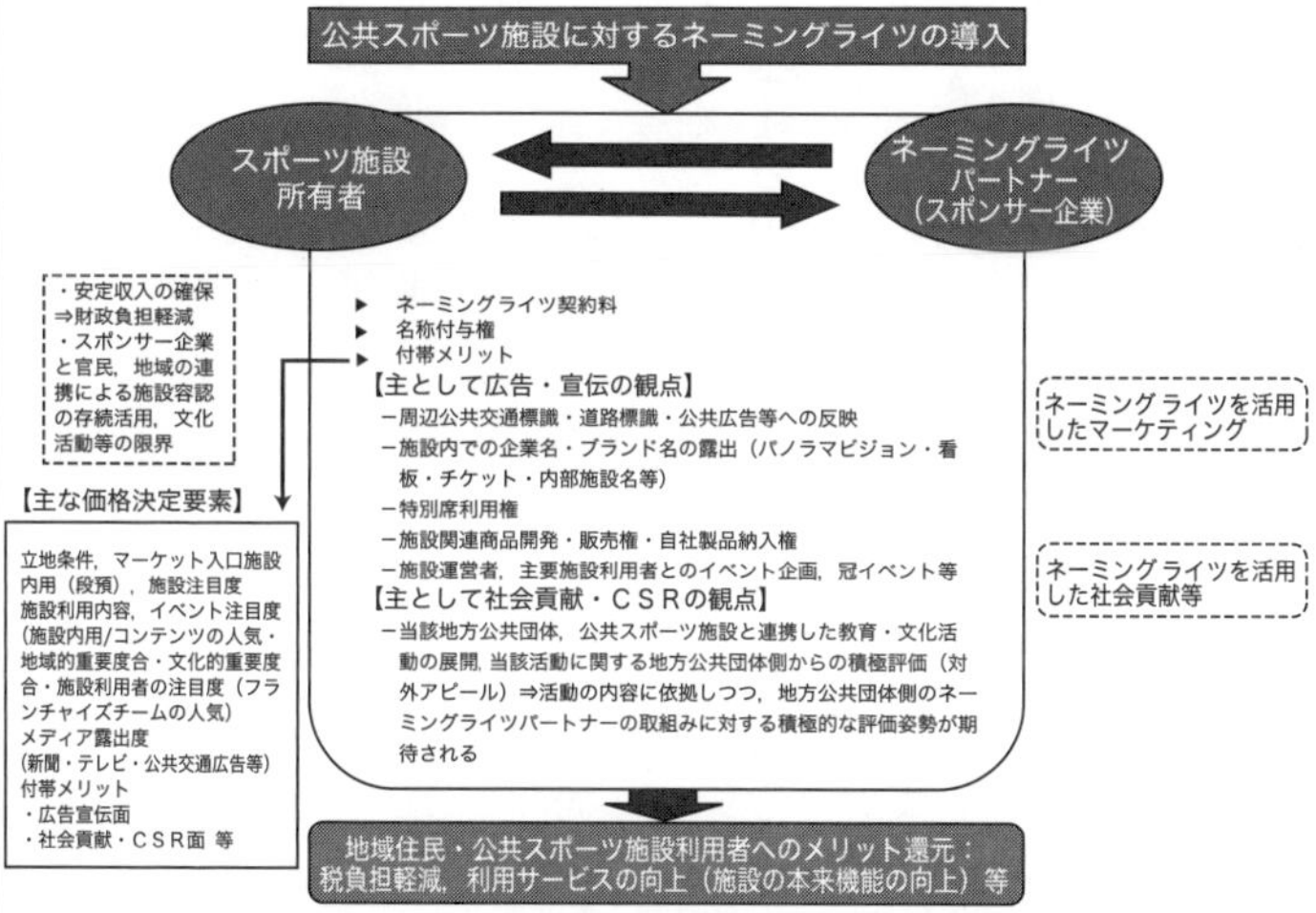

図2　公共スポーツ施設におけるネーミングライツの概要

（市川，2009に加筆修正）

表1　スポーツ施設におけるネーミングライツの導入状況（2010年以降の

種別	新名称	正式名称	所在
スタジアム	キンチョウスタジアム	長居球技場	大阪市
	山梨中銀スタジアム	山梨県小瀬スポーツ公園陸上競技場	甲府市
	kanko スタジアム	岡山県総合グラウンド陸上競技場（愛称：桃太郎スタジアム）	岡山市
野球場	QVC マリンフィールド	千葉マリンスタジアム	千葉市
	沖縄セルラースタジアム那覇	那覇市営奥武山野球場	那覇市
	佐藤薬品スタジアム	橿原公苑野球場	橿原市
	ナスパ・スタジアム	成田市大栄野球場	成田市
運動公園	JA バンク徳島スタジアム	徳島県蔵本公園野球場	徳島市
	JA バンクテニスプラザ	徳島県蔵本公園庭球場	
	JA バンクちょきんぎょプール	徳島県蔵本公園プール	
	ベイコム野球場	尼崎市記念公園野球場	尼崎市
	ベイコム陸上競技場	尼崎市記念公園陸上競技場	
	ベイコム総合体育館	尼崎市記念公園総合体育館	
	塩釜ガス体育館	塩竈市体育館	塩竈市
アリーナ	ALSOK ぐんまアリーナ	群馬県総合スポーツセンターぐんまアリーナ	前橋市
	DIADORA アリーナ	一宮市総合体育館第１アリーナ	一宮市
	いちい信金アリーナ A	一宮市総合体育館第２アリーナ	
	いちい信金アリーナ B	一宮市総合体育館第３アリーナ	

2 インターナルマーケティング

インターナルマーケティングは、組織が組織を構成するメンバーに対するマーケティング活動である。組織内のすべての人、特に経営幹部は、適切なマーケティングの知識やサービス文化を理解することが重要であり、インターナルマーケティングは、いわば、組織内全体のマーケティング思考の定着と実践のための活動である。スポーツ施設を運営する組織（指定管理者に選定された組織など）においても、利用者にスポーツプロダクトやサービスを提供するスタッフを効果的に支援・教育し、モチベーションを高めて仕事に従事させ、利用者に満足を提供できる仕組みをつくるという意味で重要であることはいうまでもない。

3 社会的責任マーケティング

社会的責任マーケティングとは、広い視点での問題意識を持ち、マーケティング活動およびマーケティングプログラムを倫理、環境、法、社会的視点で理解し、役割を確認することである。たとえば、スポーツ施設における社会的な視点では、ユニバーサルデザインやバリアフリーの導入などによる利用者層の増加など、福祉的なハード面は浸透してきた。最近では、環境問題なども重要な事項となっており、日産スタジアム（2005年から日産自動車が横浜国際総合競技場のネーミングライツを取得）の事例では、「エコスタジアム」と銘打ち、環境に優しい、環境に負荷をかけないスタジアムとして、①ISO14001マネジメントシステムによる運営、②CO_2排出量の削減、③カーボンオフセットの実施、④リユースカップの利用、⑤循環型植物管理の推進、⑥雨水・下水再生水の利用、という6項目を実施している(8)。日産スタジアムは、Jリーグの横浜F・マリノスのホームスタジアムであり、クラブとも提携をしてスタジアムを利用するすべての関係者とエコ活動に取り組むなど新たな仕組みを創り出している。

4 統合型マーケティング

統合型マーケティングは、価値を創造し、伝達し、提供するために多様なマーケティング活動を利用することと、すべてのマーケティング活動をうまく連携させて効果を最大化することである。マーケティングの目的を追求するために使用するマーケティングツールは、マーケティングミックスの4P、製品（Product）、価格（Price）、流通（Place）、プロモーション（Promotion）によって構成される。この4Pは、サービス提供者側からみたものであり、サービス利用者側からみれば、4C、すなわち、顧客ソリューション（Customer Solution）、顧客コスト（Customer Cost）、利便性（Convenience）、コミュニケーション（Communication）ととらえることができ、スポーツ施設においても顧客となる住民や利用者のベネフィットの享受を視野に入れなければならない。

コラム2 スポーツ施設のイベント誘致とチケット販売

原田は、スポーツイベントなどの開催が地域活性化に果たす役割には、①人びとの生活の質を高め、健康的でアクティブな生活を実現可能にするスポーツやレクリエーションのための施設や空間を社会資本としてストックする「社会資本を蓄積する機能」、②イベントへの参加やツーリストの活発なスポーツ施設使用料や飲食・宿泊などの関連支出を促すなどの消費活動を誘導し、地域経済を活性化する「消費を誘導する機能」、③スポーツへの参加や観戦によって、地域に連帯感が増し、共通の話題が人びとのコミュニケーションを深め、社会的交流や地域への帰属意識が高まる「地域の連帯性を向上する機能」、④スポーツが生み出した感動や興奮を体感したり、メディアが伝えたりすることによってイベント開催地域の都市のイメージが明るく友好的なものになる「都市のイメージを向上する機能」の4つがあると指摘している(9)。

しかし、多くのスポーツ施設では、メガ・スポーツイベントやプロスポーツの公式戦など、いわゆる興行としてのイベントを誘致することは難しく、リーマンショック以降の景気低迷によって、状況の打開には時間がかかる様相だ。しかし、東京マラソンを筆頭に、全国各地でマラソンイベントが開催されていることなども踏まえ、地域密着参加型のスポーツイベントを誘致するなど、地道な努力が必要となっている。もちろん、基本的にはスポーツ競技団体などからの定期的なリーグ戦や大会の申し入れがあるものの、平日の昼間の稼働率をアップさせることは、スポーツ施設の命題といえる。そこで、大阪府立体育会館では、会館の利用促進やイベント誘致のための広告チラシを初めて作成した（図3）。大阪府立体育会館といえば、大相撲の春場所、そして、プロレスをはじめとする格闘技のメッカであった。しかし、スポーツの興行の誘致は減少し、スポーツイベント以外（展示会・集会・式典など）のさまざまなイベントに幅を広げることで、稼働率を上げ、収入を上げるという新たな仕組みは必要不可欠で、指定管理者となった南海グループも営業努力を重ねている。また、イベント誘致にも限界があるため、最近では、大阪府立体育会館内の施設において、運動・スポーツの教室（ヨガ、ピラティス、エアロビクス、ウォーキングエクササイズ）やbjリーグ大阪エヴェッサのバスケットボールスクールとbtチアダンススクールなどの自主事業を新たに

図3　スポーツ施設利用促進・イベント誘致広告
（大阪府立体育会館〈指定管理者・南海グループ〉資料，2010）

スタートし、2010年度では、総売上の2%のシェアを占めている。また長居陸上競技場では、世界陸上大阪大会が開催された2007年に、同競技場では初めてとなるMr. Children（ミスター・チルドレン）のスタジアムライブを誘致した。当初、施設（天然芝）や周辺住民への騒音などの影響が懸念されたが、大きな問題もなく、最寄駅の大阪市営地下鉄長居駅の延べ乗降者数は、1日当たりで、通常の約4万1000人の増加となり、世界陸上大阪大会時の1日当たり約4万5000人の増加とほぼ同様の数字であった。国際的なメガ・スポーツイベントと人気アーティストによるライブイベントの誘致は、公共スポーツ施設のみならず、関連への経済効果も非常に大きかった。

小山内によると、イベントなどの大きな収入源として期待されるチケット販売を成功させるエッセンスは、第1に「イベントの告知方法」、第2に、どれだけ顔が見える顧客を持っているかという「顧客組織力（会員組織）」、そして第3に「効率のよいチケット販売の方法」である。つまり、きちんと「告知」をして社会現象化させ、「会員組織」をフルに動員して60%を先行発売で販売する。そして、「効率的に一般販売」するためにチケット流通会社を選択するという点を指摘している[10]。しかし、公共スポーツ施設の場合は、ほとんどが場所貸しとなるため、直接チケット販売をすることはあまりなく、広告代理店などとの関係性が非常に重要となる。

このように、イベント誘致やチケット販売についても、リレーションシップマーケティングや統合型マーケティングのノウハウは非常に重要となり、ホリスティックマーケティングの考え方が必要となる。

3・スポーツ施設のマーケティングプロセス

スポーツ施設を運営する組織は、スポーツサービスの受け手であるスポーツ消費者に対して、より効果的かつ効率的に組織の目的を達成するためには、スポーツ組織レベルにおけるマーケティングプランが必要となる。図4に示したものは、組織のマーケティングプランニングプロセス(11)の概要である。このプロセスは、主に「分析」・「戦略」・「実行」の3つの段階から構成される。公共スポーツ施設を運営する場合、第2段階である「戦略」からスタートしてしまう場合が多く見受けられる。つまり、「何のために行うのか?」というマーケティング思考ではなく、「何を行うのか?」という組織内部の発想にもとづいた根拠に乏しいプラン策定からスタートし、プログラムやサービスが利用者のもとに提供される際には、結果的に利用者のニーズや欲求とはズレが生じてしまうことが多い。組織のマーケティングプランニングプロセスにおいて重要なポイントは、第1段階で組織分析の視点から内部環境、また外部環境の分析を徹底的に実施し、「何のために行うのか?」ということを明確にした上で、第2段階の戦略策定へと進み、そして第3段階の実行・評価、さらには第1段階へと情報をフィードバックするというプロセスをたどる。

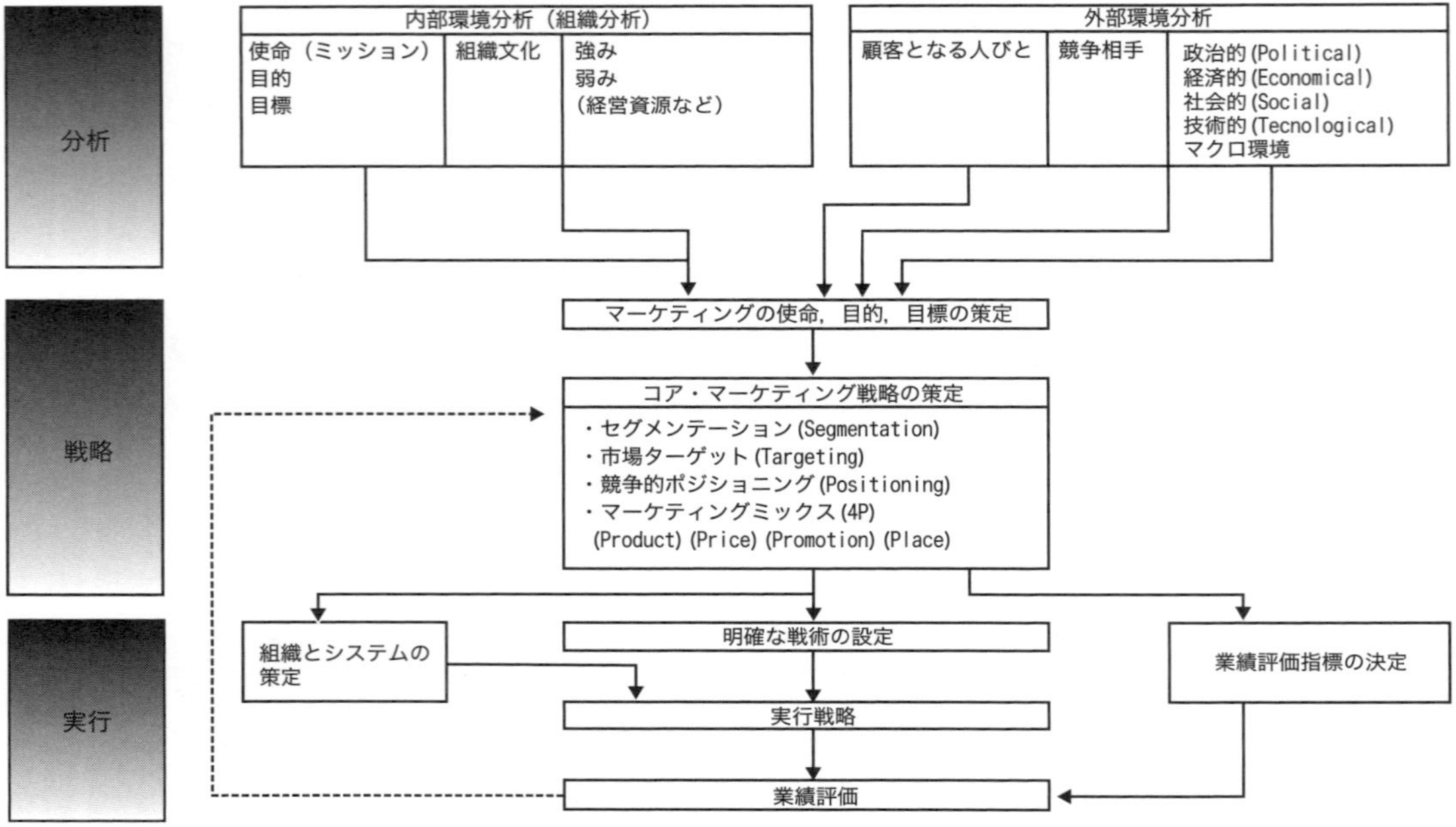

図4　戦略的組織的マーケティングプランニングプロセス

（コトラー，2005 (11) を参考に筆者が加筆）

1 第1段階：スポーツ施設を運営する組織の「分析」

スポーツ施設を運営する組織が目標達成に向けてマーケティング活動を行う際には、第1段階として、スポーツ組織自体の分析をする内部環境分析と、スポーツ施設および施設運営をするスポーツ組織の外部環境分析を詳細に行い、検討しなければならない。

(1) 内部環境分析（組織分析）

内部環境分析は、「使命（ミッション）・目的・目標の分析」「組織文化の分析」「組織の強み・弱みの分析」の主に3つの側面で構成されている。

①組織の使命・目的・目標の分析

内部環境分析で重要なことは、組織の向かうべき方向性の問題である。組織が計画を策定し、遂行していく際には、適切な使命、目的、目標の決定が重要となる。使命とは、組織の基本的な目的であり、達成すべきことである。この使命を設定する際には、目的は何か？　対象者は誰か？　対象者に向けてどのような価値を提供できるのか、または提供すべきなのか？　という視点が重要となる。使命が決まれば、組織と組織が掲げた使命を達成するための方向性を示す目的の設定が必要となる。また、その目的の延長線上には目標があり、目標は数値などによって設定されるのである。つまり、目的は、組織の評価システムによって確認ができ、目標の数値などに置き換えられることによって、目標達成に向けた活動が具体化するのである。具体的には、「地域住民の健康・運動・

スポーツ活動の拠点となるスポーツ施設を目指す」という使命を達成するために、「スポーツ施設利用者を増加させる」という目的を設定する。その目的は、「来年度の地域住民のスポーツ施設利用者を10％増加させる」という目標に置き換えられ、組織のどの経営資源（人・もの・金・情報など）を活用し、どのように実行し、誰が責任を負うべきなのか、そしてどの時点でどのように成果を評価するのかということまでを、目標設定の段階で決定していなければならない。つまり、「使命→目的→目標」は連動していること、そして組織に関わるすべての人がその内容と方向性を理解し、実践していく体制が重要となる。

②組織文化の分析

内部環境分析の2つめの側面は、組織文化の分析である。組織文化は組織が達成できることと、目標達成へ向けて努力する人びとに期待されていることを決定する重要な要因であるといわれている。つまり、組織の追求すべき価値が明確であればあるほど、構成メンバーであるスタッフのすべきことも自ずと明確になる。組織の中の個人に注目するミクロ組織論では、個人の仕事へのやる気を上げること、個人の能力を上げること、個人のベクトルを揃えることの3つの視点が組織の力を大きく変えるといわれている。指定管理者制度の導入などにより、公共スポーツ施設においても使命・目的・目標を明確に掲げる組織は増加傾向にある。しかし、重要なことは組織の構成メンバー全員がこの内容を十分に把握した上で、意識や志を高く持ち、それぞれの役割を果たしているかどうかという点である。方針マニュアル、組織チャート、規則、諸手続などが組織文化と結びつくものが多々あるが、形式的なものではなく、すべてが組織の「使命→目的→目標達成」に向かっているのかどうかという視点でも見直しが必要となる。

③組織（自体）の強み・弱みの分析

内部環境分析の3つめの側面は、マーケティングプランに影響を与える組織の強みと弱みの正確な分析である。組織が行動する際に生じる環境面、つまり、組織が持つ経営資源（人・もの・金・情報など）、また組織の構造、戦略、戦術などの強みと弱みを分析すること、特に弱みについては活動を制限される要因となるため、非常に重要となる。また、公共スポーツ施設は、各自治体の条例などに制約されるが、公共部門の組織の強みと民間部門の組織の強みを融合させ、組織の新しい強みを生みだす仕組みづくりが重要となる。

(2) 外部環境分析（外部の脅威と機会の分析）

外部環境分析は、「顧客となる人びと（地域住民・スポーツ消費者・グループ・団体・組織）などを総称したパブリック環境」「競争環境」「マクロ環境」の主に3つの側面で構成されている。

①競争環境分析

従来、公共スポーツ施設においては、競争は民間部門の発想である、あるいは競争はよくないという認識や風潮があったが、指定管理者制度の導入によって、顧客ニーズの合致や利用者満足度が高まり、稼働率や利用者数の増加につながっているケースは多い。特に公共スポーツ施設の場合は、組織の使命、目的、目標の達成が重要であるため、競争環境を分析することは、自組織と競争相手の強みと弱みの把握につながるだけではなく、組織自身の能力をアップさせることにもつながる。

また人びとの行動の喚起や停止、また離脱にも競争相手が存在することも忘れてはならない。スポーツ施設の競争相手は、レジャー産業全般に関連し、多岐にわたる。極端な事例を出せば、日本のレジャー産業の約3割を占有しているパチンコ業界を競合組織と考えた場合、あれだけの顧客を集客する魅力は何なのか？ パチンコ店の強みと弱みは何か？ 自組織であるスポーツ施設の強みと弱みは何か？ というような組織レベルでの競争について分析することが必要となる。たとえば、半径数キロメートル圏に立地する、娯楽施設、民間スポーツ施設（テニス・ゴルフ・フットサル場など）、公共施設や民間スポーツクラブ、地域スポーツクラブ、スポーツ少年団などをサービス形態や事業別にリストアップし、地図上にマッピングして分析を進めるなど、その手法も多岐にわたる。

②マクロ環境分析

マクロ環境分析とは、政治的（Political）、経済的（Economical）、社会的（Social）、技術的（Technological）な視点があり、これらの頭文字をとってPEST分析とも呼ばれる。スポーツ施設の場合、政治的要因は、スポーツ振興基本計画やスポーツ立国戦略といった政策や、制定が予定されているスポーツ基本法など、法律や通達内容、さらには税制の改正などが施設運営に影響を及ぼす。経済的要因は、景気動向や為替・金利などの経済状況などが含まれるが、特に景気低迷によるスポーツ・レジャー産業への影響は人びとの行動を左右する。社会的要因には、少子高齢化による人口構造の変動や流行、生活様式、価値観の変化などが含まれるが、子どもの体力低下の問題や健康ブームの動向は、事業化に影響する。さらに技術的要因については、ITの発展により、最近では、eスポーツ、twitter、facebook の普及など、顧客となる地域住民や利用者とのコミュニケーション戦略にも影響を及ぼす。

(3) SWOT分析

SWOT分析（Strength-Weakness-Opportunity-Threat Analysis）は、組織のマーケティングプランニングプロセスにおける第1段階の「分析」において有効な手法である（**図5**）[12]。SWOT分析は、他組織などと比較をすることにより、自組織の強みと弱みを分析し、市場機会と脅威となる競合組織などを明確にし、自組織の特性と可能性を洗い出す手法である。具体的には、組織の強みを使って市場で優位に進められる事業は何か？　組織の強みで脅威に打ち勝つ方法はないか？　他の組織には脅威でも自組織の強みで脅威を機会に変えられないか？　など市場機会を見出し、第2段階の

	機会（Opportunity）（外部環境）	脅威（Threats）（外部環境）
強み（Strength）（内部環境）	1. 組織の強みを使って優位に進められる事業は何か？（最大の機会）	2. 組織の強みで脅威に打ち克つ方法はないか？他の組織には脅威でも自社の強みで脅威を機会に変えられないか？
弱み（Weakness）（内部環境）	3. 組織の弱みを改善して機会を取り込むことはできないか？	4. 最悪の事態を回避する方法は？（最大の脅威）

図5　SWOT分析による戦略

（池上ほか，2005[12] を参考に作成）

戦略に向けてのアプローチの優先順位を考慮する際などにも役立つ。なお、環境や市場の変化にともない、SWOT分析は定期的かつ継続的に、そして正確に実施する必要があることも忘れてはいけない。

2 第2段階：スポーツ施設を運営する組織のマーケティング活動の「戦略」

図4で示した組織のマーケティングプランニングプロセスの中段となる第2段階の「戦略」では、第1段階の分析結果を踏まえ、事業のマーケティング活動の使命、目的、目標を設定し、コアマーケティング戦略を決定しなければならない。

(1) マーケティングの使命・目的・目標の策定

戦略を策定する際には、事業ごとに適切なマーケティングの使命・目的・目標の設定が重要となる。クロンプトンとラムによると、事業のマーケティングの目標は、ターゲット市場や特定のマーケティングミックスの構成要素の変更を行う上で意思決定を左右する重要評価基準であると述べている。そのため、正しい目標の策定には、①妥当であること、②明確で優先基準を持っていること、③特定化されていること、④達成可能であること、⑤タイミングを見図らねばならないこと、⑥便益性を明確にすることの6つの点を考慮しなければならない。特に公共スポーツ施設の場合、ベネフィットを考慮して目標を設定することが重要である[13]。

(2) コアマーケティング戦略の策定

コアマーケティング戦略は、組織が定めたマーケティング使命・目的・目標を長期的に引き継ぎ、それを成し遂げるための基本的な推進力となる。この長期的な戦略は、より詳細な戦術を立案し、それぞれの年間計画を策定するための枠組みや、全体的なマーケティング計画の柱となるものである。コトラーとアンドリーセンによれば、コアマーケティング戦略の要素は、①セグメンテーションによるひとつあるいは複数の「特定ターゲット市場」の選定、②明確に定義された「競争的ポジショニング」、③主要な競争相手との差別化を図るためのポジショニング戦略によって、ターゲット市場のニーズを満たす統合された「マーケティングミックス(4P)」の3つであると示している[14]。ここでは、セグメンテーション(Segmentation)、ターゲティング(Targeting)、ポジショニング(Positioning)のSTPとマーケティングミックスの戦術が噛み合うことが重要である。

①マーケティングのSTP：Segmentation・Targeting・Positioning

特定ターゲット市場を選定するために重要になるのは、マーケットセグメンテーション(市場細分化)である。マーケットセグメンテーションとは、選定されたセグメント内の個人のニーズに正しく適応したマーケティングミックスを決めるために、顧客(利用者・参加者)を類似したサービスやニーズを持つ人びとをメンバーとするグループに細分化するプロセスである。特に、スポーツ消費者のマーケットをマリンら(Mullin et al.)は、「人口統計的変数(Demographics)」「社会心理学的変数(Psychographics)」「行動変数(Product usage)」「ベネフィット変数(Product benefits)」

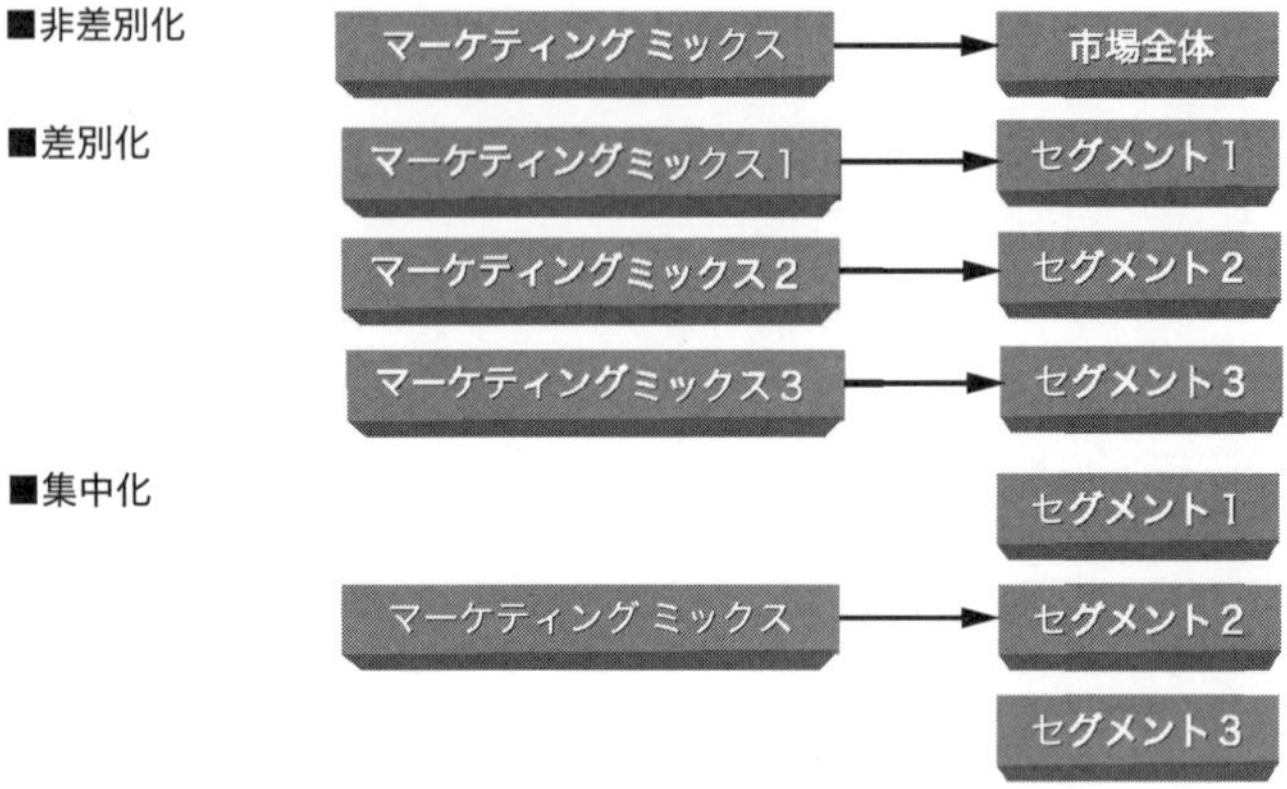

図6　ターゲット市場選定の3つのオプション

の4のカテゴリーに分類している[15]。

ターゲティングは、セグメンテーション後にそれぞれのセグメントについて検討し、魅力的な特定ターゲット市場に絞り込む作業をさす。図6に示したように、ターゲットの選定には、「非差別化戦略」「差別化戦略」「集中化戦略」の3つの方法がある。特に、「差別化戦略」とは、提供するプロダクトサービスを差別化して他と比べてユニークであるものを創り出すことが基本となっている。スポーツ施設でたとえれば、スポーツには興味はないが、健康づくりには興味があるという健康志向の初心者のセグメントに対し、初心者向けの健康づくりの運動教室を実施したり、フルマラソンに初チャレンジをしたいというセグメントに対し、マラソン完走講座を実施したりする事業などは、まさに差別化戦略のひとつである。しかし、差別化戦略は資源やコストの問題があるため、多少の反発を覚悟の上で、集中化戦略を選択することもある。重要なことは、誰をターゲットにするのか？　ではなく、何の目的で、どのようにターゲットを設定するのか、競合はないかなどの点である。特に公共スポーツ施設においては、平等性と公平性の立場から、「非差別化戦略」の選択を余儀なくされる場合もあるが、逆に地域住民の多様化するニーズに対応できないという問題も起こり、得られる効果は低くなる。このような戦術は、十分に検討を重ね、定期的に評価をし、修正していく必要がある。

ポジショニングとは、特定ターゲット市場に、組織や組織のサービスを位置付ける作業である。マーケティングにおけるポジショニングでは、競争相手よりもよいプロダクトやサービスであるという相対的な差別化を図る場合と、競合しないように新たな視点を打ち出すブルーオーシャン戦略(注1)によって、ポジションを獲得する場合がある。結果として、顧客に受け入れられ、組織および事業のマーケティングの使命・目的・目標を効率よく達成できるようなポジショニングが重要となる。しかし、公共スポーツ施設の効果的なポジショニングには、①他の類似したサービス提供者が占める現在のポジション評価、②これらのポジションを特徴づける重要な因子の決定、そして③公共機関のマーケティング活動が最大の便益を生み出すポジションの選択(16)という視点も重要となる。

②マーケティングミックス

マーケティングミックスとは、先にも述べたように、ターゲットとなるセグメントに、その価値を伝えていくために、製品（Product）、価格（Price）、流通（Place）、プロモーション（Promotion）といったマーケティング手段を適切に組み合わせることである。まず、製品とは、顧客のニーズや

コラム3 マーケティングプランニングプロセスの第2段階「戦略」の成功例

急成長した民間スポーツ施設の株式会社カーブスジャパンの「戦略」の事例をみてみよう。

カーブスジャパンは、スポーツを実施していない潜在需要をターゲットに、設立5年で782店舗、会員数28万人という数値をたたき出した。

世界共通コンセプトは、〝NO MEN・NO MAKE UP・NO MIRROR〟の3Mで、サーキットトレーニングを中心とした女性スタッフと女性会員だけの施設である。

集中化戦略による成功のポイントは、①継続環境（女性専用、30分の滞留時間、自宅に近い、コミュニティ）、②不要なもの（プール、シャワー）、③メインターゲットを健康・美容への投資が自由にできる運動未経験者である女性（特に50～60歳代）という3点を明確にしたことである。

プールがないことで、シャワーはもちろん、化粧を直すこともないため、鏡を見る必要がない。つまり、現実に引き戻されることもないのである。

従来のフィットネスクラブの三種の神器ではないマシンとスタジオのみでプログラムが展開でき、コストのかかるプールやシャワーも必要がないことで、施設経営をする際の初期投資額も1000万円前後に抑えることができる。また初期投資だけでなく、ランニングコストの削減によって、利用者の費用も低価格に抑えることが可能となった。

この事例は、公共施設においても非常に参考になる。

欲求を満たすために市場に提供される商品・サービスを指す。スポーツ施設におけるスポーツプロダクトやスポーツサービスには、①場所・場の演出、②指導・啓発プログラム、③仲間づくり・組織化、④知識習得・情報提供、経験などが主なものとしてあげられる。価格とは、適正価格・料金の設定である。製品の価値はこの価格にも強く影響する。流通は、製品やサービスを提供するための場所や流通経路のことである。スポーツ施設の場合、利便性のよさが事業展開に影響を及ぼす。プロモーションは、施設と利用者とのコミュニケーションのことを指し、販売促進、広報宣伝、人的販売、パブリシティ、口コミなどを通じて、プログラムやサービスのよさを伝えることである。特にスポーツは、テレビや新聞といったマスメディアを活用するパブリシティが有効である。またAIDMA（注2）やインターネット時代に対応したAISAS（注3）の消費者行動のプロセスなどにも配慮すべきである。

3 第3段階：スポーツ施設を運営する組織のマーケティング活動の「実行」

図4で示した組織のマーケティングプランニングプロセスの最終段階となる「実行」には、「明確な戦術・実行・評価の策定」「組織とシステムの策定」「業績評価指標の決定」3つの側面がある。マーケティング戦略の策定は非常に重要であるが、絵に描いた餅で終わってしまっては意味がない。つまり、マーケティング戦略に息を吹き込み、戦術を実行していくと同時に評価システムの構築が重要となる。そのためには、日常的なモニタリングと必要な再循環・修正を行うマネジメント

サイクルの視点も必要となる。その際、把握しておきたいことは、①スケジュール通りであるか、②ターゲットとしたセグメントに到達しているか、③そのセグメントから望ましい反応を得ているか、④うまくいっている要素とうまくいっていない要素の把握、⑤何が欠けているか、⑥変更を必要とする競争環境や社会環境などの変化はないか、⑦関係する組織（パートナー）はどのように反応しているか、協力は変わりそうか、⑧資金提供者は、事業内容と進捗状況をどのように考えているのかという点である(17)。特に、公共スポーツ施設の組織は、影響と結果から導き出される「効果」、インプットとアウトプットの関係、提供に関連した努力、費用、無駄な出費などを評価する「効率」、提供における公平さなどの「公正」という3つの基準(18)から評価することが重要である。

すべてのマーケティングにおいて、プロセスは顧客に始まり、顧客に終わる。効果的に運営している組織は、ビジネスツールとしてますます重要となってきている評価システムの開発を積極的に行っており、指定管理者となった組織などはもちろん、スポーツ施設全体においても重要な課題となっている。

注1：ブルーオーシャン戦略：血を流すような戦いが繰り広げられる、既存の市場を「レッドオーシャン（血の海）」と呼び、競争自体を意味のないものにする未開拓の市場の創造を「ブルーオーシャン（青い海）」と呼ぶ。

注２：ＡＩＤＭＡ（アイドマ）の法則：Attention（注意）→Interest（関心）→Desire（欲求）→Memory（記憶）→Action（行動）の頭文字を取った消費者行動プロセス。

注３：ＡＩＳＡＳ（アイザス）の法則：Attention（注意）→Interest（関心）→Search（検索）Action（行動）→Share（情報共有）の頭文字を取ったもので、インターネット時代の消費者行動プロセス。

【引用文献】

(1) デイビッド・コッツ、松岡利昌監修『ザ・ファシリティマネジメントハンドブック』産業情報センター社 出版事業局、２０１０年、３１７頁。

(2) フィリップ・コトラー、ケビン・レーン・ケラー、恩蔵直人監修、月谷真紀訳『コトラー&ケラーのマーケティング・マネジメント第12版』ピアソン・エデュケーション、２００８年、６頁。

(3) American Marketing Association. 2007 (http://www.marketingpower.com/ResourceLibrary/MarketingNews/Pages/2008/42/1/MN11508Keefe.aspx)

(4) フィリップ・コトラー、ケビン・レーン・ケラー、恩蔵直人監修、月谷真紀訳『コトラー&ケラーのマーケティング・マネジメント基本編［第３版］』ピアソン・エデュケーション、２００８年、11-17頁。

(5) E・グメソン著、若林靖永・太田真治・崔　容薫・藤岡章子『リレーションシップ・マーケティング ビジネスの発想を変える30の関係性』中央経済社、２００７年。

(6) 市川裕子『ネーミングライツの実務』商事法務、２００９年、３頁。

(7) 前掲書(6)、29頁。

(8) 桜井正明「第71回全国体育施設研究協議会in大分 シンポジウム エコロジーの視点から見たスポーツ施設の今後のあり方 日産スタジアムの事例」月刊体育施設８月号、２０１０年、45頁。

(9) 原田宗彦『スポーツイベントの経済学』平凡社新書、２００２年、52-56頁。

(10) 小山内孝之「チケット販売のマーケティング」、原田宗彦編著、藤本淳也・松岡宏高著『スポーツマーケティング』大修館書店、2008年、113-116頁。
(11) フィリップ・コトラー、アラン・R・アンドリーセン、井関利明監訳、新日本監査法人 公会計本部翻訳『非営利組織のマーケティング〔第6版〕』第一法規、2005年、95頁。
(12) 池上重輔監修、グローバルタスクフォース社著『図解 わかる! MBAマーケティング』PHP研究所、2005年、15頁。
(13) ジョン・クロンプトン、チャールズ・ラム著、原田宗彦訳『公共サービスのマーケティング』遊時創造、1991年、105-111頁。
(14) 前掲書(11)、119-120頁。
(15) Mullin, B., Hardy, S. & Sutton, W. "Sport Marketing, 3rd ed." Human Kinetics 2007, pp.133-146.
(16) 前掲書(13)、230頁。
(17) 前掲書(11)、724頁。
(18) 前掲書(13)、142頁。

【参考文献】
・原田宗彦編著、藤本淳也・松岡宏高著『スポーツマーケティング』大修館書店、2008年、102頁。
・松永敬子「スポーツと地域活性化」、原田宗彦編著『スポーツ産業論 第5版』杏林書院、2011年、292-304頁。
・大阪市 平成18年度議会決算特別委員会資料、2007年。

(松永敬子)

第9章 スポーツファシリティの建設プロジェクト

1・現状と課題

1 建設プロジェクトの現状と課題

戦後からの日本の成長を支えてきた建設業界は、いま大変に苦しい時代に遭遇している。平成22年度の『国土交通省白書』では、その背景について大要次のような点が指摘されている。

・わが国の歴史の中で経験したことのないような人口減少を迎えていること。
・諸外国が経験したことのないような急激な少子高齢化が進んでいること。
・膨大な長期債務を抱えていること。

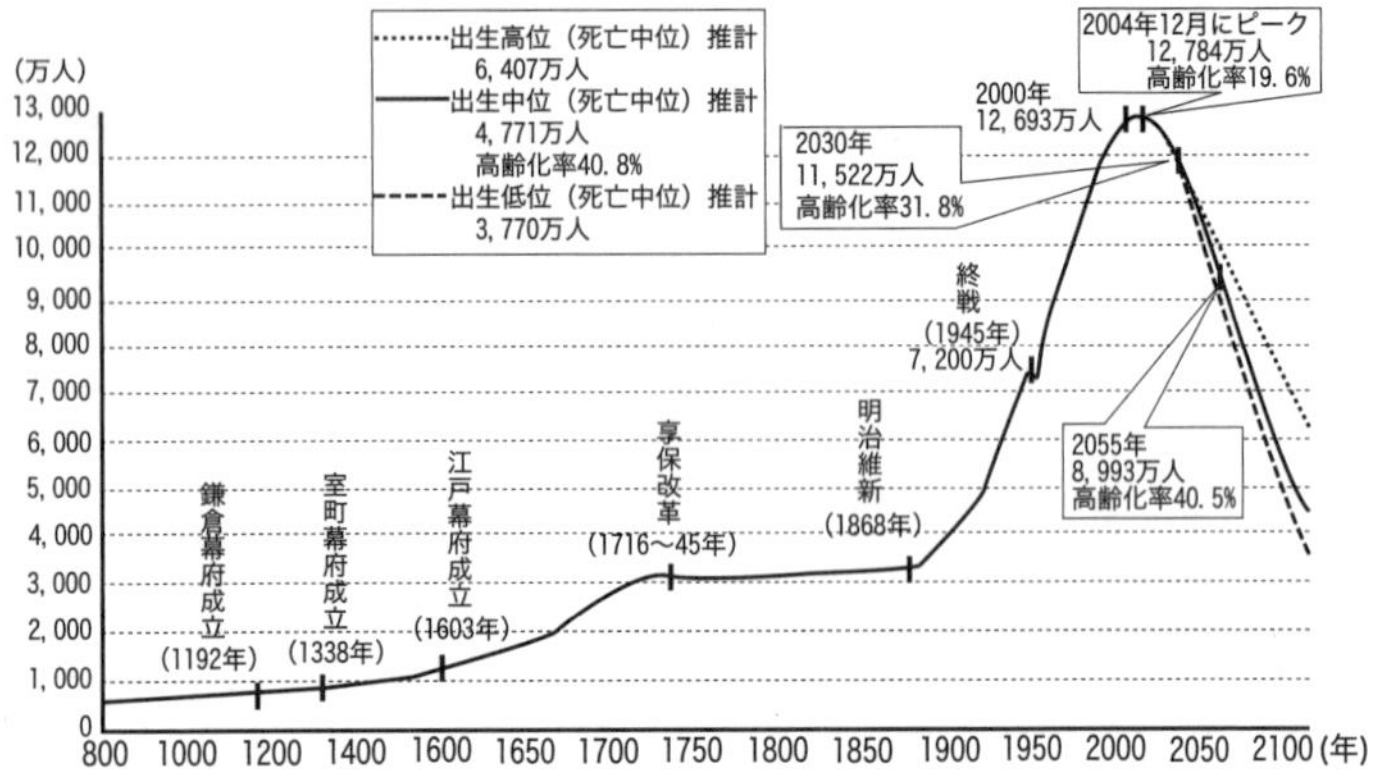

図１　日本の人口の超長期的推移 (1)

（総務省『国勢調査』，『人口推計』，国立社会保障・人口問題研究所『日本の将来推計人口（2006年12月推計）』，国土庁『日本列島における人口分布変動の長期時系列分析』（1974年）より国土交通省作成）

図１に示されるように２００４年をピークに人口の減少傾向に拍車がかかり、２０１０年現在の１億２７３８万人の人口は２０５５年には８９９３万人になると報告されている。実に78・５％に減少するという予測である。今後さらに少子高齢化が進めば、国内でのあらゆる産業がその影響を受け、スポーツ関連産業もこの大きな流れに対応するアイデアが求められることになる。また、多くの負債に対して官民をあげての対策が必要であり、後で述べる「新しい公共」という動きが、しっかりと社会で認識されて進められる必要がある。

政府の構造改革により、海外企業の日本進出が急であり、国内総生産・全就業者数の約１割を占めるとされている建設業においてもそれは例外ではない。国際化、そして新しい需要の創出等が緊急の課題となっている。建設業は設計されたひとつの建物を多くの関係者が、決められた予算の中、決められた時間で完成する大変に難しい事業である。ゼネコンと称される総合建設業者の集中的な大技術者集団による日本の建設風土は、今後は需要が世界へ展開せざるを得ないこととあわせ、その様態を大きく変化させることが予想される。スポーツファシリティのあり方もその中で模索する必要がある。

2 フローからストックの時代へ

国内において新築の需要が激減している時代の新しい局面は、よく「フローからストックの時代」と表現される。多くの建設業者がリフォーム部門、リニューアル部門を特別に設け、また、統合的なマネジメント部門としてファシリティ部門も設置しはじめているのは、フローからストックの時代に応えようとする企業内部の組織変更である。

これは、フローからストックへの動きが今後の需要創出のひとつの鍵であり、その方向へ社会が動くという証明でもある。フローの時代は成長曲線の勾配に注目して多くの仕事が実施されたが、今後はその蓄積されたストックの部分に新しい技術と産業が向かう必要がある。

図2は建設業界の建設投資、許可業者数および就業者数の推移に維持管理・更新費の推移を示すものである。戦後続いた右肩上がりの成長期の建設業界の課題は、この図にはっきりと示されており、その解決策もこの図から読み取ることが求められている。

スポーツファシリティについても同様である。健康・福祉の時代といわれた1990年頃から始

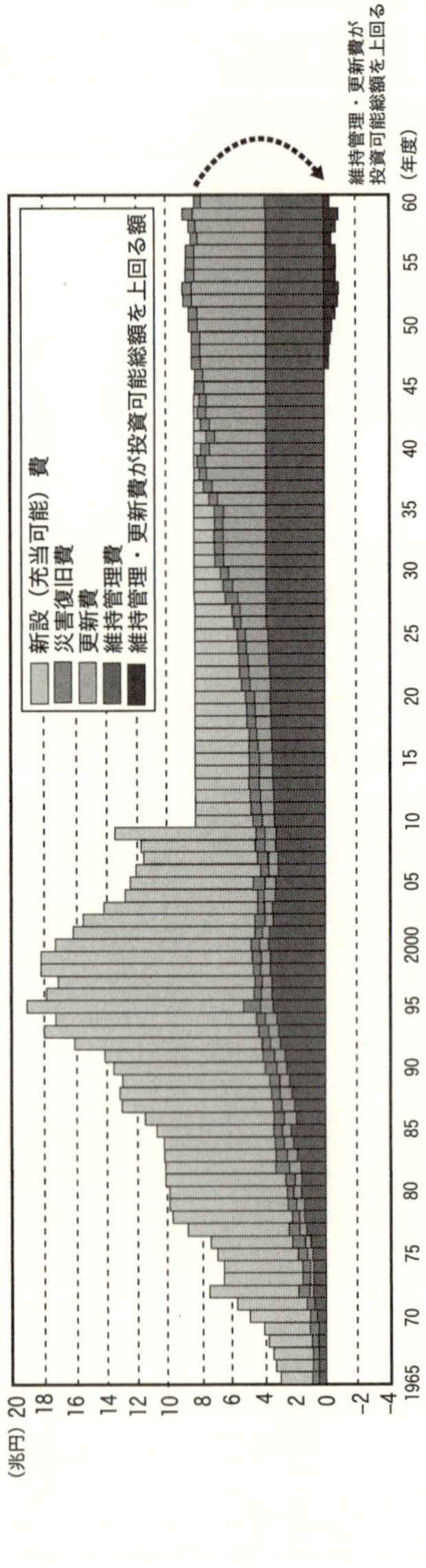

図2　維持管理・更新費の推計（予防保全の取り組みを先進地方公共団体並みに全国に広めた場合）(1)

注：推計方法について：上記の推計を基に，社会資本の予防保全に先進的な取り組みを行っている地方公共団体等にアンケート等を行い，予防保全を行うことによって変化する社会資本の耐用年数や維持管理費を想定し，先進的な地方公共団体等と同じレベルまで予防保全が導入されると仮定して推計。（資料：国土交通省）

まった成熟期の多くの施設は、これから更新の時期を迎える。新築中心という考えでなく、新しい「スポーツ」という考えで再生される必要がある。例をあげれば、病院建設のコンセプトもホスピタリティ重視で大きく変化してきた。規模と特性によりさまざまな回答が可能であるが、従来の「病気の際に訪れる施設」から、地域のヘルスセンター的な要素を重視しているのもひとつの方向である。２００６年に移転新築された徳島赤十字病院の施設コンセプトは、病院を核として見舞いに訪れる多くの人びとの宿泊・飲食等に対応するホテル・レストラン等を誘致して湾岸地域を活性化し、地域観光再生へと発展したいということである。「病院」のまったく新しいコンセプトをここに見ることができる。

最近、都市内で始まっている事務所をサテライトタイプの更衣室・小さなトレーニングルーム室等にプチリフォームし、就業後のひと時、あるいは休日のひと時を身近な都市公園でのジョギングで楽しんでもらおうという試みがある。これは小さな動きかもしれないが、今後のスポーツファシリティに多くの示唆を与えるものといえよう。都心で余剰気味の事務スペース再生の新しい動きであり、これからの都市を再生する可能性もある。

新しいアイデアで、今までストックされた施設群が新たな用途で再生し、それを適正な維持管理プログラムへと移行させる有効利用は、今後ますます望まれるところである。フローからストックの時代へ、多くのアイデアが初めは小さいながらも大きな需要を生むように転換していく必要がある。また、これらを運営するＮＰＯや指定管理者等も、後で述べる「新しい公共」なのである。

3 新築からリフォームへ：リフォーム工学への発展

日本の建設業界の厳しい状況と今後の動向は先に述べた通りであるが、筆者は今後の新しい建設業界の方向は「新築からリフォームへ」となり、それに際しては、リフォームの考えを体系化していくことが必要だと考えている。

住宅の耐用年数は日本ではわずかに30年とされている。もちろん、日本の住宅が30年しかもたないわけではない。日本ではリフォームに関する意識が薄く、これまでは建て替えのサイクルが主であったことを示す数字なのである。しかしながら、低成長期に入ったこれからの時代は、建て替え・新築の方向はきわめて厳しい。今後は、良好なリフォームを重ねることによるストックの再活用が時代の流れとなるのではないだろうか。

検討しなければならない点は多数あるが、まずはさまざまにとらえられているリフォームをリニューアル、リノベーション、コンバージョンという概念に整理することを提案してみたい。**図3**がその大要である。その上で、従来はインテリアを中心とした住宅改修を思い浮かべるリフォームを、古民家改修、まちなみ保存・修景計画、高層建築のリノベーションまでを含む大きな概念と設定し、さらにそれはリフォーム工学へと発展していくと考えている。

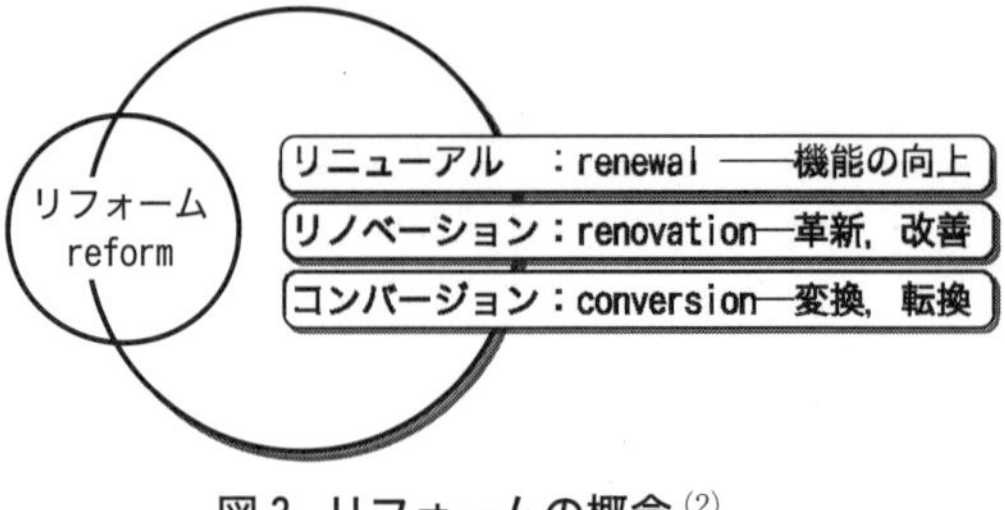

図3　リフォームの概念(2)

4 環境の重視へ

環境の保全や環境問題の解決はこれからの地球の課題であり、世界中がそこに向かっているといっても過言ではない。もちろんスポーツファシリティもその一翼を担うきわめて重要な部分である。２０１２年開催予定のロンドンオリンピック会場のメインコンセプトは、工場跡地や汚染された土壌などのロンドン近郊地の再生であり、オリンピック終了後は環境公園になるとのことである。また、このコンセプトには、近郊の低所得者層住居地域の活性化も含まれている。誘致の際に語られたビジョンは、次に示すようなものである。

「オリンピック競技という面ばかりでなく、未来に強力で持続可能な遺産（Legacy）を残すという意味で重要だ。私たちは競技の実施の中で、低炭素社会やより健全な将来の家庭生活を実現し、また、生物多様性の促進に向けて努力し、オリンピックが広く世界の利益となるようにする決意だ。」

テーマは、気候変動・廃棄物・生物多様性・包括性・健全な暮らしの５つである。明快なコンセプトの中、特に、「未来に強力で持続可能な遺産（Legacy）を残す」というメッセージは今、世界中で大切にすべき言葉ではないだろうか。

図４のオリンピック会場は、自然換気と木材利用で環境負荷を低減し、屋根はケーブルネットで軽量化・省資源化されている。屋内の競技トラックに採用するシベリアンパインは、温度変化が少なく、耐久性に優れているとして持

図４　2012年オリンピック自転車競技場施設「ヴェロドローム」(3)

続可能性の観点から選定された材料だという。すべてこれからの世界の環境へ向けた緊急メッセージであり、今後のスポーツファシリティについても共通する検討課題であろう。

2・建設プロジェクトの進め方

1 基本的な建設プロジェクトと進め方

建設プロジェクトの進め方は、図5に示した。企画段階・設計段階（基本設計・実施設計）・発注段階・工事段階・建物維持管理段階という大きく分けて5段階の時系列で進められる。また、その間にプロジェクトマネジメント、調査企画、設計、工事発注、監理、施設運営計画、そして官庁申請などの業務が多くの担当者の協同作業によって進められる。建物の種別・大きさで異なるが、この流れはすべて同様である。先に述べたリフォームは建物維持管理段階を終えた後に、再びこの流れにのることと考えられ、一方向の流れからサイクルの流れとなる。

2 建設プロジェクトの特殊性

建設プロジェクトの特殊性は、よく工業製品と比較され説明される（図6）。この工業製品と建築の差が、建設プロジェクトに関するきわめて基本的なことであり、これを基点にして多くのこと

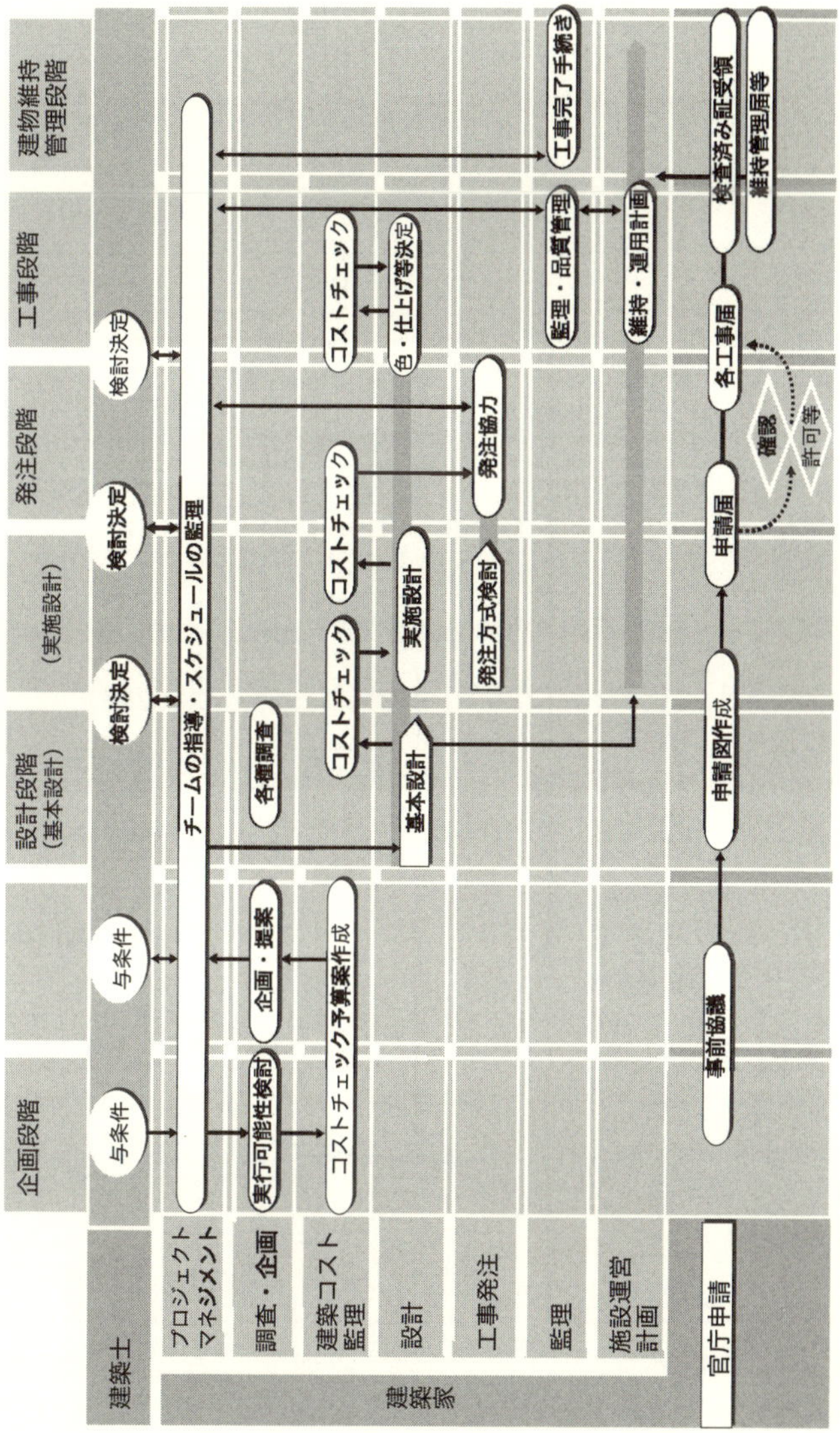

図5　建設プロジェクトの進め方(2)

を理解すると、問題の内容、解決方法等が浮かんでくる。その意味で本図はきわめて重要な図である。ただし、住宅展示場等のモデルルームによるハーフオーダーの建物等は除外される。

建築物はたったひとつの土地で建築主の企画をもとに建設プロジェクトが始められる。その後、その企画をもとに設計が開始され、基本設

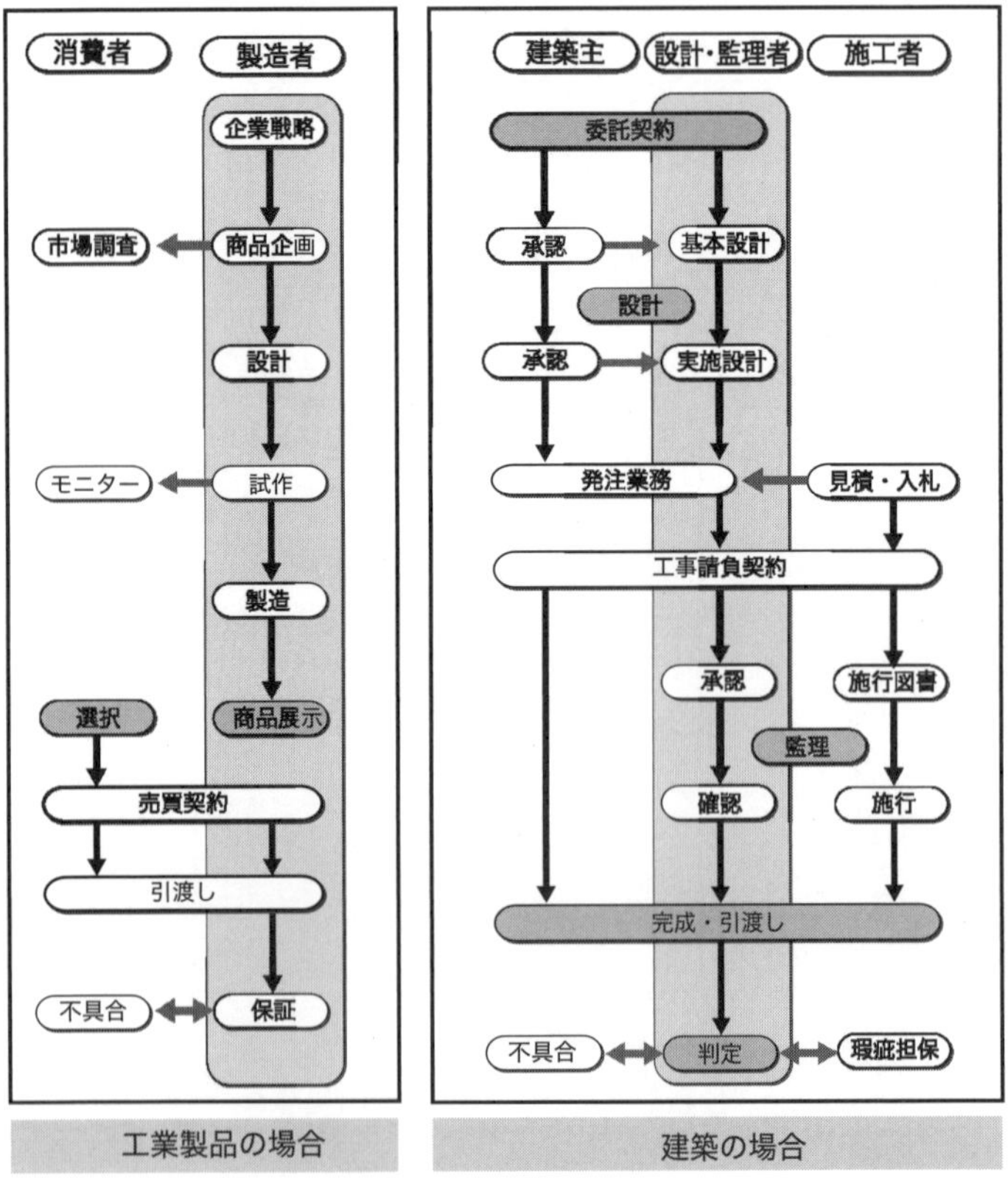

図6　建設プロジェクトの特殊性(2)

計・実施設計と進み、建物発注後に着工される。この段階では建物は、関係者のイメージの中での産物であり、まだ現実ではない。模型やパース等で理解はされているが、まだ完成はしていない。発注後の見積り合わせ等で工事費が決定し、特定した施工者でいよいよ工事が開始される。たくさんの専門工事業者が、初めての設計内容で、初めて協同する関係者とともに、ひとつの建物に技術を結集させて完成を目指すのである。大変な緊張感と達成感のある仕事といえる。

その後、苦労を経て建物は竣工を迎え、引き渡しされた後、使用が開始される。建物が誕生したときに各関係者が味わうことのできる達成感・充実感の背景にはこの一品生産ゆえの緊張感がある。一方、工業製品は、これらのほとんどすべての工程が工場内で実施され、繰り返し製品チェックを受けて販売に至る。

筆者は、建築を「見る前に買う、プロセスを買う」、工業製品を「見てから買う」と、その特殊性を簡略化して表現している。このプロセスを買うというところに建設プロジェクトの特殊性がある。一品生産であり、造り直しが不可能なのである。しかしながら、この一品生産の特殊性を、工業製品と同じように標準化して生産性をあげ、品質を一定化ようとする方向に、常に関係者が努力していることは言うまでもない。

3 新しい建設業界の動き

1985年頃、設計段階の日影図作成から始まったコンピュータの建設業への導入は、昨今のI

T技術のすさまじい革新と普及のため、今や次世代情報システムの時代の中で、その進歩に極度に大きな動きがみられる。その動きは、ある意味で建築プロジェクトの流れを変革するほどと考えられる。企画段階では多くの事例をもとにして調査・研究が可能となり、設計段階では3次元での検討が可能となった。また、発注段階での電子的やりとりが可能となり、世界中の施工業者がプロジェクトに参入できることとなった。もちろん、維持管理のデータ処理もペーパーレスとなり、建物は情報に分解されたといってよいほどである。

建設業界に導入されたコンピュータ技術であるが、下記の3つが次の時代を迎えるキーワードと考えられる。ここには、先にあげた建設プロジェクトの特殊性である工業製品と建築物の差をあっさりとなくしてしまうほど画期的なものも含まれている。

・CALS (Continuous Acquisition and Life-cycle Support)
継続的な部材の調達とライフサイクルの支援

・BIM (Building Information Modeling)
建築・土木の一連の設計図書情報を3D画像処理技術を一括して処理し、デジタルデータベース化することによって、各種設計・設計変更・竣工図・維持管理・改修履歴等の業務を連続的に蓄積・処理・表現することができる、プロジェクトの総合的な遂行上、画期的なツールである。

・CASBEE (Comprehensive Assessment for Building Environmental Efficiency)
総合的環境性能評価システムと呼ばれ、深刻な地球環境問題と成熟社会への進行を背景にした、世界中で進めるべき環境に配慮した建築設計上のツールのひとつ。今では評価委員も設定され、建物の環境価値を示すものとして大変に重要である。その評価ランクとして金銀銅などのランクづけが実施される。

2012年のロンドンオリンピックで計画されているザハ・ハディド氏設計のアクアティクスセンターの形は、現在のコンピュータ技術を駆使して実現された形である（図7）。あるいはコンピュータ技術が駆使されたから実現できた形ともいえるかもしれない。

3・これからの施設建設の課題と展望

1 請負からパートナーシップ「+M」へ

日本の建設業は請負業として古くから、日本の国土づくりに大きな役割を果たしてきた。和魂洋才といわれ、明治維新後に開始された海外からの技術輸入と日本における建

図7　アクアティクスセンター（ロンドンオリンピックパーク内）(3)

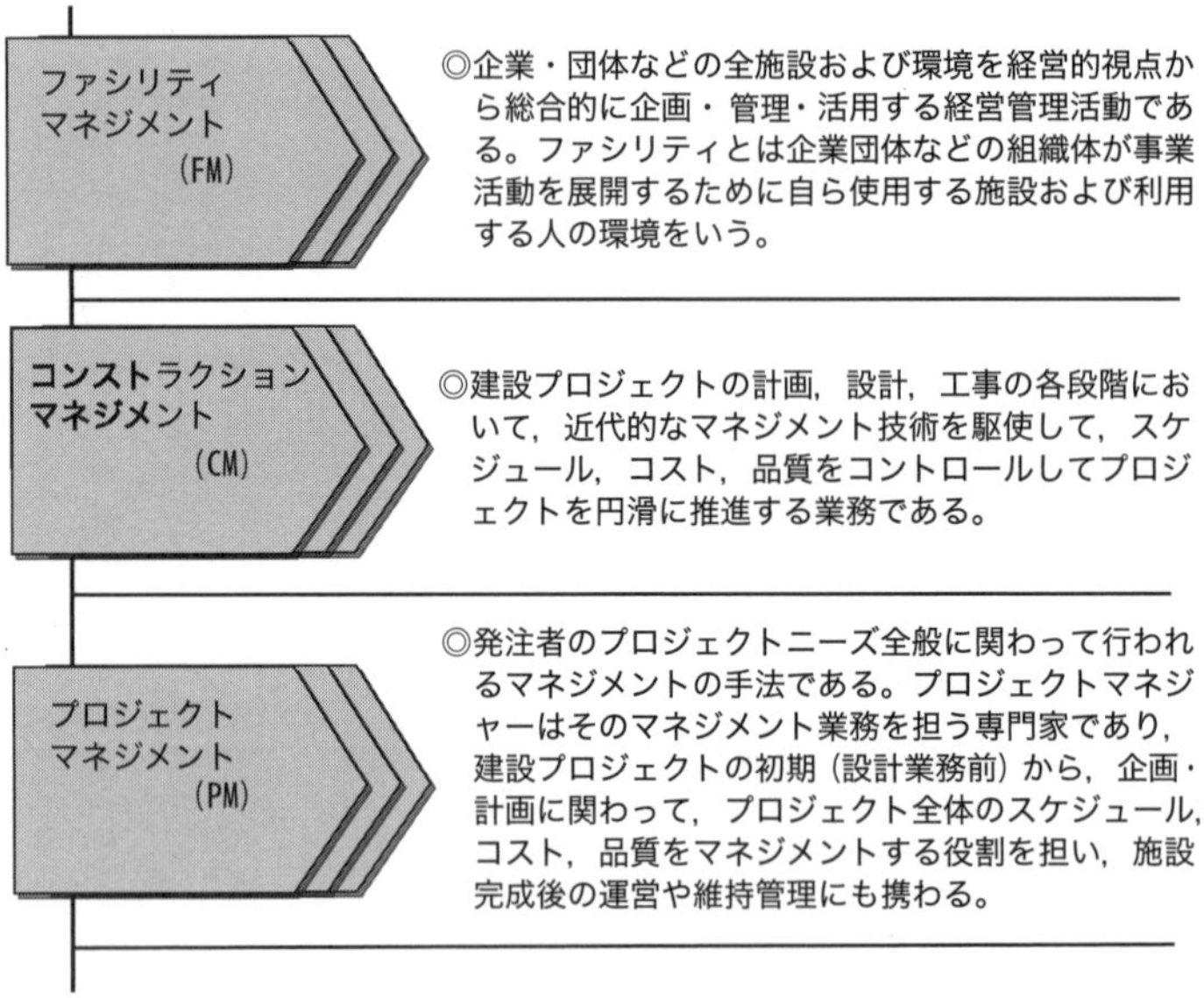

ファシリティ マネジメント (FM)	◎企業・団体などの全施設および環境を経営的視点から総合的に企画・管理・活用する経営管理活動である。ファシリティとは企業団体などの組織体が事業活動を展開するために自ら使用する施設および利用する人の環境をいう。
コンストラクション マネジメント (CM)	◎建設プロジェクトの計画，設計，工事の各段階において，近代的なマネジメント技術を駆使して，スケジュール，コスト，品質をコントロールしてプロジェクトを円滑に推進する業務である。
プロジェクト マネジメント (PM)	◎発注者のプロジェクトニーズ全般に関わって行われるマネジメントの手法である。プロジェクトマネジャーはそのマネジメント業務を担う専門家であり，建設プロジェクトの初期（設計業務前）から，企画・計画に関わって，プロジェクト全体のスケジュール，コスト，品質をマネジメントする役割を担い，施設完成後の運営や維持管理にも携わる。

図8　マネジメント手法[2]

設業の母胎としての職人、あるいは人員の確保を主体とした初期的な建設業の始まりは、請負業として始まったといってよい。初期の公共工事を中心とした建設工事では「工事はやるもの、業者は工事をいただくもの」という、ある意味で上位下位的な片務性（契約当事者の一方だけが義務を負うこと）が存在していた。

しかし、時代はすでに100年以上が経過している。日本は建設業のみにとどまらず、次第に海外の企業に門戸を開き始め、新しい意識も生まれつつある。また、海外において多くの素晴らしい業績を上げてきた建設業は、国内においても同様の仕事の仕組みを持つ必要性に迫られ、それらをマネジメント業務として位置づける社内改革に着手しはじめている。ここでは仕事は「いただくもの」ではなく、まったく合理的な「協同するプロジェクト」なのである。海外では請負業がパートナーシップと呼ばれる由縁である。

1995年頃、日本の建設業界全体において「+M」という言葉で、マネジメント手法が大々的に取り上げられた時期があった。これはフローからストックの時代として、建物の維持管理計画等が大変に重要なこととして認識されたことによるものである。今までの建設業界における建築生産という企画・設計監理・そして施工という流れに維持管理を組み入れ、建物の一生に維持管理の視点を入れて、建築生産と考えようとした動きである。欧米においては、このような考えが建設マネジメント業務としてきちんと位置づけられ、PM/FM/CMとして定義づけられてきた（図8）。「+M」の今後の展開が望まれる。

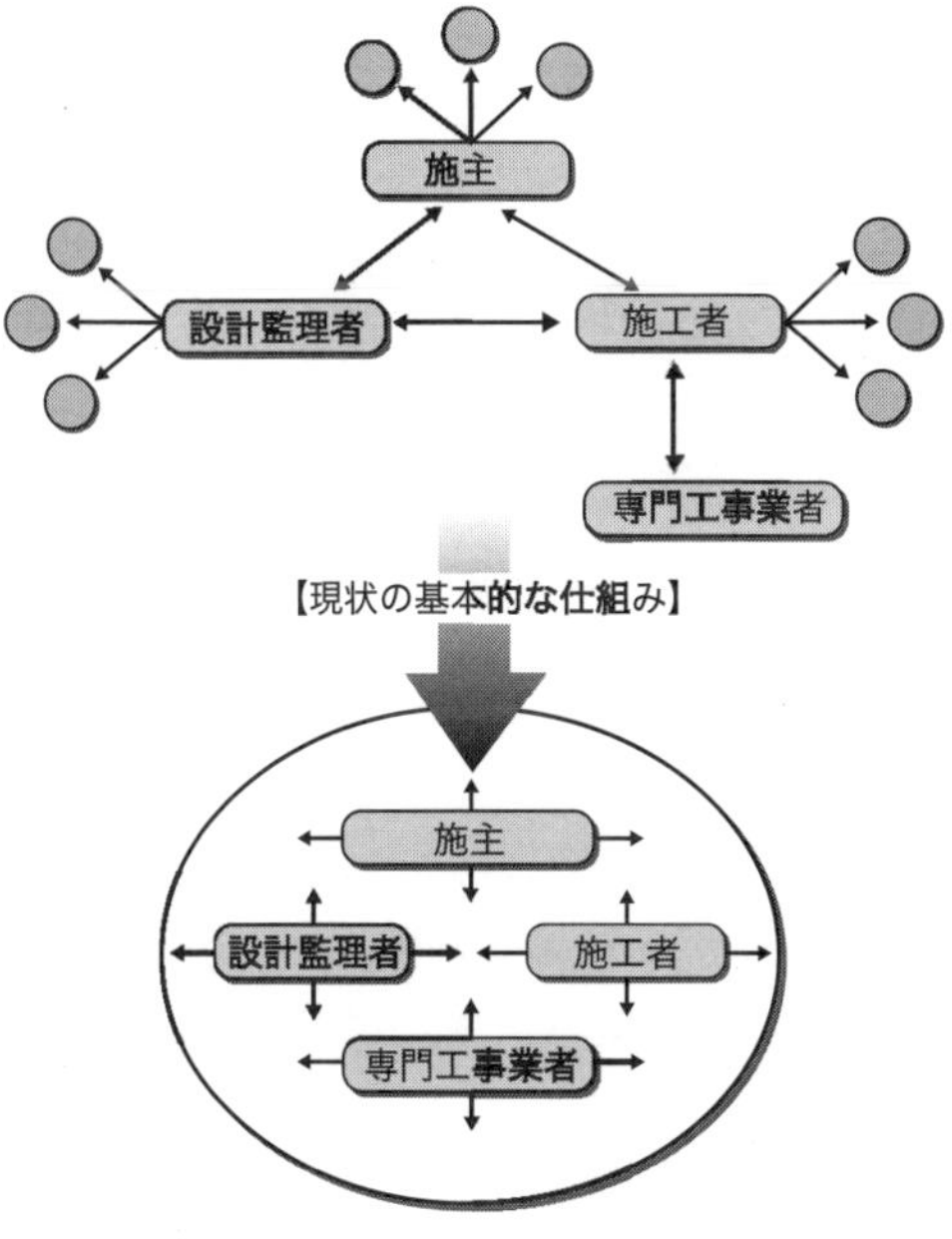

図9　マネジメントの移り変わり(2)

欧米の個人主義・合理主義を

基盤にして発達したマネジメント業務が、日本の建設業における請負としての業態の中でどのように進むかは未知数であるが、筆者は今後の新しいマネジメント業務のイメージを次世代のマネジメントリンクとして、各関係者の直線的な関係ではなく、大変に大きなマネジメントサークルの中での関係をイメージしている（図9）。それは日本の建設業の初期にあった請負業を再現しているものであり、その歴史の延長上に次に現れるマネジメント業務を表現したいと願うからである。

2 新しい公共へ：PPP

民活の一環でPFI業務が日本でも導入され、多くの施設がそのもとで開設されてきた。PFIにもいろいろな方式があり、それについては別章にゆずるが、最近PFI方式の考えをさらに推し進めた独立採算型PFIという方式が始められている。PFI方式の延長線上で考えられるこの方式とPFI方式との差は事業の企画段階から民間事業者が参加するなど、より幅広い範囲を民間に任せる手法であると考えられる。この方式の最近の例は、2010年に拡張された羽田空港であり、従来のサービス購入型PFIとは区別される。公共はサービスの監視をするだけであり、まさに民間企業といえる事業形態と考えられる。公共施設の民間委託あるいは民営化、PFI方式、指定管理者方式、独立行政法人化と多くの公共的な施設が民のノウハウで再生する方向で動き出している。これらを総称して「新たな公共」、あるいは日本版PPP（公共サービスの民間開放）と、平成14年の経済産業省・経済産業研究所の報告書では記載されている。

図10は羽田空港で実施された独立採算型ＰＦＩと呼ばれる方式である。日常のスポーツ施設は、民営を中心として整備されてきたが、今後はオリンピックのメイン陸上競技場等の建設などにこの方式が検討されるのは必至である。まさに新しい公共の時代が、そこまで来ているのである。

4・スポーツファシリティと環境問題

環境問題の解決は世界的な課題であり、太陽光発電・風力発電などの新エネルギー、屋上緑化・自然換気・排熱・高断熱仕様・ＬＥＤランプ等の省エネルギーなど、各方面で進められる技術革新には目覚ましいものがある。電気自動車はもう市場で販売されている。全産業の中でも特に大きな産業である建設プロジェクトが環境問題に果たす役割は大きく、多くの巨大施設の建設をともなうスポーツファシリティにおける検討課題は特に重要である。

資材調達の推進を図る方策として、最近よく次の点があげられている。

・グリーン調達における取り組み

・木材等の利用

特に公共工事においては積極的なグリーン調達を図ることが推奨され、特に木材の利用が加工および多くの段階で地球にやさしい資源であるので、積極的な利用が謳われている。今後、巨大なスポーツファシリティについては、建物単体の環境負荷低減のみではなく、都市レベルでも多くのプ

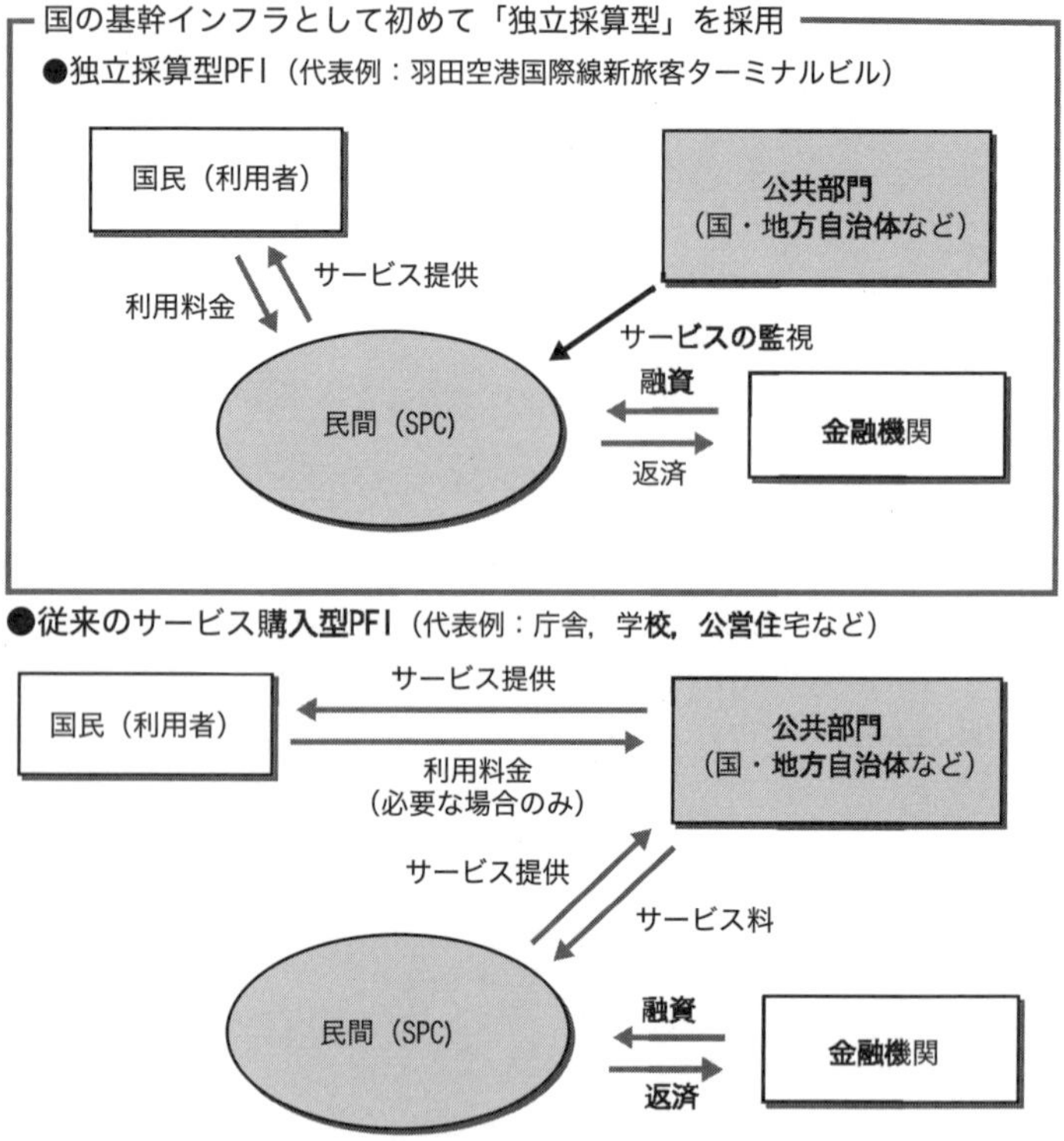

図10　新しい公共の図式 (4)

ロジェクトの環境設計の代表選手となる使命が期待されているであろう。

現在具体的に進められているロンドンオリンピックの計画（図4参照）は、今後のスポーツ施設の方向を暗示している例として示唆的である。

5・結び

明治維新以降の日本の進歩は、今さらながらに奇跡的な出来事とされてもよいのではないだろうか。大国に支配されることなく平和と技術革新を進め、世界の超大国の中でひときわ際立った存在であったといえるかもしれない。

スポーツの概念も大きく様変わりした。急成長の中で、多くの巨大な競技場を公共によって整備し、国民全体のスポーツ振興を押し進めてきた時代は終わったといっても過言ではない。民営の多くのスポーツ施設は、福祉・健康・医療等の延長線上で、基礎トレーニングから本格的スポーツまでの幅広い要求に応えようとしている。スポーツの概念も健康維持の一環と考えれば、医療の延長線上に位置づけられるのかもしれない。競技スポーツから健康スポーツへの移行は、スポーツ施設の構成と巨大スポーツ施設から、仮設的スポーツ施設へと変動した。非日常のイベント的施設は日常では役に立たない暗い施設であり、最近の建物維持管理までを含めたファシリティマネジメントの世界では誠にやっかいな施設でしかない。

オリンピックは、1984年のロサンゼルス大会を契機として商業的な側面が大きくなり始めたといわれている。この時期に仮設の概念が具体的に導入された。世界を結ぶスポーツにもまったく新しい考えでこれからの施設を創出し、都市の活性につながるように運営していけることが不可欠だと考えられ始めている。いま、世界のスポーツ大会が比較的、低開発地域で開催されているひとつの理由もここにあるのではないだろうか。先にあげたロンドンの競技施設コンセプト「未来への持続可能な遺産（Legacy）」は大変に大きく進歩的な概念であり、まさに都市の再生である。

日本は技術立国としての役割と、観光立国としての来日外国人数の増大が期待されている。新しいスポーツファシリティマネジメントの概念によって、これからの施設建設を進める時代であり、「スポーツ」としてイメージされる大きなコンセプトの中での施設整備の役割と実践が要求される時代が到来したといえるのではないだろうか。

図11　アルセロールミッタル・オービット（2012年ロンドンオリンピックのシンボルタワー）完成予想図(5)

最後に、逆説的ではあるが、同じくロンドンで建設される115mの巨大なモニュメント「アルセロールミッタル・オービット」の異様な姿の図11をあげたい。この姿はますます複雑化・多様化する今後の世界の実像を象徴的に表している。また、同じくこれからの多くの問題解決の役割を期待される「スポーツ」とスポーツファシリティマネジメントの様子も象徴しているのではないだろうか。

（津島　光）

【引用文献】

(1) 国土交通省『国土交通白書』2010年。
(2) 津島光『環境建築論へ』工作舎、2010年。
(3) ロンドンオリンピック公式サイト（http://www.london2012.com/）
(4)「日経アーキテクチュア」日経BP社、2010年9月21日号。
(5) ARUPホームページ（http://www.arup.com/）

第10章 ファイナンスと予算管理

1・欧米における施設建設

1 米国におけるスタジアムファイナンス

欧米における公共スポーツ施設建設では、とりわけ大規模施設の場合、公的セクターと民間セクターとの共同事業が一般的である。

日本政策投資銀行（2005）(1)の米国におけるスタジアムファイナンスの調査によると、「近時のスタジアムプロジェクトでは、州・郡・市等の地方自治体やその関係機関といった公的セクターと、プロスポーツチームに代表される民間セクターとが、スタジアムの建設、資金調達やオペレーションでリスクを分担するという、いわゆるPublic Private Partnership（以下、ＰＰＰ）形態がとられることが一般的」であり、スタジアム建設コストの平均で6割程度を公的資金でまかなっているとしている。ただし、プロジェクトによっては全額を公的資金の場合や民間資金のみの場合もある。公的資金を支出する場合、地方債の発行が一般的であり、返済原資はホテル税・レンタカー税・コンベンション施設税・消費税・特定地区における事業税などが充てられる（**表1**）。

　これらの債権の購入者や融資する金融機関が、スタジアムプロジェクトを評価するポイントとして、リスクと信用補完措置の分析とスタジアム関連収入の分析を指摘している（**図1**）。以下にそれらの要点を示す。

　主な建設リスクとは、建設工事費のオーバーランとその負担方法である。コストオーバーランの

表1　公的資金の返済原資

リーグ名	チーム名	売上税（消費税）	ホテル税	レンタカー税	食品・飲料税	エンターテイメント税	悪行（酒・たばこ）税	駐車場税	不動産税	入場料税	ロッテリー税	水道・下水道収入	ガス税	一般財源	所得税
MLB	Seattle Mariners	○		○	○					○	○				
	Pittsburgh Pirates	○	○											○	
NFL	Tennessee Titans											○		○	
	Cicago Bears		○											○	○
NBA	Orland Magic		○	○									○		
	Minesota Timberwolves					○		○	○						
NHL	Tampa Bay Lightning	○	○	○	○			○		○				○	
	Dallas Stars		○	○											

（日本政策投資銀行，2005より抜粋）

- リスクと信用補完措置の分析
  - 建設リスク
  - チームの移転リスク
  - チームのパフォーマンスリスク / 倒産リスク
  - 選手のストライキリスク
  - キャッシュリザーブ
  - 担保・保証
  - コベナンツ
- スタジアム関連収入の分析
  - プレミアム席収入
  - 命名権収入
  - 放送権収入
  - 広告料収入
  - テナント賃貸収入
  - 年間個人座席収入

図1　スタジアムファイナンスの評価ポイント

（日本政策投資銀行，2005より作成）

場合は負担者が明確になっているかどうかが重要である。

チーム移転のリスクとは、ホームチームが何らかの理由で移転してしまうリスクである。チームのフランチャイズ契約期間やスタジアム賃借期間などに留意する必要がある。

チームの倒産リスクへの対策としては、チームが経営破綻した場合でも債務が及ばないように建設主体がＳＰＣ（Special Purpose Company：特別目的会社）であるかどうかがポイントとなる。

選手のストライキリスクに対しては、リーグとしてのサラリーキャップの有無もさることながら、ストライキ準備金勘定がリーグやチームに設定されているかどうかが重要である。

キャッシュリザーブについては、元利金返済準備勘定が建設主体にあるかどうかもポイントである。

スタジアム建設に融資する際は、スタジアム抵当権を担保とすることは当然ながら、スタジアムの各種収入を担保プールとする必要がある。

コベナンツとは融資契約での特約条項であるが、借入主体が一定の売上・利益を下回った場合には、配当制限や繰り上げ返済を特約に盛り込む必要がある。

次にスタジアム関連収入の分析であるが、ここで最も大切なポイントは、Contractually Obligated Income（以下、ＣＯＩ）である。ＣＯＩとは、契約上で期間と金額が定められた収入で、プレミア席収入、命名権収入、放送権収入などが該当する。ＣＯＩの評価に際しては、契約期間、更新率、契約相手の信用、ＣＯＩの分散性などがポイントとなる。

2 欧州におけるスタジアムファイナンス

筆者も参加したＪリーグ（２００８）の「欧州におけるサッカースタジアムの事業構造調査」でもＰＰＰが導入されている(2)。

オランダのアムステルダムアレナは、市の都市開発計画の目玉事業として建設された。建設費用は１２７百万ユーロであったが、資金調達を行う建設主体として、官民出資の第三セクター会社（市48％、サッカークラブ13％、民間セクター39％）を設立している。建設資金の内訳は公共セクター30％、民間セクター44％（うちサッカークラブ7％）、銀行借入が26％であった。土地は市が提供している。出資金を募るためクラブの年間指定席の権利を出資者に付与している。また企業からは、スタジアムを利用したＰＲ権を付与して資金拠出を得ている。管理運営は、第三セクターのグループ会社が担当している。市はスタジアム周辺には商業施設を整備し、地域全体の活性化を図るとともに、スタジアムの来客数の増大を目指している。

ドイツのMSVアレナでは、サッカークラブが主体的に建設し管理している。大手建設会社がクラブ経営に深く関与していることで、このような民間セクター主導が可能になった。公共セクターである市は7・5百万ユーロの補助金を拠出し、さらに土地を実質的に無償で貸与している。また州は、スタジアム建設時にクラブが負った30百万ユーロの債務の80％を保証している。MSVアレナは、今回調査した事例の中では、サッカー以外の事業のための付帯設備が少ない部類に属する。試合日のホスピタリティ施設となるビジネスラウンジ等を使った展示会、研修会、パーティ程度にすぎず、サッカー事業の売上42百万ユーロに対し、それ以外の売上は0・2〜0・4百万ユーロと小さい。したがって、年間約20試合のホームゲームにおいて、いかに多くの収入を得るかが重要となる。

イギリスのリーボックスタジアムは、1990年代に郊外の再開発を検討していた市と、新スタジアムを求めたサッカークラブの思惑が合致してプロジェクトが実現した。スタジアム建設は、サッカークラブを所有している持株会社が主体となって推進した。まず同社がスタジアムを建設し、その後スタンド下を利用して、ホテルと貸しオフィスを追加建設した。建設コストは計50百万ポンドであり、民間セクターから82％、公的セクター（EU、国、州）から18％を調達した。市は資金拠出せず、土地を250年間無償貸与している。ただし、市が主導でスタジアムを取り囲むようにして、ショッピングモール、複合スポーツ施設を開発しており、市も地域全体の共同事業者の一人といえる。また市は交通アクセスの改善のため、鉄道駅を設置した。管理運営は、ホテル事業が20％

を占めており、スタジアムの期間損益はトップチームの活躍に左右されるものの、およそ黒字基調の経営といえる。この結果、このスタジアム周辺地域において約5000人の新規雇用が創出された。

同様に、イギリスのリコーアリーナは、市北部郊外の再開発計画によって建設された。事業の推進主体は市であるが、民間セクターも大きく貢献した。再開発計画によって、ショッピングセンターとスタジアム内にカジノとホテルの3施設が建設された。スタジアムの建設費は58百万ポンドであり、再開発計画全体の費用は、用地取得費用を含めて245・4百万ポンドであった。資金調達は土地売却55%、市の直接投資11%、EUと州の補助金8%。借入19%等によった。建設主体は市の100%子会社とした。完成したアリーナは、サッカー・スタジアム、エキシビションホール、カジノ、ホテルなど複合的な機能を持つ。公民で設立した運営会社は、リコーアリーナ稼働後2期目に単年度黒字を計上した。再開発の結果、地域で2700～5700人の新規雇用が生まれ、家計所得の伸び率も他の地域を上回っている。

なお、オーストリアのヒポグループアレナは、FIFAワールドカップTMにも匹敵する「ユーロ2008」を招致するために、100%公的資金で建設された事例である。総工費は66・5百万ユーロで、ここには大会終了後の改修費用と付帯設備建設費が含まれる。資金は国・州・市が3分の1ずつ負担した。大会終了後は観客席を縮小し、観客席の一部を他のスタジアムへ売却する。周辺にはボールスポーツコンピタンスセンター、フットボールアカデミー、オリンピックトレーニングセンターなどを配置し、全体をスポーツパークとして整備する。その意味ではわが国の多くのスタジアム建設と同様に公的セクター主導のファイナンス事例である。

2・PFIによる施設整備

1 PFIの概要

これまでわが国では公共スポーツ施設は、中央政府や地方自治体が税金で建設することが当然とされてきた。しかし、1999年7月に「民間資金等の活用による公共施設等に関する法律」が成立し、民間事業者でも公共スポーツ施設の建設・運営が可能となった。

PFIとは、Private Finance Initiative の略称で、社会基盤や公共施設の整備・運営・サービス提供に対して、民間事業者の資本とノウハウを活用し、Value For Money（以下、VFM）を最大化する方策である。先の欧米の事例で示したPPPの中のひとつの方式である。「小さな政府」の掛け声のもと、1990年初頭から欧米で導入され、財政支出の削減とともに施設運営の効率化とサービスの向上に成功している。

PFIには多様な方式があるが、スポーツ施設を例にとり簡単に説明すると、所定の期間について、公共セクターは土地を無償貸与し、民間セクターが設立したSPCが、スポーツ施設の建設費の資金調達も含めて設計・建設・運営・維持・管理し、住民が一定の使用料を支払って利用する仕組みである。

ＰＦＩは、住民の施設需要は高いが、自治体として建設費の一括支払いが困難であり、分割であれば可能な場合に適している。特定の期間に限定されるが、民間事業者からみれば立地が良く利用が多く見込まれる場所でのビジネスが可能となり、行政側からみれば膨大な建設費を一度に負担しないで済む上、整備期間の短縮につながる。また、利用する地域住民は、民間事業者の創意工夫にもとづく質の高いサービスを得ることができる。したがって、ＰＦＩは住民、公共部門、民間事業者がお互いにメリットがなければ成立しないが、ＰＦＩが成立するときには共存共栄の関係が成立することになる。

(1) PFIの事業方式

ＰＦＩにおける事業方式については、主に以下の方式がある。それぞれ事業の目的や性格に応じて採用するのであり、事業方式に固定的な優劣があるわけではない。

①BOT (Build Operate Transfer) 方式

民間事業者が資金調達・建設・運営し、契約期間終了後、建物の所有権を自治体等に移転する方式。契約期間中も建物が民間事業者の所有となるため、改築等の自由度がある一方、固定資産税が事業者に発生する。

②BTO (Build Transfer Operate) 方式

民間事業者が資金調達し建設した直後に、建物所有権を自治体等に移転し、その後、契約にもとづき民間事業者が運営を行う方式。所有権を移転しているので民間事業者には固定資産税は発生しないが、建築物の修繕等は所有者負担となるため、改築などの自由度は下がる。

③BOO（Build Own Operate）方式

民間事業者が資金調達し建設し所有権は移転せず、そのまま運営する方式。固定資産税は民間事業者が負担し、契約期間終了後は事業を継続するか施設を撤去する。耐用年数が比較的に短い施設に適している。

④DBO（Design Build Operate）方式

自治体等が資金調達ならびに施設を所有し、民間事業者が施設の設計・建設・運営を行う方式。自治体に公債等での資金調達の可能性があり、かつ調達コストが民間より低い場合に適している。

⑤RO（Rehabilitate Operate）方式

施設の所有権は自治体が所有したまま、民間事業者が資金調達し施設を改修し、運営する方式。改築・新築でなく、耐用年数が十分にあり、大規模改修等で対応できる場合に適している。

（2）PFIの収入方式

ＰＦＩは事業収入からは以下の方式があり、事業方式との組み合わせにより、多様な方式が存在するが、事業フィージビリティならびにＶＦＭの最大化の観点から組み合わせを検討することになる。

①独立採算方式

施設利用者が支払う料金収入のみによって、民間事業者が事業費（設計・建設・運営）を全額回収する方式である。自治体等としては用地のみを提供すればよく、後年度負担もなく望ましいが、民間事業者のリスクは大きい。独立採算で経営できる公共施設は限られていることからも、イギリスでも有料橋、博物館等でのみ導入されている。

②サービス購入方式

施設利用者に代わって自治体等が一括してサービスを購入する方式である。施設利用料はすべて自治体等の収入となり、自治体は民間事業者に契約で定められた金額を支払う。また、施設利用者から料金徴収ができない施設の場合はこの方式となる。民間事業者は利用者の増減リスクがない。民間事業者に委ねることで自治体は直営よりもコスト削減できる点にメリットがある。一般道路、刑務所、各種公共施設（庁舎、学校、病院など）等で導入されている。

③混合方式

施設利用者の料金収入だけでは民間事業者が事業費のすべてを回収できない場合に、自治体等が民間事業者に対して補助金を交付する方式。独立採算では成立しないが、自治体等がすべてサービスを購入すると過剰支出になるとともに、民間事業者の創意工夫が十分に発揮されない場合に適しており、独立採算方式とサービス購入方式の中間方式といえる。民間事業者は補助金によりリスクを低減することが可能となり、利用者増のインセンティブを有する。補助金額の設定がＶＦＭ最大化のポイントとなる。多くのスポーツ施設で導入されている。

2 PFIによる公共スポーツ施設整備の現状

わが国でも、屋内温水プール（福岡市、岡山市、鎌倉市他）、体育館（加古川市、墨田区他）などでPFIが実施されている。

これらの事例は、公的セクターが設計から運営までのすべてを担う場合に比べ、建設費と管理運営費が大幅に圧縮され、サービス水準の向上を示すVFMが高い値を示している。民間セクター、公的セクターとの長期契約により、継続的・安定的な事業が見込める点がメリットとなることから、持てる限りの創意工夫を凝らし、最小コストで最大利益を上げる方策を編み出すことになる。

墨田区の例では、同一のサービス水準を前提とした場合、区が自ら行う場合よりも、民間事業者では73・6％までコストダウンを図っている。この違いは、民間発注工事の実勢単価が公共工事の積算単価を下回ること、管理運営費の抑制を考慮した効率的な設計、運営に係る人件費の抑制、魅力的なプログラムによる集客による収入増大など民間事業者のノウハウを存分に発揮できたことによる。

PFIには、「独立採算方式」「サービス購入方式」「混合方式」の3種類があるが、一般に公的セクターは自己負担の少ない、民間セクターが運営費を全額負担する「独立採算方式」への期待が大きい。しかし、これらの事例の中には「独立採算方式」はなく、現実には公的セクターが提供されるサービスすべてを丸ごと買い上げる「サービス購入方式」と、それをベースに利用者と利益の増加に応じて民間セクターの収入が増える「混合方式」を採用している。

混合方式の事例では、民間セクターの独自提案事業については、利用者から直接に料金徴収ができる独立採算事業を認めるなど、民間セクターのインセンティブを高めるよう条件を付している例もある。これらにしても事業収入の中核は「サービス購入方式」であることに変わりはなく、完全な「独立採算方式」の事例はない。民間セクターは自己リスクが小さく、公的セクターが毎年定額を負担する「サービス購入方式」を求める場合が多いことも影響しているのであろう。イギリスでも、刑務所のＰＦＩ事例に象徴されるように「サービス購入方式」が主流となりつつあるといわれており、わが国の公共スポーツ施設のＰＦＩでも「サービス購入方式」「混合方式」が中心である（表2）。

3 ＰＦＩに類似した事業方式

横浜市は１９９９年のＰＦＩ法施行に約20年間先駆けて１９７８年に、ＰＦＩに類似した事業方式で「横浜スタジアム」を建設した。これは、スタジアムの建設・運営のためにＳＰＣ的事業主体を設立し、そこが事業費を調達し、施設建設後、市に施設を寄付する方式である。地方自治法第96条第９項の「負担付きの寄附又は贈与」を根拠とした。また、市は、ＳＰＣ的事業主体に興業権を許可するとともに、球場にかかる維持管理業務につき委託契約を締結した。これはＰＦＩのＢＴＯ方式・独立採算型に類似したスキームである。

山下（1994）によると、市営球場を改築し、プロ野球チームのフランチャイズとする構想は、戦後間もないころから一部の野球関係者で提唱されていた(3)。この構想は、1968年、当時

表2　スポーツ施設のPFI事例

管理者	事業名称	期間（年）	金額（円）	事業方式	収入方式
加古川市	（仮称）加古川市立総合体育館整備PFI事業	20	8,859,643,680	BTO	サービス購入型
鎌倉市	（仮称）山崎地区屋内温水プール施設整備事業	15	947,052,000	BOT	混合型
新潟県	県立長岡屋内総合プール（仮称）整備・運営事業	15	11,301,000,000	BTO	混合型
墨田区	（仮称）墨田区総合体育館建設等事業	20	15,209,590,840	BTO	混合型
名古屋市	名古屋市守山スポーツセンター（仮称）整備・運営事業	23	6,857,152,858	BTO	サービス購入型
鹿児島市	鹿児島市新鴨池公園水泳プール整備・運営事業	15	7,253,358,000	BTO	混合型
山口県	下関地域総合武道館（仮称）整備等事業	10	4,984,972,515	BTO	サービス購入型
川崎市	（仮称）川崎市多摩スポーツセンター建設等事業	10	3,486,000,000	BTO	混合型
福岡市	福岡市臨海工場余熱利用施設整備事業	15	1,190,000,000	BOT	混合型
岡山市	当新田環境センター余熱利用施設整備・運営PFI事業	15	1,966,140,000	BOT	混合型
岡山市	岡山市東部余熱利用健康増進施設の整備・運営事業	15	3,150,000,000	BOT	サービス購入型
市川市	市川市クリーンセンター余熱利用施設整備・運営事業	16	1,775,163,000	BOT	混合型
豊橋市	豊橋市資源化センター余熱利用施設整備・運営事業	15	3,072,463,208	BTO	混合型
川越市	川越市なぐわし公園温水利用型健康運動施設等整備運営事業	15	6,235,909,358	BTO	混合型
兵庫県	尼崎の森中央緑地スポーツ健康増進施設整備事業	20	8,974,243,706	BTO	混合型
東京都	区部ユース・プラザ（仮称）整備等事業	20	16,288,066,000	BOT	混合型
調布市	調布市立調和小学校整備並びに維持管理及び運営事業	16	4,379,030,000	BTO	サービス購入型
四日市市	四日市市立小中学校施設整備事業	23	6,535,377,333	BTO	サービス購入型
	平均	16.6	6,248,064,583		

（民間資金等活用事業推進委員会〈PFI推進委員会〉ホームページより作成）

の市長の発言から本格化したが、オイルショックにより資金調達が賄えず頓挫しつつあった。「ゴルフ会員権方式」を導入し、建設費をすべて民間資本で調達する方式が考えられ、1976年3月の市議会で承認された。同年12月に500円券×5000株＝250万円を一口として出資することで、内野指定席1席を45年間（施設の耐用年数）貸与し、利益に応じて配当も出す条件で募集したところ、800口20億円の応募があった。個人株主293人で313口、法人株主が302法人で487口であった。この資本金によって設立された「㈱横浜スタジアム」は開設初年度に6億5000万円の営業利益を計上し、3年目には配当を実施している。スタジアムの総工事費52億2800万円のうち、約35億円が市民らの出資金であり、市民出資といった事業方式は現在のPFIと大きく異なる。

「横浜スタジアム」は、PFI法以前の事業方式にもかかわらず、このような自治体、市民、民間事業者の協同事業方式を柔軟な法解釈によって実現しており、今後の公共スポーツ施設整備の方向性を改めて示唆しているともいえよう。なお、横浜市は同様の事業手法にて、総工事費160億円で「横浜アリーナ」を1989年に建設している。

4 PFIの課題

地方自治体の財政状況が厳しさを増す一方で、住民の健康志向の高まりやスポーツニーズの高度化・専門化に対応するため、公共スポーツ施設の需要は拡大してきている。このような中、スポーツ施設の量的な拡大を図るには、ＰＦＩ方式は有効性が高いといえる。民間事業者にとっても、公的セクターとの長期契約は事業ポートフォリオとしては魅力的でもある。

今後、公共スポーツ施設も耐用年限を迎える施設が増える。先行事例がさらに増え、国庫補助制度が充実するにつれ、公共スポーツ施設整備に際してＰＦＩ導入の可能性はさらに高まるといえよう。今後は、「行政サービス購入型」によるＰＦＩの導入事例の増加による事業実施の安定性の確保が進むことにより、ＰＦＩに対する公民の理解が広まり、公共スポーツ施設全体に、ＰＦＩの導入が促進されると考える。

しかしながら、以下のような課題がある点に留意する必要があろう。

（1）自治体の課題

当該施設へのＰＦＩの適用を決定するには、ＶＦＭの向上を証明しなければならない。ＰＦＩは基本的には民間事業者からの発意にもとづくとはいえ、ＶＦＭの計算は自治体が行う必要がある。このため、ＰＦＩ導入以前に、まずはＰＦＩ導入可能性調査を予算化・実行しなければならない。その結果を受けて公募・選定に移ることになる。しかし、公募・選定ならびに優先交渉者との契約締結に際しては、膨大な関連書類を作成しなければならない。現実的には、このような煩雑かつ膨大な事務処理が課題となっている。また、契約後のモニタリング業務など、これまでの自治体には存在しなかった新しい業務が多々ある。

(2) 民間事業者の課題

民間事業者からみた場合、ＰＦＩは金融商品のひとつといえる。回収リスクが低い自治体との長期契約は安全である一方、借入金の金利変動リスクが内在している。また、コンペでの要求水準の高まりに対して、企画提案書の作成コストが増大しつつある。コンペで優先交渉権を得られるのは一者のみであることを考慮すると、企画提案書コストのリスクの存在も小さくない。ＰＦＩ事業に発する倒産・連鎖は回避される仕組みとはいえ、プロジェクトファイナンスが未発達なわが国においては、不動産担保などのリスクもある。

(3) 地域住民の課題

ＰＦＩは自治体の長期ローンともいえる。必要性の高い施設ならばよいが、低い施設である場合には無駄遣いにつながる。その場合も、基本的には住民の税負担によってまかなわれる。したがって、住民自身が長期的な視点から、真に必要な施設であるかを見きわめることが課題といえる。

3・公共スポーツ施設の収支構造

1 支出構造

公共スポーツ施設の支出構造は、計画から設計・建設・管理運営・解体までの Life Cycle Cost（以下、

ＬＣＣ）でとらえる必要がある。しかし、公的セクターが単年度予算であり、複式簿記を採用していないことからも、公共スポーツ施設をＬＣＣでとらえることは少なかった。このため、ここでは岡山市のＰＦＩ事業を例に支出構造を考えてみる。

「当新田環境センター余熱利用施設整備・運営ＰＦＩ事業」は施設名称「ＫＯＸＯＴ（コート）岡山南」として、２００４年４月から供用が開始され、２０１９年３月までの15年間にわたり、民間事業者が管理運営を行う。２００２年８月から２００４年３月まで民間事業者が施設の設計・建設も行った。施設概要は、敷地面積１万１３６６平方メートルに、25メートル屋内温水プール、温浴施設、ジム、スタジオ、会議室など鉄骨造２階建で、建築延べ床面積３５９９平方メートル、建築面積２５３３平方メートル、である。また無料駐車場１７０台である。事業者は、事業期間終了後、主要施設と付属施設を市に無償譲渡する。

表３　ライフサイクルコストの事例（岡山市の事例）

項目	市が自ら実施する場合	PFI を想定した場合	民間事業者の実際の提案値
調査関連	5	5	－
設計関連	40	26	－
建設関連	1, 596	1, 259	－
小計（A)	1, 641	1, 290	1, 078
運営関連	3, 158	2, 109	2, 422
PFI 関連費用	0	27	27
総計（B)	4, 799	3, 426	3, 527
(A) / (B)	34. 2	37. 7	30. 6

（岡山市資料より作成）

表３のとおり、市が自ら設計・建設・管理運営を実施したと想定した場合、総額４７９９百万円であった。しかし、これを特定事業選定時（ＰＦＩ想定時）では総額３４２６百万

円となり、30％近くのコスト削減が想定された。実際は選定された優先交渉権者（民間事業者）の総額は３５２７百万円であり26・６％減であった。

ここで、初期投資（調査・設計・建設）とランニングコスト（運営・ＰＦＩ）の割合をみると、市が自ら実施する場合は初期投資の割合が34・２％であり、特定事業選定時は37・７％と高まったが、優先交渉者は30・６％と低い値を提案した。市は、提案値（ＰＦＩ）では、民間事業者が技術的能力の活用や創意工夫により、ＰＦＩ想定時に比べてコスト低減を実現しているものと推定している。また、運営、維持管理費については、民間事業者提案値とＰＦＩ想定時はほぼ同額であるが、民間事業者提案値では事業者が集客力の向上のために販売促進費等を多く計上しているため、ＰＦＩ想定時を上回っているものと推定している。

事業実施が公的セクターの場合は初期投資の割合がやや高く、民間事業者の場合はランニングコストの割合が高いことがわかる。しかし、いずれにしろ、当該事業の支出構造は、初期投資が３割程度で、ランニングコストが７割程度ということがわかる。

2 収入構造

公共スポーツ施設の収入構造は、運営が公的セクターか民間セクターかによって大きく異なる。市が自ら実施する場合、集客数予想は、周辺の人口や類似施設の立地条件を加味し、類似公共施設や民間フィットネスクラブの利用動向を基に４～７万人となったことから平均５・５万人で、利用料金収入は4400万円との想定になった（表4）。PFIを想定した場合、PFI事業者の各種ノウハウによる集客数の増加も期待されるが、財政縮減効果の最低水準を評価するため、想定（PFI）の利用者比例料金は、市が自ら実施する場合と同額と想定している。しかし、PFI事業者が、事業計画を踏まえて経営上のノウハウを基に予想した金額は市直営の場合を大きく上回る1億3900万円であり、年間利用者数も市想定の3倍近い15万人としている。

これまで公的セクターが公共スポーツ施設を管理運営した場合、施設利用料がほぼ全収入であったが、民間セクターが管理運営することにより、施設利用料以外にも、スポーツ教室収入、広告料収入、飲食物販収入などの割合が大きくなることが考えられる。単なる場所貸し事業からの脱却が事業収入構造を変えるためには重要といえよう。

4・コスト高の日本の公共スポーツ施設

わが国の公共スポーツ施設は建設費が高い。その理由として、都市計画法、建築基準法、消防法などによる規制があげられる。

都市計画法では、土地利用を住宅地、商業地、工業地帯などの用途を定めてお

表4　収入構造の事例（岡山市の事例）

項目	市が自ら実施する場合	PFI を想定した場合	民間事業者の実際の提案値
利用料収入（百万円 / 年）	44	44	139
集客数予想（万人 / 年）	5.5	5.5	15

り、スポーツ施設はどこにでもつくれるわけではない。また、施設規模についても、建築基準法で定められた範囲内でしか建設できない（表5）。

公共スポーツ施設の上位4施設である、体育館・多目的運動広場・テニスコート・水泳プール（屋外）については、第一種・第二種住居地域、準住居地域、近隣商業地域、商業地域、準工業地域、工業地域で建設することができるが、良好な住環境形成のための住居専用地域などでは建設できない（多

表5　用途地域によるスポーツ施設の整備規制

（△：建築物には制限あり）

用途地域	体育館	多目的運動広場	テニスコート	水泳プール（屋外）	ゴルフ場（コース）	ゴルフ練習場
市街化区域	×	×	×	×	×	×
第一種低層住居専用地域	×	×	×	×	×	×
第二種低層住居専用地域	×	×	×	×	×	×
第一種中高層住居専用地域	×	×	×	×	×	×
第二種中高層住居専用地域	×	1500㎡以下かつ2階以下	1500㎡以下かつ2階以下	×	×	×
第一種住居地域	3000㎡以下	3000㎡以下	3000㎡以下	3000㎡以下	×	3000㎡以下
第二種住居地域	○	○	○	○	○	○
準住居地域	○	○	○	○	○	○
近隣商業地域	○	○	○	○	○	○
商業地域	○	○	○	○	○	○
準工業地域	○	○	○	○	○	○
工業地域	○	○	○	○	○	○
工業専用地域	×	×	×	×	×	×
市街化調整区域	△	△	△	△	△	△

目的運動広場とテニスコートについては条件付き)。

民間スポーツ施設の上位2施設であるゴルフ場とゴルフ練習場は、第二種住居地域、準住居地域、近隣商業地域、商業地域、準工業地域、工業地域では建設できるが、やはり良好な住環境形成のための住居専用地域などでは建設できない。

スポーツ施設は広い面積を必要とすることからも、すでに街区が形成されている場所に新設することは困難であり、新規に整備するスポーツ施設は郊外につくらざるを得ない場合が多い。また、耐用年数を過ぎた既設のスポーツ施設を改築する際にも、都市計画や建築基準法などの変更により、新たな制約を受ける場合があるため、同一敷地であっても必ずしも同様の施設が改築できるとは限らない。

このように、そもそも平地面積が少なく地価の高いわが国では、土地利用に際して単位面積あたりの生産性の高さが求められるが、市場経済の中で成り立つスポーツ施設事業はフィットネスクラブやゴルフ場などに限られる。その意味でも、わが国での公共スポーツ施設は用地取得コストが割高とならざるを得ない。

加えて、欧米に比べて建築基準の厳しさがあげられる。欧米に比べて大きな地震が多いわが国においては、特に耐震基準の観点から、鉄骨やコンクリートなどの建築部材が量的に多く求められる。さらに、公共工事における建設単価が設定されている点も、高コスト構造に影響している可能性がある。

さらに、消防法では公共スポーツ施設内での火の使用制限をしており、それにより飲食収入を上げられないこともあげられる。火の使用には、スプリンクラーや大型換気扇などの消防設備が必要となるため、必然的に高コストとなる。

安全・安心は何よりも重要であるが、都市計画や建築基準あるいは各種開発規制により、わが国の公共スポーツ施設整備が高コスト構造にあることがわかる。

（間野義之）

【引用文献】

(1) 日本政策投資銀行『米国におけるスタジアム・ファイナンス』、2005年。

(2) 日本プロサッカーリーグ「欧州におけるサッカースタジアムの事業構造調査」、2008年。

(3) 山下誠通『横浜スタジアム物語』神奈川新聞社、1994年。

【参考文献】

・間野義之『公共スポーツ施設のマネジメント』体育施設出版、2007年。

・日本プロサッカーリーグ「ソウルワールドカップ競技場調査報告書」、2007年。

第11章 スポーツファシリティの管理業務と事業計画

1・スポーツファシリティ管理の基本的業務

スポーツファシリティを管理するにあたり、最初に取り組むべき基本的業務は、施設（ハード面）の安全管理である。公共施設・民間施設を問わず、瑕疵等による施設の事故発生リスクを減少させることが安全管理上最も重要であり、そのために日常の巡回点検等により施設や備品等の不備・不具合をいち早く発見し、それを改善することが大切となってくる。営業前後の巡回点検はもちろん、営業中であっても常に施設の状況に留意するとともに、利用者からの意見にも耳を傾けることで施設のどんな小さな変化にも敏感に気づけるようにしなければならない。変化に気づき対応することが施設の安全性を高めることにつながり、さらには利用者の満足度を高めることにもつながってゆく。従事者が施設のリスクを的確に見きわめ、そのリスクを除去し続けることができるよう、常に施設の状態を把握し、利用者に対し安全で快適なスポーツファシリティ環境を提供していくことが必要といえる。

一方、スポーツファシリティの運営面で最も重要なことは、利用者に対する接客接遇である。公共・民間を問わず施設全体の顔となるのが従事者（スタッフ）であり、いかに優れた施設（ハード）が整備されていても、受付を始めとする従事者の対応（ソフト）が優れていなければ総合的によい施設であるとは判断されない。利用者からみて「来てよかった」「是非また利用したい」と思われる、いわゆる「顧客満足度」の高い施設への第一歩として、常日頃より利用者に対する対応力・接客接遇能力を磨き続けることが最も大切である。スタッフの採用から教育・組織化・労務管理について一定の基準を定め、常に同一水準以上の人材を育成すると同時に、施設環境や地域特性に合致した従業員教育も実施する。さらに、一人ひとりの利用者に好感を持たれる、適切な状況判断にもとづく速やかな対応ができるよう、個人個人の意識改革も必要だと考えられる。すべての従事者が「好感の持てる対応」に気を配りそれを実践することで、利用者の施設に対する安心感・信頼感はさらに高まり、多くのリピーターとなって施設を活性化させてくれるであろう。

1 従事者の採用

公共スポーツ施設、民間施設、または企業、団体等において、人員の採用は大変に神経を使うもので、特に慎重に行わなければならない。今や体育施設の接客・接遇においてはサービス業である以上、民間ホテル並に対応するところも多くある。施設ごとに利用者満足度の違いを認識して業務にあたり、リピーターの定着に全力を注ぐことで施設に対する利用頻度が高くなる。その他、採用について配慮する点としては、地域地元出身者の採用である。特に体育施設等は地域性が強く地元に根づいた大会、イベント等が開催されるため、地元出身者も数名加えながら地域とコミュニケーションを図ることが重要である。同時に、有資格者の採用も大切なポイントである。業務経験は長くても資格条件に満たない人も多くいる。採用後、資格取得に努めさせることも大切である。すべてに「施設運営は人」である。

2 従事者の教育・研修

公共スポーツ施設利用者とのさまざまな接点を大切にし、利用者満足度の向上に努めることを第一とする。公共スポーツ施設従事者一人ひとりの一挙手一投足がそれぞれ施設のイメージをつくりあげていく。対応の良し悪しを評価するのは、あくまでも施設利用者である。その意味において「接客・接遇マニュアル」「教育・研修マニュアル」の確立が必要となる。マニュアルを使って全従業員に対して教育・研修を行い、常に一定した利用者対応が行えるからである。さらにはクレーム、トラブルに対し素早く適切な対応力も兼ね備えるための教育・研修も常に必要となる。「基本的なマインドとスキルの正しい教育と確立」を目的にマナー研修を行うことが大切である。

3 従事者の組織化

接遇の教育・研修をより組織的に展開する上で必要となるのが、スポーツファシリティマネジメントの組織化と組織の連携である。指定管理施設運営上でもコストの削減とサービスの向上（接客・接遇）に意識して実施することが大切である。また、公共スポーツ施設、民間スポーツ施設、その他の施設においても、組織である以上、適切な業務指示命令が素早く現場の末端の従事者まで、組織全員に指示内容が徹底する命令系統の構築と統一が必要である。さらにはスポーツファシリティでは事故発生の可能性が高い。日頃の事故防止活動が徹底していても事故の発生する可能性があり、有事の場合、緊急連絡を素早く正確に伝える適切なる組織が必要である。組織・システムは定期的に見直しを図りながら活性化させる。

組織のマンネリ化が進むと、正しい報告が伝わりにくくなる。さらにはよい報告事項のみが報告され、場合によれば大変危険な状態となる可能性がある。また、施設規模が大きくなれば比例してその組織も肥大化していく。しかし原理原則的には単純化、シンプル化のほうが素早く、すべての意思疎通が早くなるものである。しいて言うなら、経験豊富なベテランと若いスタッフの共存型構成が理想である。おおむね適材適所に配置し、定期的に人材の異動を行い育成に努める。特定の従事者に依存しない組織化づくりを目指すことである。

4 従事者の管理

来場者に対して常に適切な説明が行えるように施設利用規則、自治体条例を熟知する。また、施設従事者は所属団体の就業規則についても常に理解、確認する。従事者の勤怠管理は、適切な人員の配置と業務の遂行に直結し、業務内容の向上、組織の円滑化につながるため特に配慮する必要がある。

さらに従事者の休息・休憩時間については、あらかじめ決められた時間に休憩がとれているか、有給休暇を適切に使用しているか、勤務状態の確認が必要である。

次にコンプライアンスとして常に遵法精神に則り、高い倫理感を持ち、人権の尊重と障害者、高齢者への配慮を怠らない。また、いかなる場合も差別的発言、行動のないよう注意し、常に適正な対応を行う。従事者のマナー研修としては、態度、身だしなみについて、すべての利用者に好感の持たれる態度を心がけ、メリハリがあり、常に積極的な態度で望むことが大切である。

また、身だしなみとして、制服は清潔感があり、頭髪から靴まで気を配る必要がある。さらには労働安全衛生法に則り、職場環境の整備を怠らないこと。業務管理上において施設は常に整理整頓し、備品、用具の管理を徹底し、施設を効率的に運営することが大切である。

2・施設の顧客管理（満足度）と自主事業の構築

従来、公共スポーツ施設の管理運営は、作業的業務の民間委託が中心であったが、平成15年9月の指定管理者制度の導入により、民間企業も公共施設の全体的な運営に携われるようになった。施設利用者である顧客の管理においては、常にスポーツ施設利用上の安心・安全の原則に立ち、施設を効率的、効果的に使用してもらえるように配慮しなければならない。

指定管理者制度では利用料金制が適用される施設において、収益性向上の仕組みを構築するために徹底した施設利用者へのリサーチを実施し、地域住民に必要とされる施設へと進化していかなければならない。それが都度利用制度中心である公共施設における安定的な収益の基盤となるのである。さらには、発展的に自主事業の構築においても新たな顧客創出につながる。

指定管理者制度下における施設運営において留意すべき事項は、公共施設としても公共性を担保することである。それは、民間事業者であろうと公共施設の目的を担う役割が求められてくるということである。すなわち、指定管理者は、収益改善に向けて何をしてもよいというわけでなく、その施設の社会的役割に沿った施設運営と顧客管理を行わなければならないということである。

1 公共スポーツ施設の施設分析

(1) 施設の分類

指定管理者として、公共スポーツ施設を滞りなく運営していくには、まずその施設の規模や特性を把握することが求められる。それはその施設におけるキャパシティ、満たすことができるニーズの把握につながるためである。公共スポーツ施設をその規模でみると、①都道府県域施設、②市区町村域施設、③地域施設の3つに分類される。また、施設の機能や種類はさらに細分化されてくる。大まかに分ければ、①体育館を中心とした総合施設、②プールを中心とした施設、③野球場・テニス場・武道場などスポーツ種目に特化した施設に分類される。

(2) 施設の特性

公共スポーツ施設の意義である公共性・公益性を確保した上での運営において、すべての利用者に対し公平、かつ、適正なサービスの提供を求められることは必然である。多くの利用者の中にはより民間的な施設およびサービスを要求事項とする顧客がいる。しかし、費用ならびに公益性・公共性という点において容易にサービス提供に至らない事例が考えられる。指定管理者制度においては、この公益性・公共性を保ちながら、利用者の要求事項をできるだけ満たすことが、リピーターの増加や利用者満足の向上につながるヒントとなる。

2 利用者満足度向上の方策

指定管理者は、利用料金制に加え自らの努力により、収入を増加させることが可能である。収入の根幹となる基本施設利用料は、自治体の条例で規定されており、変更するには議会の承認を得なければならず、公共施設本来の設置目的や、市民感情などの観点からも、利用料金の値上げは困難であろう。そのため、利用者数を増やし、利用者満足度を上げていくことが、収入を増加させる最善の手段と考えられる。以下、利用者の増加と利用者満足度の向上に向けた方策をいくつかあげてみたい。

(1) 施設の仕組みを変える

より良質なサービスを利用者に提供し、利用者の増加、満足度の向上を実現し、収益を上げていくためには、時に、施設の仕組み自体を変える必要がある。それは、たとえば開館時間、休館日、施設利用の時間区分や支払方法の見直し、変更などである。公共施設の仕組みそのものを変えるということは、自治体の条例を変えるということであり、自治体との協議が必要となってくる。そのため、施設の目的に合致した住民サービスの向上を踏まえた上での変更が必要となってくる。施設の仕組みを変えることで、住民のサービス向上につながり、収益の改善につながるのであれば、今後、前向きに検討していくべきポイントである。

①開館時間の延長・休館日の削減

今までの公共施設運営における開館時間・休館日は、民間経営のそれに比べ、住民のニーズに沿ったものであるとは言い難かった。たとえば、既存の施設では深夜まで営業していなかったため、帰宅の遅くなるサラリーマンやOLなどが満足できるサービスの提供ができていなかった。そのため、開館時間・休館日等の営業時間を見直すことは、利用促進につながると考えられる。しかし、これらのことは施設の立地・運営条件、住民ニーズにより変化するものである。また、営業時間の拡張は、その時間に比例して、水道光熱費や人件費による支出の増加にもつながることから、十分な市場調査や収支のバランスを検討することも求められる。

②施設の使用時間区分や支払方法の変更

特定のスポーツ種目に対応した施設（テニス場など）では、使用時間区分が設定されているが、その時間設定は利用者ニーズに即していないケースもある。そのため、利用者・スタッフの声などをもとに、使用しやすい時間区分を新設することで、利用者の利便性を図っていくことが重要である。料金の支払システムや回数券の工夫などにも改善の余地が見込まれる。既存の現金による支払方法に加えて、クレジット払いや電子マネーを導入することで、利便性の向上を図っていくことが必要となる。また、回数券においては、家族クーポンなどの設定により、多くの層の利用へとつなげることが可能である。クレジットカードや電子マネーによる支払いは、指定管理者にとっても早期回収率の向上によるキャッシュフローの改善、ネット支払いの可能性など、将来に向けたメリットが高いと予想される。

（2）利用者ニーズに即した自主事業の開催

自主事業は利用者へのサービスに応じた料金を比較的設定しやすい上、自主事業での収入は指定管理者の収益向上に向けた大きな柱となる。

①有料プログラムの設定

幅広い住民のスポーツ・健康ニーズを満たすことができるような有料プログラムを設定することにより、サービスの質・利用者満足度の向上を目指す。たとえば、今まで行われていなかった新たな健康志向プログラムを取り入れることなどがあげられる。また、これからの超高齢社会に即した介護予防運動や、要介護者に対したプログラムなどを設定していく。他には、幼児向けプログラムを導入することや、一般利用者向けにはフィットネスクラブで用いられているようなプログラムなどを導入することも求められよう。そのような民間企業のノウハウや、流行のプログラムを取り入れることで、より利用者にあったプログラムを提案していくことは、今後公共の施設にも求められるであろう。

さらに幅広い利用者のニーズを満たすことにつなげるため、カルチャースクールなどのスポーツに関係のない文化系の教室をつくることも重要である。住民同士の新しいコミュニケーションの促進が、今までにない層の利用者を開拓し、より多くの利用促進へとつなげることができる。

②イベントの開催

イベントの開催は、その施設規模によっても大きく事情が変わってくる。都道府県域の施設ならば、国際大会や国体・県大会などの大きなイベントを呼ぶことも可能であるが、中小企業の施設では困難である。都道府県域施設での大きな大会においては、スポンサー収入なども新たに見込める可能性がある。中小規模の施設では、そのようなスポンサー獲得につながるようなイベント・大会を開くケースは少ないと思われる。しかしながら、今まで行われていなかったような地域密着的なイベントを新たに行っていくことは、中小規模の施設でも十分可能である。たとえば、朝市やフリーマーケットなどを駐車場スペースで行うことなどがあげられる。そこは指定管理者のアイデアが求められる部分であり、改善・工夫の余地が見込まれる事業分野であろう。地域と共同でイベントを行うことは、地元住民との連携を強化し施設の存在をアピールする意味においても積極的に行っていきたい。

③スポーツショップ・ミニコンビニの設置

施設自体を住民の憩いの場であるととらえると、スポーツショップやミニコンビニ、また、カフェの設置を検討することも考えられる。これは、施設の規模の制限や、条例の制限が出てくるものもあるが、施設内に大きなデッドスペースがあり、有効利用できそうな場合には検討すべきである。利用者の利便性の向上につながり、スポーツを目的とした利用者以外にもアピールすることにもつながるであろう。また、施設の独自性をアピールし他施設との差別化を図る戦略として、地域に関連したご当地オリジナルグッズの商品開発や、施設のロゴ入りスポーツ用品の販売などもあげられる。

④会議室等の休眠施設の有効活用

会議室や研修室、控え室等を有効活用し、施設内に幼児・子どものプレイゾーン・待合スペースの設置を計画する。子育て期間中の保護者も安心してスポーツが楽しめ、気軽に施設に来ることができるような環境整備は、利便性の向上においても検討しなければならない要素のひとつである。

3 利用促進の方策

公共スポーツ施設の集客に最も強力なツールは、利用者の「口コミ宣伝」である。実際に施設を利用している既存客の情報は、さまざまな手法を行うより確実に集客につながりやすい。ただし、このケースは顧客満足度の高い施設には効力があり、サービスの低下が著しい施設においては該当しない。その他宣伝（PR）活動をいくつかあげてみたい。

①自治体の広報誌への情報掲載
②教室開催情報等のチラシの配布
③事業者独自のホームページの開設および活用
④マスコミの活用（取材対応）

などさまざまな手法を活用し、集客増につなげることが望ましい。

(1) トリプルウインの構築

ここでは公共スポーツ施設を管理する事業者の視点になって利用者サービスおよび顧客満足度の向上について方策を紹介したが、施設管理者が利用者満足・安全性の向上を図り、施設の集客増加そして収益増を達成させるためには、住民ニーズに合ったサービスを提供しなければ意味がないものとなる。また、これらのサービス向上策を実行に移す場合には、必ず条例による規制と管理コストが発生する。費用に対する効果（集客・収益増）が得られなければ、事業者の自己満足に終わってしまう。

公共施設は全国に点在し、どれひとつとして同じ施設は存在しない。よって、既存施設の特性を活かした事業コンセプトを明確に設定し、地域性を考え地域に根づいた施設運営を展開することが事業成功のカギとなるだろう。

この事業は、行政・事業者・住民の三者が協働してつくりあげる事業であり、三者に利益が生じる事業（トリプルウイン）であることが望ましい（図1）。

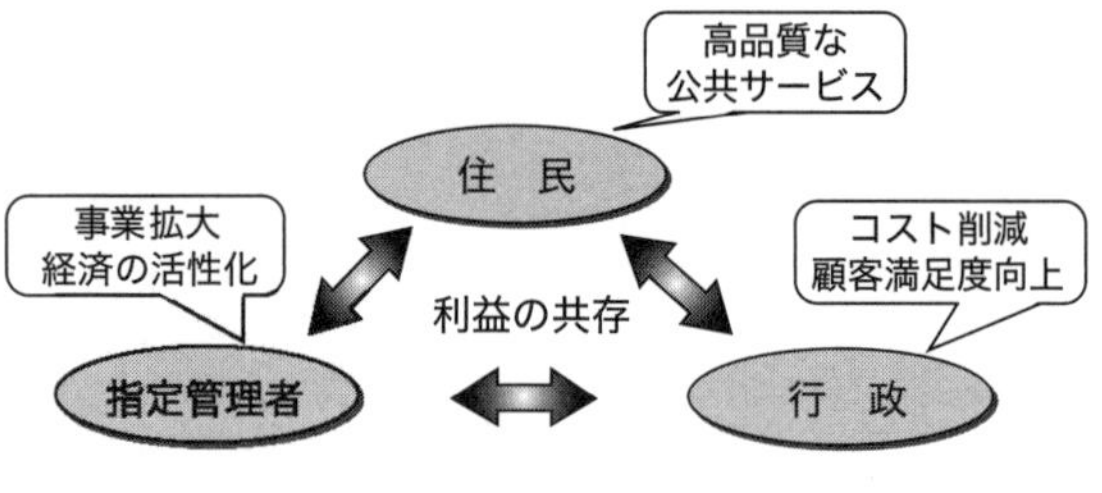

図1 トリプルウインの構図

4 自主事業（教室）の分類

自主事業では採算性が求められる。一般的な公共スポーツ施設の教室は60分教室で参加費５００～８００円が平均的であり、定員20～40名（スペースによる）に設定して実施されることが多い。また、定員に対する参加率はおよそ70～80％を想定するのが無理のない安定事業といえるであろう。

教室内容	個人スポーツ	エアロビクス ヨガ ピラティス バレエ 親子体操 幼児体育 介護予防運動 水泳 アクアビクス 水球 シンクロ
	団体スポーツ	野球 サッカー テニス フットサル バレーボール バスケットボール 柔道 ランニング トライアスロン
	カルチャー	手芸創作 水墨画 絵画造形 ピアノ 英会話 声楽 書道 社交ダンス
	イベント	地域連携イベント（お祭り等） 多世代交流イベント プロスポーツ フリーマーケット コンサート
その他		スポーツ用品の販売・食品販売・地元特産品の販売・自動販売機の設置・貸出ロッカー設置・広告看板設置によるテナント広告料・駐車場有料化・コインマッサージ機・ボディケア・岩盤浴　等

3・施設の管理コストと危機管理および環境への取り組み

日本の産業界は2度のオイルショック経験の中で省エネ、生産コストの縮減に成功し、世界有数の省エネ国となった。しかし建物施設管理においては、この時期コストの見直しが行われることはなかった。施設管理の省エネ・省コストが本格化したのは、バブルの崩壊以降になる。土地の価格の上昇が鈍ったことによって、土地所有の含み益はなくなり、施設運用に対するリターンを求める意識が高まった。スポーツ施設も例外ではなくコストの削減は進み、外注費の見直しや人員の削減等積極的に行われるようになった。そして一部では、行き過ぎたコスト削減による事故の発生などが報告されている。コストの削減は、手法によっては危機管理の弱体化を招くことになり、逆に、高いレベルの危機管理を求めれば、施設管理コストがかさむ。危機管理の最低基準は法令遵守だが、最低限の備えでよいはずがない。発注者や管理者のポリシー、ステークホルダーの希望に沿った危機管理の水準が確立され遵守されながら、行き過ぎたコスト削減にならないように管理を見直す作業が、コスト削減の作業になる。

1 民間と公共の施設管理の見直しの違い

民間企業は、利益をもって業績を評価する一面を必ず持っている。どれだけ費用をかけたことでどれだけの利益を生み出したかは、重要な業績評価要素であり、入口と出口がお金であれば、その中身もお金で換算したくなるのは自然である。「資産や負債」を常に金銭に置き換える減価償却等の経理手法は、民間会計報告の必須となっている。バブル崩壊以降、減損会計導入（帳簿上の資産価格を現状の市場価格に合わせる会計制度）によって、土地を中心とした資産価値の下落は、資産の売買を行わなかったとしても損益に影響を与えるようになり、ROA（return on assents: 総資産利益率）などの財務指標を登場させた。

こういった背景の中、資産運用に対する意識は高まり、民間企業では「施設管理のコスト」の再検討が積極的に行われた。これに対し公共は、利益をひとつの業績評価とする民間企業のように、その事業成果を金銭に置き換えることは難しく、単純にはいかない。このため、公共事業の会計報告は、その年に入ったお金と出たお金を比較する収支報告の手法がとられ、これまでストック財務情報（資産や負債）の把握がなされてこなかった。これらの理由もあり、土地の価値基準崩壊による施設管理の再検討が行われることはなかった。

その後、経済成長の鈍化で歳入が低下し、歳出を減らさざるをえない中、経費の削減が先行する形で見直しが行われた。細かく発注されていた業務をまとめて一括発注し、コストを削減する方法など、契約内容や業者選定の手法の変更は行われたが、抜本的なコスト削減のための施設管理手法の検討は後回しにされた感がある。

2 行政改革からの施設コスト削減の要請

平成15年に公布された地方自治法の改正によって、公の施設の管理に対して指定管理者制度が導入された。改正の内容は、「公の施設の管理の民間活用」であり、その目的は「サービスの向上」と「経費の削減」となっている。指定管理者選定における審査において、「経費の削減」が大きな評価要素となっていることは間違いない。全国のほとんどの公共のスポーツ施設が、利用料金収入だけではなく、指定管理料などの形で資金の補助を受けて運営されており、「サービスの向上」を実現させながら、収入アップと支出のダウンを組み合わせて、この補助の削減を目指す。しかし収入の改善のひとつの手法である入場料金の増額改定は難しく、ほとんどの施設で、収入アップは入場者増の手段のみで行われなければならない状況にある。

導入時期においては、それまでの補助の5～15%の削減が一般的だった。入場料金改定を見込めない中での5～15%の補助金の削減はかなり厳しい数字となり、施設管理コストの削減にそのしわ寄せを持っていった事例は多いと思われる。それまでの運営団体の努力や競争によって、すでにスリムな運営をしていた団体も数多くあり、適正に精査をしないで無謀に一般的削減率を用いて、運営が立ち行かなくなっているケースなども耳にする。そろそろ指定管理者制度も、1回目の指定管理期間を終了し2巡目に入ってきている。1巡目で一定の経費節減が行われた後での、よりいっそうの工夫が要求されることになる。

3 コスト削減を有効にする性能発注

施設の維持保全業務については、長い歴史の中で「仕様発注」の手法が採られてきた。仕様発注とは、発注者が仕様書によって作業内容を決定し、文書化したものを契約基礎とする発注契約手法で、発注者の発想で作業を組み立て、受注者はその内容に沿って作業をするといった構図だった。これに対し、民間ノウハウの活用を目指すこれからは、目的・目標・結果数値のみを提示し、作業内容は受託者の提案を受け付ける、性能発注の手法が採られるようになると予想される。現にPFIなどにおいては、提供のサービス内容やレベル、その期間、施設建設への制約などは指示するが、設計や管理手法については受託者に任せ、提案を受け付ける形態を採っている。指定管理者制度においては、民間のノウハウの活用をうたいながらも、仕様書でガチガチに縛って提案余地のない募集を見受けることがまだある。性能発注が定着するためには、「性能」を明確に表現する手法やその業務を評価する指標、モニタリング手法の検討など、問題点はまだまだあるが、指定管理者の公募も2巡目に入り、性能発注が定着してくると思われる。

4 契約外の作業の見直し

これまでの施設の維持保全業務は、作業員の資質に支えられてきた。逆をいえば、システム化されていなかったともいえる。担当者の作業を観察すると、かなりの量の契約外の作業を実施していることに驚く。その業務が開始された理由はさまざまだが、元をたどるとその理由すらわからずに実施されている作業もある。契約外だから行わないといった視点ではなく、本当に必要な作業なのか、その者がすべき作業なのか、もっと効率的な手法がないのかを検討した上で、契約の作業として発注者・受注者ともに合意することが重要になる。契約外の作業は、現在管理している団体の不利となるばかりではなく、発注者としても、その業務が必要であった場合、違う団体と契約したら業務が成り立たなかったといった不幸な事態を招くことになる。

5 環境問題からの要請

現在環境問題への取り組みから、省エネルギー活動への注目度が高くなっている。省エネ実現のために、コストが増加するようでは、普及は難しく、国やメーカーは補助金や大量生産によるイニシャルコストの削減を目指しており、多数の製品やシステム、サービスが従来のものに比べＬＣＣ（ライフサイクルコスト）を安く抑えることに成功し、実用段階に至っている。まだ耐用年数の残った現状設備を、積極的に入れ替えるといったところまでは来ていないが、確実にＬＣＣが現状より安くなるといった確証を得られれば民間企業は手をこまねくはずがない。これに対し公共は、単年度契約といった障害を持ちながらも、公共の使命に後押しされ、障害を乗り越えながら、施設エネルギーの見直しを積極的に行っている。庁舎や病院などの高エネルギー消費施設を中心に省エネ・省コストに着手しており、20％以上のコスト削減に成功している事例なども報告されている。体育施設における省エネは、照明・空調・給湯、水が大きなものになるが、庁舎や病院に比べ、施設規模は小さく、それらが地域に分散し点在している事例が多いようである。大規模・高エネルギー消費施設であれば、ＥＳＣＯ（Energy Service Company）に発注し総合診断に費用をかけたとしても回収することが可能となるが、小規模施設ではその回収は難しくなる。施設整備も大容量な設備は少ないと思われるので、電気ガス事業者・設備機器メーカーの営業マンから、省エネ提案を受けるのもよいかもしれない。やみくもに呼びつけてもかえって選択肢を多くし選定を惑わせる結果となるので、施設の状況を知る、メンテナンス会社・設計、施工会社等から意見を集め、あらかじめ省エネ・省コストの方向性を2、3に絞っておく。そして、該当する電気ガス供給事業者・設備機器メーカー等の営業マンから提案を受け付ける。この手法が提案までの費用を最も抑えられる手法であろうと思われる。とはいえ、省エネについては、将来のエネルギー価格の展望や、現在開発中の技術などメンテナンス会社・設計、施工会社では判断できない事項があるのも事実である。

6 水道光熱費にかかるコスト削減

体育施設における使用エネルギーは、照明・空調・給湯における電気・ガスとプールにおける水が大きなものである。水道光熱費の削減は一般的には、①運営の改善、②設備の改善、③契約の見直しの順で行われる。高エネルギー消費施設のように専門家を招きエネルギー診断を行い、①②③を総合的に検討するといった手法もあるが、スポーツ施設においては、一般的手法がとられるのがほとんどである。

7 施設管理と危機管理

スポーツとは、もともと危険なものである。歩くよりもジョギングのほうが、ジョギングより全力走のほうが、転倒する確率は高く、転倒した際のケガの度合いが重いであろうことを万人は心得ている。だから、競技者は全力走をする際には、競技場や整地されたグラウンドを利用する。スポーツ施設は、スポーツを行うことによる危険を最小限にする施設でなくてはならない。街中をジョギングしていて段差でつまずいてケガをしたとしても自己責任だが、スポーツ施設での同様の事故は自己責任といえるだろうか？　スポーツ施設の管理者の責務として、施設を欠陥なく適正な状況で利用者に提供する瑕疵責任があり、事故防止の観点から日々の保全活動（維持管理・修繕）は、施設だけでなく備品や測定機器にまで注意を払わなくてはならない。施設の特徴に応じて毎日・週1回・月1回・年2回といったチェックリストを作成し点検し保管すると共に、その点検結果と修繕の履歴等を、機器管理台帳に記載しておかなければ管理は不可能である。体育館であれば、通常の建物施設のチェックに加え、体育施設としての安全を保持するためのチェックが必要であり、たとえば体育館フロアだけでもの床塗装の滑り・光沢・磨耗・はがれ、床材の割れ・傷・反り・浮き・ダボ（ビス止めを隠す木製の埋め木）の抜け・浮き、床金具のゆるみ・浮き・ずれ、油分水分の持込み・埃／砂の持込み等10を超えるチェック項目が考えられる。瑕疵責任はスポーツ施設の管理の中で常に意識しておかなければならない重要な安全対策である。そしてもうひとつの安全対策は、ハードの瑕疵に対して、運営・指導・システムなどソフトに対しての視点を含む安全配慮となる。ふじみ野市のプール事故についても、吸水口の格子が針金で留められていたことなど、施設の不備による事故であることはもちろんだが、業務の丸投げや、監視員がその危険を認知していなかったこと、監視員の配置数、全監視員の中の高校生の数や資格者数が問題視された。

コストの削減として適温季節における自然風換気があり、そして体育館フロアのチェック項目に埃/砂の持込みがある。春秋には窓を開けて自然風を取り込むことでコスト削減できるといったことだが、その際のチェックとして、定期的に行っているフロアの埃/砂の持込みの施設瑕疵チェックの項目だけでは足らない。窓を開ける行為によって埃/砂の持込みの弊害があり、床の滑り抵抗が低下し、滑り事故の発生の原因になることを認識し、フロアモップ掛けの回数を増やしたり、風の日は窓を閉めるなどの注意を払わなくてはならない。それぞれの担当者は任された業務に起因する、あらゆる事故を想定し、常に危険を予知する目を持って業務に当たり、そして気づくことができた危険に対し取るべき回避策を講じる。そしてそれでも残ってしまう危険を認識し、利用可能かを判断し、利用者や施設関係者に周知し、注意を呼びかけることが安全配慮となる。

スポーツには危険が付きまとうのは周知のことであり、利用者もそれを認知しスポーツを行っている以上、起きてしまった事故において管理者や指導者の責任が免責される部分があるのも事実である。しかし、スポーツ施設はそれらの危険が軽減されるべき期待を持って使用される施設である以上、瑕疵責任の度合や安全配慮など事故防止の要請は、一般の施設に比べ高いレベルにあるのは当然である。そして、危機管理には事故防止だけではなく、事故対策がある。不幸にして起こってしまった事故に対して被害を最小限に食い止め、被害者を救済することを目的として、緊急連絡体制や事故時の組織編成、訓練、補償などを普段から準備しておくことを事故対策という。事故防止の安全対策に対して、事故対策は安心対策と呼ばれている。あらかじめ、緊急事態を想定して、マニュアルを作成し、連絡・救護・被害拡大防止の組織体制をつくっておく。その上で訓練を定期的に行い、手順の確認、問題点・相違点の探索を行い、マニュアルに反映させる。その作業に平行して事故に対する被害を想定し、その一部でも保険等で補償できるようにする。

事故対策には自然災害も含まれる。体育施設の中には地域の避難施設に指定されている施設も多く、地震などの自然災害に対して地域の災害対策に沿って、いち早く避難住民を受け入れる体制を組む必要がある。災害発生時には出勤の担当者によって破損か所のチェック、ライフラインのチェックなどの安全診断をすばやく行って、避難を受け入れられる状況かどうか判断しなくてはならない。通信手段のない中での判断を想定し、事前に判断の基準や手法を協議し、周知しておくことが重要となる。人命に対する危機管理について触れてきたが、危機管理は人命だけではなく多岐にわたる。事故は人身に対してのみ被害を与えるだけではない。個人情報流出や環境汚染、その他世間を裏切る行為によって信用を失墜する企業・団体は後を絶たない。これらの危険に対しても人身の危険に対するのと同様に、安全対策・安心対策の検討が必要である。法令遵守は危機管理の最低基準となるが、該当する法令をすべて探し出すことは容易ではない。法令はPULL型情報であり、相手から送られてくる情報とは違う。業務周辺の法令に常にアンテナを張って、新しい法律の動向、法律改正の情報を確実に入手することも危機管理の項目のひとつである。

4・救急対応と災害時の取り組み

施設管理運営をする上では、事故や災害について未然防止に努め、万一の場合に備え体制づくりをしなければならない。安全配慮義務（予見義務・結果回避義務・履行義務）については、①物的環境、②人的措置「危険予見回避」を踏まえた対応をするため、統一された取り組みが必要である。

1 救急対応

(1) 想定される事故と原因

屋外スポーツ施設（グラウンド、競技場等）、屋内スポーツ施設（体育館、トレーニングルーム）、プール施設（屋内、屋外含む）とさまざまな施設があるが、近年目立つ事故や傷病としては熱中症が多くみられる。プールなどはその危険性が低く見られがちであるが、屋外プール施設での発症は少なくはない。これらは施設利用者自身の体力過信や急激な運動・過失等で起こることが多い。プール施設では溺水が直接生命の危機に直結するため、施設点検を十分行い施設管理に不備がないよう努める必要がある。

（2）救急・応急対応

熱中症は、安静状態が確保できる環境へ搬送し衣服を緩める、また、必要に応じて脱がせ、体を冷却して経過観察を行う必要性がある。

面積の小さいケガ等は症状を見きわめ、止血・消毒にとどめ、大きな傷や深さのある傷に関しては医療機関での診察を促す。溺水に関しては、より早く水中より引き上げ、意識・呼吸の確認をし、必要に応じて心肺蘇生法を施す。

（3）救急対応と組織の構築（人材・施設・備品・組織化）

想定される事故に対し、バイスタンダー（by Stander：救急現場に居合わせた人、発見者、同伴者等）として必要な研修訓練を行い、日常ルーティーンに組み込んで繰り返し研修訓練を行い、統一見解の下に安全管理・人材の育成に努める必要がある。

（4）人材（一次救命処置の習得）

応急手当、心肺蘇生法（CPR）、自動体外式除

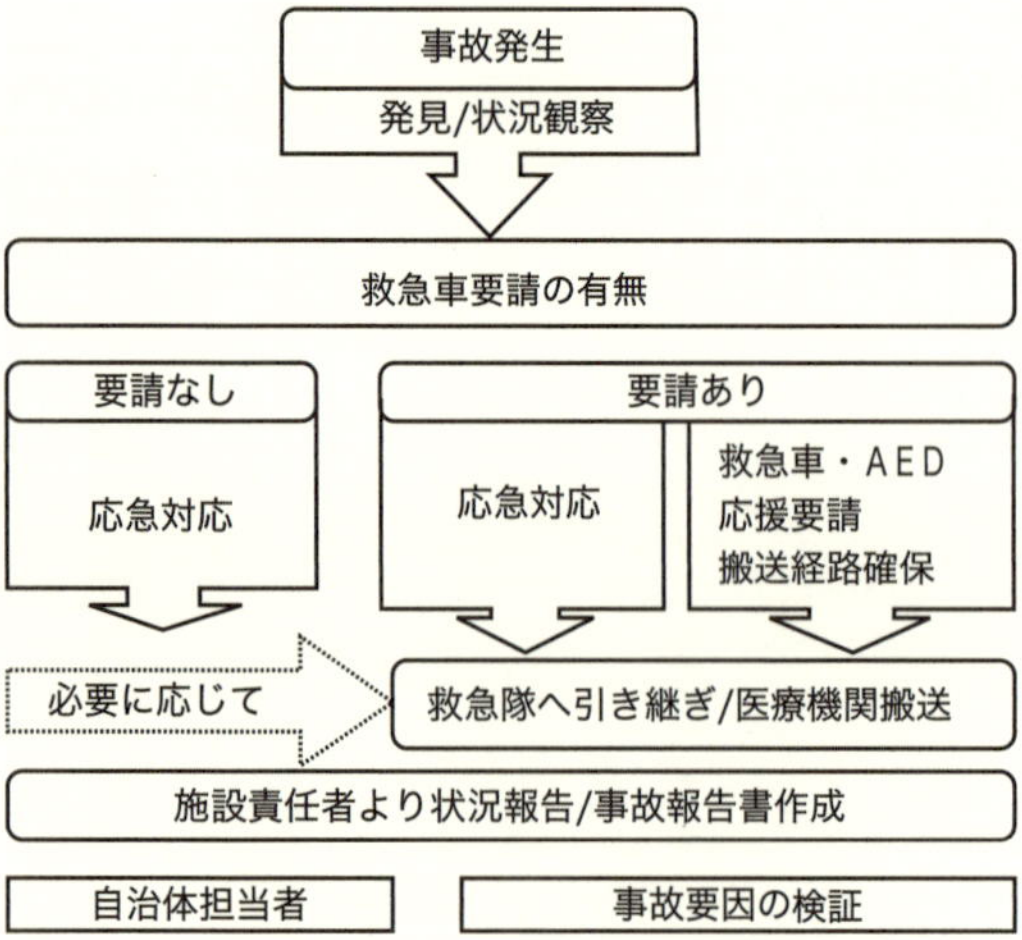

図2　救急・応急対応の流れ

細動器（AED）の使用方法等を日常研修訓練プログラムに組み込み、『一定頻度者』としての習得レベルを維持し、緊急時には対応にあたる。さらに公的資格の取得を推進し、統一見解を持ち対応にあたることが必要である。

（5）施設・備品（一次救命処置に係る備品・スペースの確保）

一次救命処置に係るすべての備品をそろえ緊急時に備え、設置場所・数量・使用期限に気を配り、日々確認することが必要である。自動体外式除細動器（AED）は施設規模によっては複数必要となり、発生場所に1～2分で到着する範囲が望ましい。担架は施設規模形状によって選択し、より利便性のよいものにしなければならない。救急箱（消毒、カットバン、滅菌ガーゼ、固定用テーピング等）は、消耗備品を常に在庫チェック等により切らさぬよう確認し、持ち運びできる形態にすること。

備品については上記に述べたとおりだが、医務室の確保も重要になってくる。条件としては応急・救急手当て用備品がそろい、清潔で安静にできるスペースであり、空調・水廻りが完備されていること等があげられる。

2 災害時の取り組み

災害時の取り組みとしては、①施設に対する取り組み、②地域の災害に対する取り組みの大きく2つが考えられる。火災・水害・地震等さまざまな要因に対し、施設躯体の面と設置備品の面との2方向から災害時の取り組みを進めることにより、災害時の円滑な地域サポートに努めることが重要である。

(1) 施設に対する取り組み

施設備品や躯体に対する法定点検の実施と耐震・耐防火に対する備品の設置を行い、二次災害（多重災害）を未然に防止しなければならないのと同時に、県市町村で定められた消防訓練等の実施ならびに自主訓練の実施を行い、地域消防との連携を強固なものにする必要がある。従事者に対しては施設利用者に対して、管理施設内での緊急避難経路の把握と利用者への周知も有事の際に統一見解で行動できるよう対応することが大切である。

(2) 地域の災害に対する取り組み

設置地域の学校同様、公共施設は避難場所に指定されることが多い。備蓄倉庫や有事対応用品の確保、担当部署での有事対策についての対応策を、周辺施設と合わせて包括的に立てることが必要である。

3 緊急時連絡組織の構築

事故発生から医療機関通報（連絡・対応）まで、災害発生から自治体への通報（連絡・対応）までの流れを作成し、全従事者が共通認識を持てるよう、施設従事者が常に確認できる場所に掲示し、有事の際には全従事者で対応する必要がある。

【参考文献】

・間野義之『公共ＳＰＰポーツ施設のマネジメント』体育施設出版、２００７年、１頁。
・小田川栄喜『体育施設管理者養成講習教本』日本体育施設協会、２００８年、３・４頁。
・金子健『体育施設管理者養成講習教本』日本体育施設協会、２００９年、７・10頁。
・ＦＭ推進連絡協議会『総解説ファシリティマネジメント』日本経済新聞出版社、２０１０年、６頁。

（白木俊郎）

第12章 スポーツファシリティと地域イノベーション

1・スポーツと地域イノベーション

❶イノベーションとは?

イノベーションとは、シュムペーターが『経済発展の理論』(1)の中で提唱した概念で、①新しい財貨の生産および創造的活動による新製品の開発、②新しい生産方法の導入、③当該産業部門における新たな市場の開拓、④新たな資源の供給源の獲得、⑤新しい組織の実現、改革といった5つの体系を掲げた。日本では、イノベーションに「技術革新」という訳語を使うこともあったが、現在では、「経済システムにおいて新たな価値を創造する活動」[2]を総称する言葉として、広い意味で用いられている。

企業経営においては、恩蔵[3]が指摘するように、新商品や新サービスの開発に限らず、画期的なビジネス・プロセスやオペレーションの考案といった、サービス・デリバリー・システムやプロダクト・アイデンティティの刷新までも含む。彼は、スターバックスはコーヒーショップにイノベーションを引き起こし、オートバイテル・ドットコムは自動車販売にイノベーションをもたらしたと述べている。すなわち、旧来の商品やサービスに、新しいアイデンティティを付与して、これまでに誰も実践してこなかったイノベーティブなサービスを提供することで「バリュー・イノベーション」[4]を実現し、新規の顧客（ブルーオーシャン）を取り込むことが可能となるのである。この意味からも、企業におけるイノベーションは、マーケティングとともに、ビジネスにおける重要な柱になっている。

イノベーションを引き起こす源泉は、「イノベーション主体」と呼ばれ、人や組織、あるいは会社や建造物などがこれにあたる。その一方、イノベーションの影響を受ける人や組織は、イノベーションの「客体」と呼ぶことができるが、時に「客体」が「主体」となって、さらなるイノベーションを誘発する可能性もある。スポーツ産業においては、「新しいスポーツ」（たとえば、ノルディック・ウォーキング）、「新しい用具・用品」（たとえば、軽量化・高機能化によって携帯性とファッション性が飛躍的に向上したアウトドアスポーツ用品）、「新しいスポーツファシリティ」（たとえば、野球専用の

HARD OFF ECOスタジアム新潟)、「新しいスポーツ組織」(たとえば、地域密着型プロスポーツクラブやNPO)、「新しいプロリーグ」(たとえば、bjリーグ)、そして「新しい制度」(たとえば、さいたま市スポーツコミッションの設置)などが地域に革新的な変化をもたらす。

80年代初期に出現した、スイミングプール、マシンエクササイズ、ダンススタジオが一体となった会員制のフィットネスクラブは、「新しいスポーツ」「新しい用具・用品」「新しいスポーツファシリティ」に加え、「新しいサービス・デリバリー・システム」(会員制やインストラクターの配置)の導入によって、地域イノベーションを誘発した事例のひとつである。フィットネスクラブは、1980年後半より急速に店舗数を伸ばし、2008年には3269店舗、売り上げ4157億円、会員401万人の市場に成長した。現在では、国民の3・14%が会員であり、地域に密着した健康ビジネスの拠点として、日本人のライフスタイルの中に定着している(注1)。

2 スポーツと地域イノベーション

地域イノベーションは、内閣府経済社会総合研究所が「新たな技術やアイデアの創出によって、社会的意義のある新たな価値を創造し、地域に大きな変化をもたらす自発的な人・組織・社会の幅広い変革」(5)と定義しているように、地域に起きる多面的・重層的な現象であり、マクロレベルでは社会制度や政策、メゾレベルでは地域コミュニティや社会組織、そしてミクロレベルでは、住民や消費者がイノベーションの影響を受ける「客体」となる。しかしながら、スポーツによって起きる地域イノベーションの場合、それは外部から与えられた機会（たとえば、スポーツイベントや施設の誘致）によって起きる他律的な変化プロセスでもある。そこで本書では、スポーツが与える影響の他律性と自律性によって、「外発的地域イノベーション」と「内発的地域イノベーション」に分けて議論を進めることとした。

(1) 外発的地域イノベーション

一般的な地域活性化論で使われる「外発的イノベーション」は、企業や大学・研究機関の誘致という外発的な装置導入によるケースを示すが、その成功には、誘致企業や機関の内在化が成否を分ける鍵となる。スポーツの場合でも、大規模施設の建設や大規模イベントの誘致を利用して、さまざまな地域イノベーションの誘発を具現してきた。1964年の東京オリンピック大会や、2002年のFIFA日韓ワールドカップ大会などの誘致がその例である。戦後に始まった国民体育大会も、外発的な地域イノベーションを、毎年異なる開催場所で誘発することのできる優れた制度である。日本では、スポーツイベントや国体の誘致によって、大規模施設を整備し、スポーツ振興に関わる制度や政策の変革を行ってきた。

外発的地域イノベーションのひとつの例として、大阪府堺市に完成したサッカーのナショナルトレーニングセンター（J-GREEN堺）の誘致・建設がある。大阪市という大都市に隣接した堺市は、内発的発展力が欠如し、そのため、外来型の大規模工業開発やコンビナート等の誘致によって、江戸時代以来の産業（刃物や和晒）とともに、伝統的な街並みや周辺の自然環境を大きく変容させた。

その結果、臨海部の工業化と引き換えに白砂青松の海岸線を失い、豊かな生活環境を犠牲にした。堺市では、重厚長大産業が衰退した後、臨海部には長い間広大な未利用の土地が放置され、後に続くポストモダン産業の育成を長い間模索してきたのである。

そこで堺市が行ったのは、かつて巨大製鉄所が威容を誇った大阪府堺市の埋立地（堺第2区未利用地）に、ポストモダンな産業として、サッカーのナショナルトレーニングセンターを誘致することであった。2010年に完成した同施設は、堺市が35億円で整備し、府が10億円を限度に補助するもので、日本代表チームが強化合宿などを行う西日本初のナショナルトレーニングセンターとして認定された。敷地は33ヘクタールで、天然芝ピッチ5面、人工芝ピッチ9面、フットサルコート8面、クラブハウスなどがあり、福島、清水に次ぐ3番目のナショナルトレセンとなった。

J-GREEN堺の構想が決まった2006年の翌年、同じ埋立地にシャープが世界最大級の液晶パネルの新工場を建設することが決まった。約3800億円を投資して建設される新工場は、2009年10月に稼働を開始した。敷地内には、ガラス基板の世界最大手である米コーニングや、カラーフィルターを製造する大日本印刷や凸版印刷、そして液晶と共通の技術を活用する薄膜太陽電池工場を併設する他、周辺には液晶部材・装置メーカーの工場などが集積する「液晶コンビナート」が完成する。このプロジェクトは、全体の投資総額が1兆円規模になる予定で、20世紀型の重厚長大産業とは正反対の、ポストモダンな無公害コンビナートが誕生する。それと前後して、隣接する空き地には、「堺浜シーサイドステージ」と呼ばれるアミューズメント施設や大型家電量販店などもオープンし、埋立地には、外発的な力による大きな変革がもたらされた。ポストモダンな産業集積を図る埋立地において、J-GREEN堺は、にぎわいづくりの集客装置としての役割を果たしている。

(2) 内発的地域イノベーション

「内発的地域イノベーション」は、外発的なイノベーションと異なり、地域資源を活かした地元の人や組織による自律的な働きかけと創意工夫による新しい価値の創造のことである。80年代後半に起きたリゾート開発が失敗に終わり、90年代から現在に至るJリーグに代表される地域密着型プロスポーツが成功したのは、前者が外発的な地域開発で、ビジネスを内在化することができなかった一方、後者が内発的なイノベーションを誘発させたからである。鹿島、浦和、新潟のように、地域密着型のJリーグクラブの創設が、住民・行政・企業のコーポラティズム（社会の諸階層・諸個人の利害を職業団体や企業、労働組合、さらにその連合体などによって集約・調整する政治経済体制のこと）を発生させ、地域に多様なステークホルダーの組織間連携というパワーを生み出した。さらにクラブがもたらす大きな集客力がパワーとなり、地域内部にも自律的なイノベーションが誘発されたのである。

多くのファンや企業等のステークホルダーズを抱えるトップスポーツは、経済効果はもとより、地域に制度的変革や新しいネットワークの創設をもたらす。2000年4月に設立された「広島トップスクラブネットワーク」（略称トップス広島）は、トップスポーツがもたらした新しいネットワークであり、イノベーションの源泉となる可能性がある。さらに、スポーツが地域にもたらすパワーに触発された行政は、その効果を最大化するために行政の機構改革を進めている。

香川県高松市では、市の機構改革の一環として、2008年度から市教委の文化部を廃止し、市長部局の市民政策部に国際文化・スポーツ局を新設した。その目的は、四国アイランドリーグを中心に盛んな地域スポーツに対応し、政策立案能力を強化することであり、同局には、国際文化振興課、スポーツ振興課、美術館美術課など5つの課が設置された。このような制度的変革も、野球の香川オリーブガイナーズやbjリーグの高松ファイブアローズ等のプロスポーツチームがもたらした内発的な地域イノベーションである(注2)。

もうひとつの例は、神奈川県川崎市が進めるアメリカンフットボールを核としたまちづくりである。川崎市では、地元で盛んなスポーツをホームタウンスポーツと呼び、それらのスポーツと連携してまちづくりを進める「川崎市ホームタウンスポーツ推進パートナー制度」を創設した。推進パートナーとなったのは、NEC女子バレーボール部(NECレッドロケッツ)、Jリーグの川崎フロンターレ、JBL所属の東芝バスケットボール部(東芝ブレイブサンダース)、東芝野球部、中田大輔選手(トランポリン)、WJBLの富士通女子バスケットボール部(富士通レッドウェーブ)、三菱ふそう川崎硬式野球部、富士通アメリカンフットボール部(富士通フロンティアーズ)の7つの団体と1個人である。川崎市では、これらのトップチームやトップアスリートが行う活動を通して、市民の川崎への愛着度や誇り、そして連帯感を育み、まちづくりが進展することを期待している。

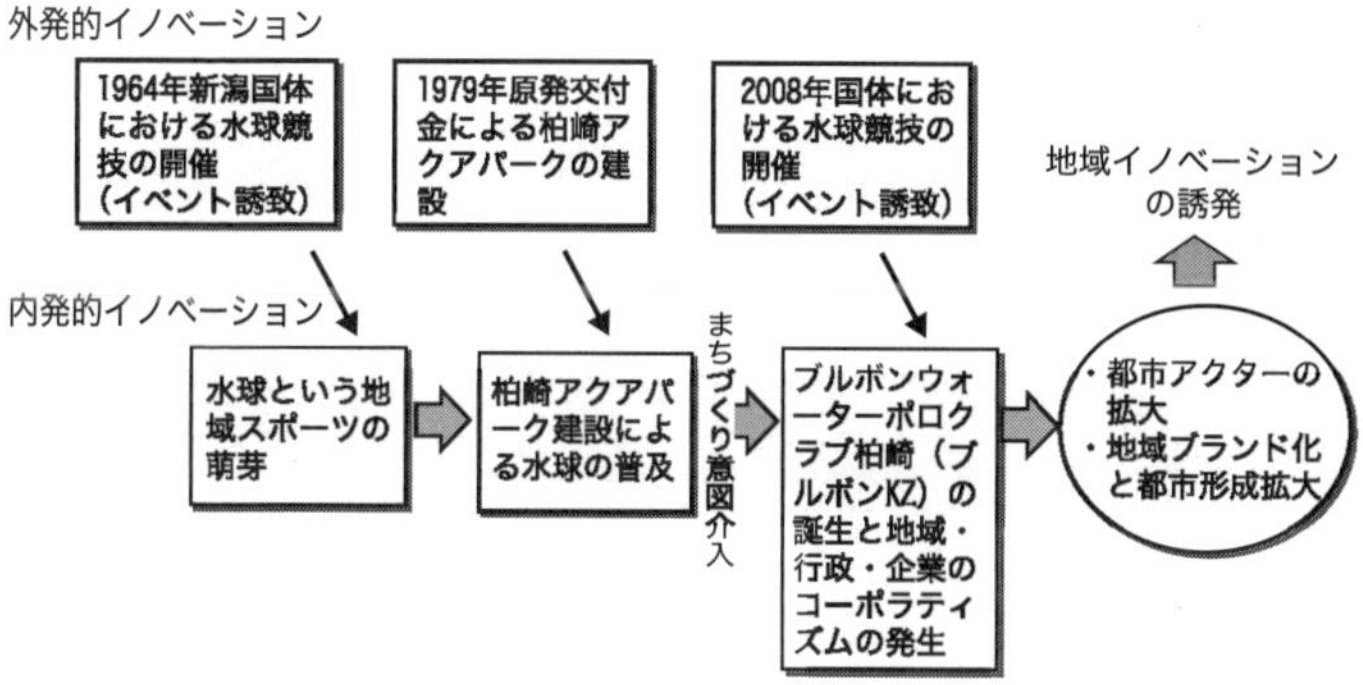

図1　柏崎市におけるスポーツと地域イノベーション

（3）柏崎市における具体的事例

スポーツが誘発する地域イノベーションには、さまざまな様式があるが、実際には、外発的イノベーションと内発的イノベーションが相互に影響しつつ、時間をかけて熟成していくのが一般的である。その例として、新潟県柏崎市で進行する「水球によるまちづくり」がある。

図1は、外発的イノベーションとしての2回の国体開催（1964年、2008年）と原発交付金によるアクアパークの建設（1979年）が、地域における水球文化醸成のトリガー（引き金）となり、それが継続的な内発的イノベーションを生み、最終的に地域イノベーションの誘発を促す流れを示したものである。

柏崎に水球が定着したのは、1964年の国体において、水球会場に手を挙げたことがきっかけである。その後県立柏崎高校に水球指導者が赴任し、チームづくりに着手した。柏崎高校はインターハイを連覇するほどの実力をつけたが、1964年6月の新潟地震によって水球会場を辞退することになった。

しかし、一度芽吹いた水球文化は消えず、その後も自律的・継続的な努力によって、小学生から高校生が所属する「柏崎アクアクラブ」の他、柏崎高校、県立柏崎工業高校、そして新潟産業大学に水球部が誕生した。このような水球文化の地域への内在化は、１９７９年のアクアパークの建設や、国体といった外発的イノベーションによって促進された。県外の有名大学に進んだ選手が地元に戻り、ジュニア選手を育てる文化ができ、２０１０年にブルボンＫＺという社会人クラブが誕生したことをきっかけに、「水球によるまちづくり」が意図され、その動きが、地域、企業、行政のコーポラティズムの発生を促したのである。今後、予定通り水球が認知されることによって、三者の協力関係は水球というスポーツの文化にとどまらず、政治・経済においてもその協力関係が飛び火する可能性を秘めている。水球による成功は、スポーツ文化を支えるアクターの増大を促し、地域のブランド化とスポーツを核とした都市形成の拡大という内発的イノベーションの発生を促す[6]。

　内発的にせよ外発的にせよ、スポーツが地域イノベーションを誘発する触媒であることが認識されてきたことは事実であろう。その証左として、自治体がスポーツを体育と切り分け、大阪府や高松市のように教育委員会から知事部局や市長部局にスポーツの機能を移す例も増えてきている。またさいたま市は、外郭団体の㈳さいたま観光コンベンションビューローの中に「さいたま市スポーツコミッション」を設置し、イベントの誘致や創出による経済効果を狙っている。その一方、関西経済同友会は、スポーツイベントの誘致などで都市の活性化を図る「スポーツコミッション関西」の設立を呼びかける提言を発表するなど、民間ベースでのスポーツ振興の動きも見られる。今後重要なことは、スポーツと地域イノベーションという社会・経済現象の理論化である。その中でも特に、地域イノベーションの構造については、インパクト要因の因果関係を特定化し、イノベーションの連鎖が起きる過程を要素還元的にモデル化し、それぞれの要素間の関係を解き明かし、定量的データと定性的データを用いて、全体像を理論化する作業が必要とされる。

2・地域イノベーションの成功要因

❶容易に達成し得ない水準の要求

では、地域におけるイノベーションを成功に導く原動力は何であろうか？　企業経営においても、イノベーションの創出は企業の死活問題である。フィリップ・コトラーは、イノベーションを成功させるためには、企業内に3つの市場を持たなければならないと指摘する(7)。すなわち、アイデアの創出を奨励するアイデア市場、アイデアの創出に投資する資本市場、そして才能ある人を惹きつける才能市場である。

スポーツの場合も同様に、地域にイノベーションを推進する個人（スポーツ指導者やプロチームの経営者）や組織（総合型地域スポーツクラブやスポーツ振興機関）が必要である。またこれらの組織間連携を促進する横断型の統括組織や、イノベーションの呼び水となる補助金の投入も有効である。

たとえば、注2に述べた「香川プロスポーツ連絡協議会」などがこれにあたる。

しかし企業経営と異なり、地域イノベーションの誘発を可能にするスポーツによる仕掛けづくりには、高度な企画力とリーダーシップ、そしてプロジェクトの実現を可能にする、地域に根差した広範な組織間ネットワークの力が必要である。たとえば筆者が声掛けをして誕生したbjリーグの「大阪エヴェッサ」の場合、２００５年1月25日に開かれたチーム立ち上げの初会合では、大阪市、大手広告代理店、教育委員会、バスケットボール協会関係者、bjリーグ関係者、Jリーグチーム関係者、そして企業関係者といった多様な組織の代表者に声をかけた。その時は、チームすら存在していない状況であったが、その後、ヒューマンホールディングス株式会社がチーム運営に乗り出し、初代チャンピオンの栄冠を手にするとともに、リーグ３連覇という偉業を成し遂げた。

しかしながら、チーム立ち上げの時点では、およそチーム経営が成功するという確信や、プロバスケットのチーム運営にかかる詳細な事業計画も存在しなかった。あるといえば、イノベーションを生み出す要因のひとつである、「容易に達成しえない水準の要求」(3)に答えるパッションのみが存在した。

冷静に考えてみると、チームを立ち上げる前に、まず、日本でプロバスケットボールが成功するのかという疑問に答える作業が必要だったが、その時は、オリンピック招致の失敗で沈滞したムードが漂う大阪のスポーツ振興を活性化しようという願いが先行し、アイデアと発想だけで、容易に達成しえない事業づくりに邁進したのである。今から考えると、綱渡りのようなチームの立ち上げであったが、その後、大阪に密着したチームとして多くのファンが誕生したことを考えると、イノベーションの創出には、どこかで冷静な思考を断ち切って、一歩前に踏み出す勇気と自信が不可欠である。

2 イノベーション主体のインパクト

(1) 新球場の押し上げ効果

これからのスポーツファシリティを考える上で重要なことは、施設建設が、当該地域にどのようなイノベーションを誘発するのかという視点である。新しく建設されたスポーツファシリティは、それが集客装置として機能し、人の流れとにぎわいが生まれれば、経済的なインパクトを地元にもたらす。

表1は、1988年から2009年まで、新球場の新設効果が、入場者の増加数と増加率にどのような影響を与えたかを示したものである。これを見れば、2009年に広島に新設されたマツダスタジアムの新設効果がいかに劇的であったかがわかる。増加数と増加率は、新球場新設直前3年間の平均観客数との比較であるが、マツダスタジアムの58.5%は、2番目の福岡ドーム(28.2%)の倍以上となる過去最大の押し上げ効果となった。

ちなみに広島カープの場合、06年から08年の観客動員数はそれぞれ101万人、113万人、139万人であり、09年は187万人に急増した。08年の139万人は、旧広島市民球場のラ

表1　新球場の新設効果

球場名	新設年	新設効果（万人）	増加率（%）
東京ドーム（巨人）	1988	20	6.9
東京ドーム（日ハム）	1988	21	18.9
グリーンスタジアム神戸	1991	17	15.7
千葉マリンスタジアム	1992	16	18.5
福岡ドーム	1993	43	28.2
ナゴヤドーム	1997	18	9.2
大阪ドーム	1997	22	21.3
マツダスタジアム	2009	48	58.5
平均		26	22.2

（中国電力㈱エネルギア総合研究所「エネルギア地域経済レポート」No.425, 2009より引用）

ストイヤーが押し上げた数字であるが、それを約48万人も上回ったのである。さらにカープの成績は、08年が35勝28敗3分であったのに、09年は29勝37敗1分と大きく負け越しており、「新球場効果」がいかに大きかったかがわかる。

新球場は、観客数だけでなく、商圏の拡大にも貢献した。これまでは、広島市内からの観客が約半数（54・5％）を占めていたが、新球場に移行後は、その割合が42・9％に減少する一方、「広島市以外の県内」と「県外」からの遠方客が57・1％に増加するなど、JR広島駅からのアクセスの改善が観客の動線を変えた。また試合後の飲食店利用率についても、球場が市内にあった時と変わらず、22・8％という割合を維持するなど、経済効果に貢献している(8)。

(2) サービスイノベーションの視点

新しいスタジアムはまた、地域にさまざまなサービスイノベーションを生み出した。サービスイノベーションとは、サービスが持つ付加価値を向上させ、住民の利便性を高める新しいサービスの創出を意味するが、新しいマツダスタジアムの出現は、施設利用者（すなわち観客）にとって価値あるサービスを多く生み出した。

マツダスタジアム周辺で起きたサービスイノベーションの誘発を、フィールドワークの手法を用いて調査した吉倉[9]によれば、臨時列車の増結や対象エリア拡大、ダイヤ改正による利便性向上や自動改札機増設、そして企画切符の売り上げ増加など、公共交通機関において新しいサービスが生まれた。また近隣宿泊施設では、企画宿泊プランや広島東洋カープファン専用部屋の設置が行われた他、ツイッターを利用した相互間コミュニケーションの場の創造や、市民グループによるさまざまな企画の立案による新たなコミュニティの構築が確認されるなど、多様なサービスイノベーションの連鎖が生まれていることが明らかになった。

(3) クオリティの高い視覚体験

大規模なスポーツファシリティにおいて、ファンは、「スペクタクルを見て、エクスタシーを消費する」といわれる。スペクタクルとは、満員のスタジアムで起きる研ぎ澄まされたプレーであり、勝つために行われる、無駄のない選手の共同作業であり、それに呼応するファンの応援や、チームカラーに染められたスタジアムの非日常的な風景である。

スタジアムでの試合において、眼前で素晴らしい試合が展開されていても、その様子が十分に見えなければ観戦に没頭することもできず、エクスタシーを感じることもできない。スタジアムに多様な機能を持たせることは大切であるが、スポーツを見せるという機能を軽視してはいけない。そ

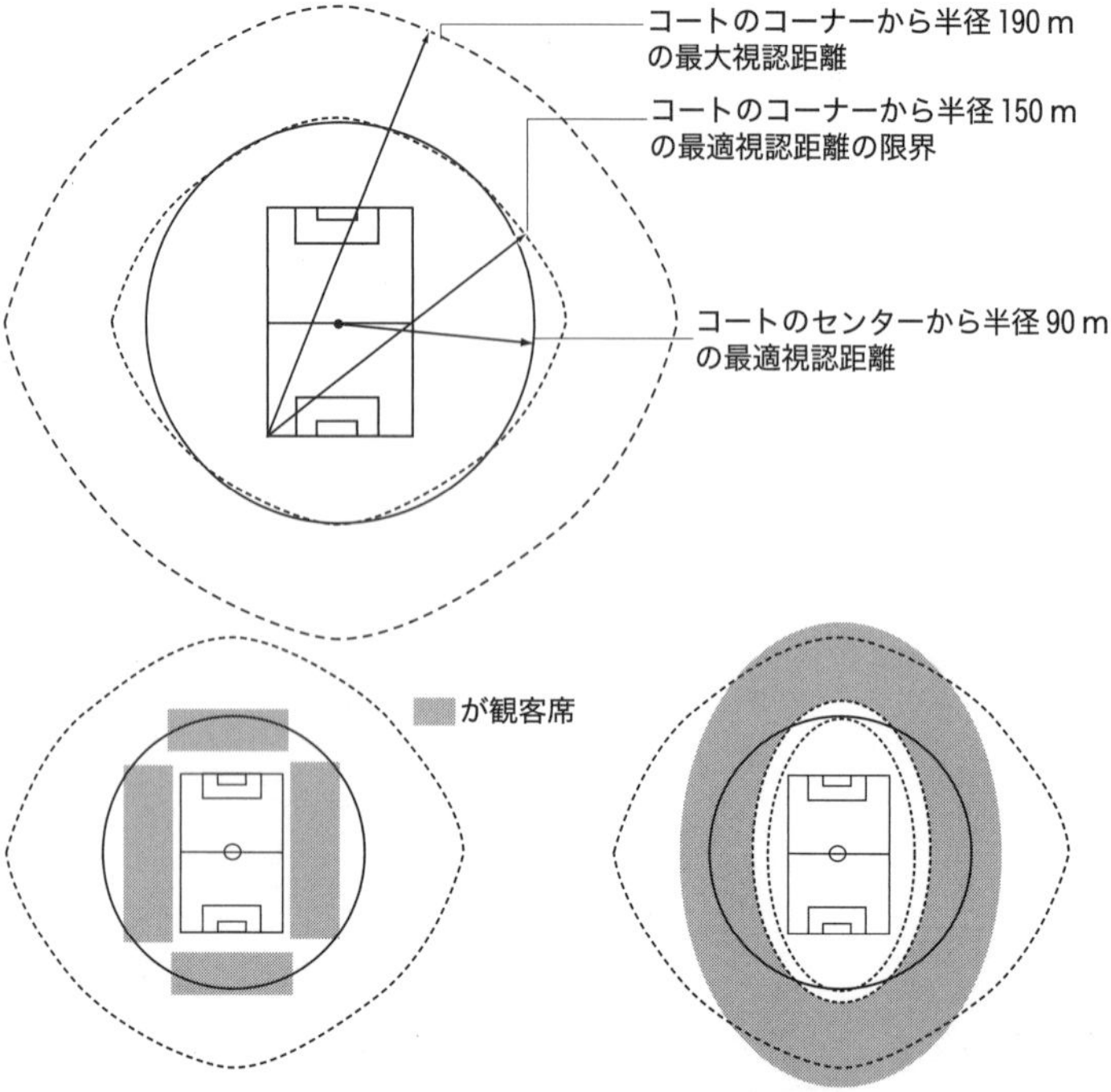

典型的な英国スタイルの四角形のスタジアム：観客席の大部分が最適視認距離内にある

陸上競技場を使ったサッカー場：最適視認距離にある観客席はごくわずかである

図2　サッカー場における最適視認距離と最大視認距離

(John, G. & Campbell, K. "Outdoor Sports" The Sports Council, 1993より引用)

の中でもとりわけ、見られる対象である舞台（ピッチ）とファンの距離が重要となる。

　サッカーの場合、選手とボールの細かな動きが把握できる限界は、「最大視認距離」と呼ばれ、約１９０メートルである。しかし、これはあくまで「見える」「見えない」の限界であり、実際のプレーの状況が満足に把握できる「最適視認距離」は、コートの四隅のコーナーから150メートルであり、コートのセンターから90メートルの半径で描いた円の大きさに相当する[10]（図2）。この数字を実際のスタジアムに当てはめてみると、スタジアムの種類や大きさによって、視覚的に楽しめる範囲に差があることがわかる。典型的な英国タイプの、客席を四角に配置した2～3万人程度のスタジアムの場合、客席の大部分が最適視認距離に含まれ、スペクタクルあふれるサッカーの試合を楽しむことができる。しかしながら、陸上競技とサッカーが併用して使われるスタジアムでは、観客席の大部分が最適視認距離の範囲外となる。観客席とピッチの距離が離れていても、大型映像やゲームの内容によってファンの満足を引き出すことは可能かもしれないが、やはり臨場感という意味では、できるだけファンと選手の距離が近いことが望ましい。この点、陸上競技場をサッカー場として用いるやり方には、ファンに与えるサービスクオリティという点で問題が残る。

3・施設建設と経済効果

❶経済効果の測定

一般に、スポーツイベントの経済効果は、イベント開催に係る支出額の総計（直接効果）と、支出額をもとにした産業連関分析による生産誘発額（経済波及効果）を合計した数字で測定される。

たとえば1997年に大阪で開かれたなみはや国体の場合、国体開催に係る支出額の合計は、施設整備費が4846億円、運営費が313億円、参加者・観客の消費が115億円の計5275億円であった。ちなみに参加者・観客の消費は、開催前年のリハーサル大会の参加者等人数17万7382人と本大会の参加者等人数121万6774名を加えた数字に、一人当たりの消費額（観客は4000円、府内参加者は2万5千円、府外参加者は7万5千円）を掛けた値である。

この5275億円という直接効果の数字を用いて、産業連関分析によって算出したのが「経済波及効果」である。直接効果が需要面での支出額とすれば、経済波及効果は供給面での生産額ということができ、両者は表裏の関係にある。すなわち、国体のような大きなイベントでは、施設建設や参加者の宿泊・観光といった投資や消費が行われる。これをマーケットで発生した需要と考えれば、それを満たすための生産が必要となる。これが供給であり、マーケットに財を提供するための生産があらゆる産業において連鎖的に行われることになる。

体育館の建設を請け負った業者は、必要となる鉄骨やコンクリートなどの資材を調達する。その結果それぞれの産業で生産が誘発される。空調機械や配管なども必要となるため、コンプレッサーの一部を作っている業者や水道管の内側にコーティングされる樹脂をつくる企業にも注文が追加されるといった具合に、需要が連鎖的に供給を生み、それが波のように一次波及、二次波及として広がっていくのである(11)。

なみはや国体の場合、5275億円の直接効果の需要から生まれた最終的な生産誘発額は

8757億円であった。また直接効果の需要をまかなうための生産において創出された雇用は、6万1424人分と報告されている。ただしこの数字は、誘発された雇用者所得を雇用者数に換算しただけの数字であり、決して6万1424人が新たに職を得たという意味ではない。

毎年開かれる国体は、都道府県が国の補助を受けて行う、施設整備を重視した行政主導型のイベントであるが、観客数は少なく競技参加者が主体である。よってそこには、国際的な巨大スポーツイベントの収入源である放送権料やチケット収入も存在せず、主催者にも収支バランスを重視するビジネス的な経営感覚は必要とされない。経済効果についても、その大部分は施設建設から派生したもので、「土木国体」と揶揄されても仕方のない構造になっている。実際、直接効果においては、5275億円の74%（3882億円）が建設で占められ、最終的に誘発された雇用者数においても、その4割の2万4067人を建設関係が占めるのである。

2002年FIFAワールドカップ大会では、7つのスタジアムが建設されたが、その中には、建設に用いられた地方債の償還どころか、施設運営費さえ稼げていないスタジアムが幾つも存在する。その中でも特に、Jリーグチームのようなアンカーテナント（スタジアムをホームとするプロチーム）を持たず、アクセスが極端に悪い宮城スタジアムは、陸上競技大会や女子サッカーなどのメッカとなったが、アマチュア・スポーツの会場利用が、4万9133人の収容能力を持つ270億円のスタジアムの「レガシー」（遺産）とは寂しい限りである。厳しい言葉で表現すれば、同スタジアムは、年間運営費の3億円の大部分をカバーできない巨大公共施設として「遺跡化」しているのが現実である。

日本の場合、自治体が行うスタジアム建設は、主に一般財源と地方債の発行によって調達された資金でまかなっており、地方債の償還財源として（使用用途を指定しない）地方交付税交付金が充てられる。政府からの補助金を含めた地方債が返済財源になっているため、地域住民は自分たちで費用を負担しているという意識が低く、箱モノ建設の抑止力を失わせているのが現状である。

2 スポーツ・文化施設の経済効果

日本には現在、世界に誇るスポーツファシリティが存在しない。首都東京においても、1964年の東京オリンピックのために建設された国立霞が関競技場や代々木体育館が、今も現役の施設として稼働している。2016年の東京五輪招致では、レガシーの活用ということで、既存施設を中心に開催概要計画をつくったが、これも苦肉の策であった。とはいうものの、現在の都条例にもとづいて国立競技場を改築すると、新しく制定された規制によって、規模の縮小をやむなくされるという事情もある。

2002年のFIFAワールドカップ大会のために建設されたスタジアムも、徐々に輝きを失い始めており、陸上競技場としても、サッカー場としても、器が大きすぎるという問題を抱えている。日本は今、少子高齢化による人口減少と経済の長期低迷によって、これ以上新しい施設を作りたくないという箱モノ恐怖症に罹っており、施設の増改築が進まないというのが現状である。スポーツ施設は、投資に見合った便益を生まない単なる金食い虫なのか、検証を行う必要があるだろう。そのような問題意識を文化施設に投影し、国立民族学博物館の地域経済への波及効果と社会的便益を実証したのが『文化経済学事始め』(12)である。

結論からいえば、国立民族学博物館の建設にかかった費用は76億円であったのに対して、最終需要が生む大阪府内の生産誘発効果は43・6億円であった。これだけでは、元が取れていないが、文化施設が生む社会的便益(税負担意思評価)を計算した場合、1世帯当たり3039円の税金を負担してもよいという結果が得られた。100キロ圏に600万人世帯があるので、両者を掛け合わせれば182億3400万円という額になり、建設費を大幅に上回る数字になることが明らかになった。

スポーツファシリティに関しては、先に述べたマツダスタジアムの例がある。中国電力㈱エネルギア総合研究所(13)の調べによると、新球場の建設には、球場建設費90億円と、周辺道路整備費36億円の計126億円(土地取得費を除く)が使われた。建設期間は3年であり、1年ごとに均等に支出すると仮定された。球場建設の直接的効果は年間42億円で、それに生産波及効果を加えた1次効果は年間63・1億円となる。そして増加した雇用者所得の一部が消費に回されることによって生じる2次効果によって、さらに16・1億円の経済効果が生じた。

その結果、1次効果と2次効果を合わせた総効果は、年間79・4億円となるが、これは広島県内産出額(2002年度)の約0・04%に相当する。また雇用効果も大きく、広島県の労働力人口(2004年)の約0・05%に相当する700人の雇用が創出された。この内建設業で生じた経済効果は、総効果79・4億円の53％にあたる42億円であり、700人の雇用の42％にあたる290人である。さらに3年間の総効果の合計は238・2億円であり、用地取得費（54・8億円）と建設費（90億円）の合計144・8億円をはるかに上回る数字となった。それゆえ、すべての箱モノが無駄遣いというわけではなく、273頁で述べたように、施設がどのように使われるかという視点と、そこで生じたイノベーションが経済効果の総量にどのような影響を与えるかという視点が重要である。

4・スポーツ振興と施設活用

2000年9月、わが国のスポーツ振興施策を体系的、計画的に推進するために「スポーツ振興基本計画」が策定された。都道府県や市町村は、この計画を参考として、それぞれの実情に即した計画を定め、それに沿ってスポーツ振興を進めていくことになる。スポーツ振興を効果的に展開するためには、日常生活に密着したスポーツ環境を整えていくこと、すなわち、いかにまちづくりの中に「スポーツ」というコンセプトを埋め込むかということが重要とされている。

図3は、まちづくりと一体化したスポーツ振興を考えるために考案された、「トップスポーツ」「生涯スポーツ」「スポーツ施設・空間」「まちづくり」という4つの政策領域からなるピラミッド型のスポーツ振興モデル（ギャップモデル）である⒁。このモデルは、それぞれの政策領域の間に存在す

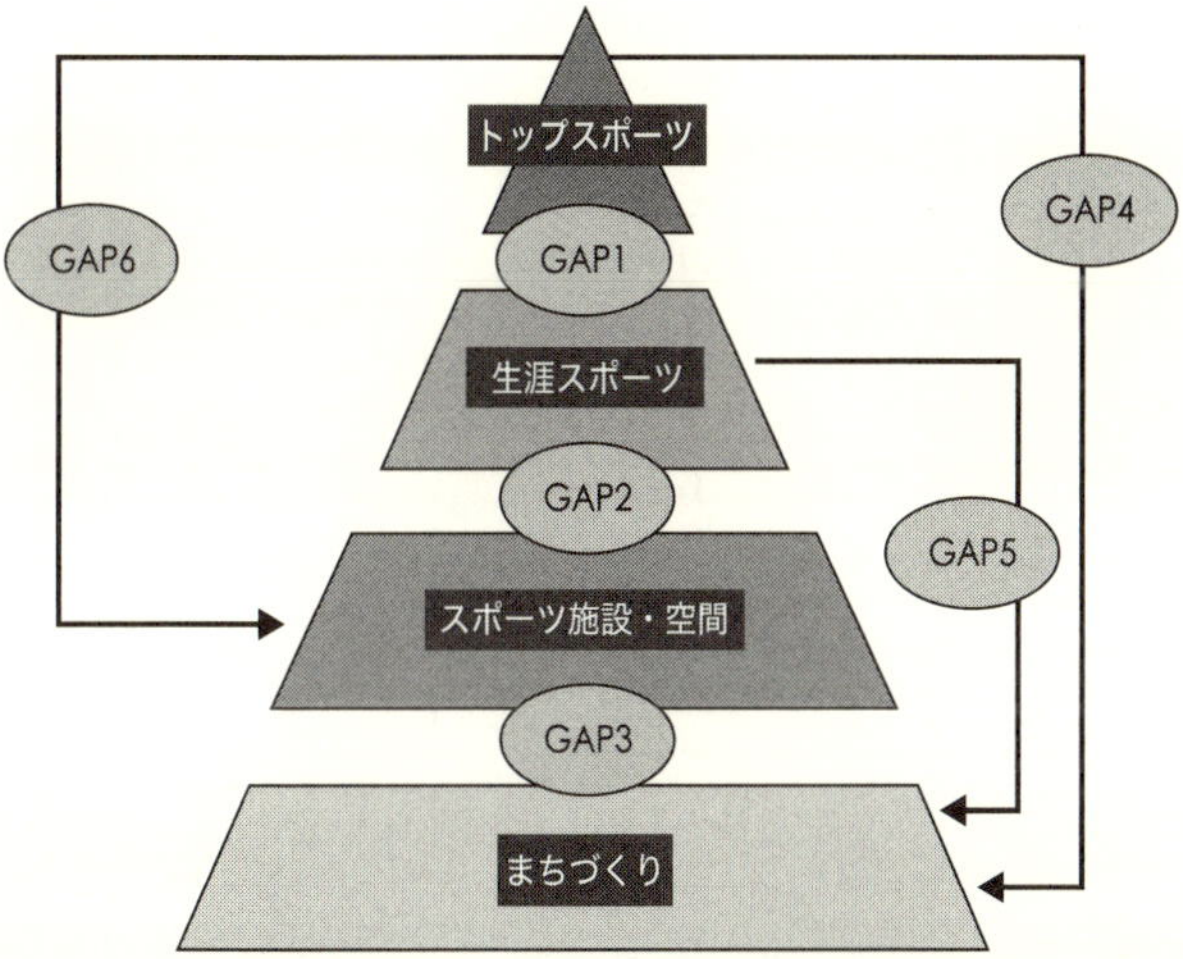

図3　まちづくりを土台としたスポーツ振興に関するギャップモデル

（原田，2001）

るギャップをスポーツ振興における行政課題と考え、それを基に具体的な戦略的プランを明らかにしようとするものである。

モデルに示した4つの領域は、互いに密接に関係していることが理想であるが、現実には、それぞれの領域の間には大きなギャップ（GAP）が存在している。それゆえ自治体のスポーツ振興政策においては、4つの領域間に存在する6つのGAPの認識と、それらを埋める仕事が必要となる。以下では、これら6つのGAPを説明しよう。

●トップスポーツと生涯スポーツの循環（GAP1）

モデルの頂点にあるトップスポーツは、最高の競技水準を目指す領域であるが、生涯スポーツとの間には大きなギャップが存在する。これは、トップの競技選手の育成と、生涯スポーツの振興がスムーズに結びついていないのが原因である。小中高大と断続的に続く選手育成の問題や、トップスポーツ選手の社会的認知度の低さや引退後の生活保障、そしてスポーツ競技団体のマネジメント能力の低さなど多くの問題が含まれている。２０１０年に策定された「スポーツ立国戦略」においても、引退後のトップアスリートなどの優れた指導者を総合型クラブに配置し、トップスポーツと地域スポーツの好循環を創出する必要性を説いているが、これはＧＡＰ１の解決策のひとつである。トップスポーツには、「するスポーツ」だけでなく「見るスポーツ」としてのプロスポーツや最高水準のアマスポーツも含まれている。青少年が素晴らしいスポーツ・パフォーマンスを観戦することによってトップスポーツを目指す一方、生涯スポーツの参加者の中からトップスポーツの選手が生まれる選手育成システムなど、タレント発掘と選手育成と、選手の引退後のセカンドキャリアなどが課題とされる。

●利便性の低いスポーツファシリティ（GAP2）

生涯スポーツとスポーツファシリティの間には、施設利用という点で多くの問題が含まれている。２００６年に導入された指定管理者制度によって、施設の利便性はかなり改善された。しかしながら、指定管理者はあくまで計画の執行者であり、施設の所有者ではない。そのため、施設に手を加えることができず、利用規則も条例に縛られているため、サービスの改善は限定的である。もともと公共施設は、行政にとって都合の良い場所に建設されており、利用者にとって便利な場所ではないケースが多い。さらにスポーツに親しむ空間という意味で、いつでも、だれでも、どこでも、スポーツを楽しむことができるといったスポーツ・フォア・オールの機会が保障されていない。

●都市のシンボルとしてのスポーツファシリティ（GAP3）

スポーツファシリティは、住民の生活の質を高める、健康、スポーツ、レクリエーション参加の機会を促進する装置として、都市計画の中で重要な位置づけがされるべきである。60年代から80年代にかけて、国体のために整備された総合運動公園や道路などの関連施設は、今も住民の生活の質を高める施設として活用されている。今後は、スポーツツーリズムの視点から、多くの選手や関係者が集まる、スポーツイベントの集客装置としての機能にも着目すべきであろう。最近では、地域密着型のプロスポーツの試合が定期的に行われることで、眠っていた観客席が稼働し始める体育館もある。スポーツファシリティは、アンカーテナント次第ではあるが、「するスポーツ」と「見るスポーツ」という複眼的な機能が発揮されてこそ、(経済効率を最優先した都市づくりのアンチテーゼとして）ポストモダンなまちづくりの中で意味のある存在になることができる。

●都市とスポーツエンターテイメント産業（GAP4）

日本において、「見るスポーツ」としてのトップスポーツやプロスポーツをまちづくりの触媒として活用しようとする発想は希薄であった。都市経営に対する意識の高い北米では、ワールドクラス・シティにランクされる条件として、プロスポーツのフランチャイズがあることや、世界的なスポーツイベントが開催されることをひとつの要因としてきた。日本でも、過去5年の間に、これまでプロスポーツがなかった都道府県に続々とプロチームが誕生している。07／08シーズンにbjリーグで優勝し、チームが沖縄の県民栄誉賞を獲得した琉球キングス（bj）や２０１０年に参入した宮崎シャイニングサンズ、そして同年に山陰地方に誕生した島根スサノオマジック（bj）や11年からJリーグに参入するガイナーレ鳥取（J2）など、都市のブランディングを助けるプロスポーツが誕生した。現在も、地域主導によって行われるJリーグへの準加盟申請や、bjリーグの加盟申請に対し、行政は非常に協力的である。

●スポーツに親しむまちづくり（GAP5）

生涯スポーツとまちづくりに関しては、多くの自治体がスポーツや健康に関する都市宣言を行っているが、実際は、人や予算が措置されていない掛け声だけのまちづくり宣言で終わるケースが多く、GAP5を埋めるような具体的な施策はなかった。しかしながら、2010年2月には、「さいたま市スポーツ振興まちづくり条例」が制定された。これによって、スポーツ振興が「まちづくり」という大きな器の中で、実効性をともなった政策課題として優先的に扱われるようになった。同じ動きはさいたま市以外にも広がり、これまでに東松山市、埼玉県、下関市、出雲市などが、スポーツ振興とまちづくりを条例化している。

もうひとつの問題は、まちが生涯スポーツやレクリエーションを楽しめるようにデザインされていないため、スポーツ振興が掛け声だけで終わっている場合が多いことである。近隣公園ひとつとっても「野球禁止」「ボール投げ禁止」「サッカー禁止」の看板が目立ち、スポーツを禁止する公園が多い。また、町中にジョギングを楽しむことのできる空間が整備されていないなど、現代日本の都市の多くが、スポーツやレクリエーションの受け皿として機能していないのも事実である。戦後の復興期から高度経済成長期にかけて、各地で経済と効率を最優先するまちづくりが行われた。その結果、日常生活圏において、遊ぶ、歩く、走る、投げる、打つ、競う、深く呼吸する、汗を流す、交わる、集う、興奮する、爽快感を得る、リラックスするといったスポーツにまつわる身体文化との多彩な関係を生み出す仕組みや装置をつくる作業が大きく立ち遅れたのである[11]。具体的には、地域のスポーツクラブづくりや、日常的に手軽に利用できるスポーツ施設、そしてウォーキングやジョギング、そしてサイクリングができる歩道や自転車専用道路の整備である。

●見るスポーツへの対応（GAP6）

わが国の公共施設の多くは、「するスポーツ」に対する場所貸しであるエリアサービスや、プログラムの提供であるプログラムサービスが中心である。したがって、各種スポーツの競技会運営には慣れていても、プロスポーツをはじめとする「見るスポーツ」の興行（ファンに対する飲食物販を含めたエンターテイメント）やメディアやマスコミへの対応については不慣れな場合が多い。その一方で、これまでに建てられた大規模スポーツ施設の多くは、立派な観客席を備えており、「見るスポーツ」の誘致によって、スポーツ振興をさらに活性化することのできる可能性を秘めている。問題とされるのは、施設を管理運営する人材にファシリティマネジメントの意識が希薄であるという点で、ソフトを十分に活用するだけの専門的知識が欠けている。さらに公共施設の大部分は、公益性と公共性を表看板に打ち出しているため、プロスポーツなどのスポーツエンターテイメントには高額の使用料が足枷となる。

注1：会員の割合は、東京23区では住民の5・86％、千葉市では5・67％、そしてさいたま市では5・42％と首都圏では高くなっている。2005年の店舗数は2049であり、その後、小規模店舗の増加で店舗数を増やしたが、売り上げと会員数は微増しただけで、本格的な第二次成長期への移行とは断定できない状態である。

注2：香川県には、野球の香川オリーブガイナーズ、サッカーのカマタマーレ讃岐、バスケットの高松ファイブアローズ、バレーの四国88（エイティエイツ）クイーン、アイスホッケーの香川アイスフェローズの5団体があり、2007年に「香川プロスポーツクラブ連絡協議会」を立ち上げた。県はこれに対して、国のふるさと雇用再生特別基金事業を活用して、09年度から3年間で計5800万円を拠出し、施設利用費の減免措置を行った。これは、5団体が結束した結果起きた内発的なイノベーションの好例である。

注3：これまで多くの大規模スポーツイベントの経済効果が予測されてきたが、予測された数字について検証が行われた例はない。たとえば、人びとが最初に仮定したような消費行動を行ったのかどうかを調べることはほぼ不可能であり、非現実的である。また同じイベントに対して、同じ産業連関分析を適応しているにもかかわらず、前提条件および適用手法が違うため、異なった測定結果が導かれるケースもある。川口(15)によれば、2002年FIFAワールドカップ大会は、大会全体と開催地域合わせて15の経済効果が報告されているが、発表機関や計算方法はそれぞれ異なる。たとえば住友生命総合研究所の測定においては、W杯グッズを1人当たり1万円買い、国民の1割である1200万人が購入したものとするというかなり根拠が不明確なデータをもとに積み上げている一方、経済効果として得られた4550億円という数字は、電通総研が試算した3兆円という数字と大きく乖離している。経済効果測定が犯す誤りとしては第一に「地域住民の除外」がある。正しい経済効果測定においては、地域住民のイベント期間中の日常生活の消費を除き、域外からのビジターのみ、メディア、ビジネス関係者の消費のみで計算されなければならない。域内住民の消費は、結局は域内におけるキャッシュの還流に過ぎず、たとえ、スポー

ツイベントのチケット購入に1万円が支出されても、それはイベント後の余暇支出の1万円減を意味する。すなわち、地域密着型のプロスポーツが、何万人の地元ファンを集め、ゲーム興行によって収益を上げても、それは（日常的に行われる）既存の地域支出の再配分に過ぎず、地域の経済効果はゼロに等しいのである。経済効果を高めるには、域外からファンを集め、宿泊や飲食等のキャッシュを呼び込むか、地域住民の日常消費をすべて含んだ経済効果の数字を報告するしかない。たとえば、あるスポーツイベントにおいて、10万人の観客が集い、1人当たり1000円の弁当を購入したとして経済効果の中に組み入れても、この1000円は、日常生活で消費する夕食代と相殺されるべき支出である。第二は「置換コスト」である。メガ・スポーツイベントが開催されるということは、混雑や規制によって、通常行われるべき経済活動が阻害され、消費活動が停滞することを意味する。2008年北京五輪では、交通の混雑を避けるために、車のプレートナンバーの最後の数字が奇数か偶数かで使用日を制限した。これによって、市民の日常の外出が抑制され、外食やショッピングなど、本来生じるべき消費行動が減退した。また、道路の交通規制や立ち入り禁止区域の増大によって、人びとの行動が制限されるという事態も生じており、その結果、日常的な経済活動がマイナスに転じる可能性がある。メガ・スポーツイベントに参加する選手・役員・家族、そして観客といった都市ビジターは、経済効果を生み出す原泉であるが、同時に、都市機能の一部規制、テロ攻撃への懸念、ホテルの混雑など、都市ビジターが、イベント期間中の都市の訪問をキャンセルし、訪問時期を変更することがある。反対に、別の時期に開催都市を訪れる予定であった訪問客が、イベントに合わせて訪問を変更することもあり、将来の訪問キャンセルという損失につながるケースもある。これらは、時間や機会の置換現象と呼ぶことができる(16)。

【引用文献】

(1) シュムペーター（塩野谷祐一他訳）『経済発展の理論：企業者利潤・資本・信用・利子および景気の回転に関

する研究〈上〉』岩波書店、1977年。
(2) 文部科学省・科学技術政策研究所「地域イノベーションの成功要因及び促進政策に関する調査研究」(DISCUSSION PAPER No.29)、2005年。
(3) 恩蔵直人『コモディティ化市場のマーケティング論理』有斐閣、2007年。
(4) キム・チャン&モボルニュ・レネ『ブルー・オーシャン戦略』ランダムハウス講談社、2005年。
(5) 内閣府経済社会総合研究所『中間報告書(概要版)』地域活性化システム論カリキュラム研究会、6頁、2010年7月。
(6) 原田宗彦「スポーツが誘発するイノベーション―その1」月刊体育施設、2011年2月号、24-25頁。
(7) フィリップ・コトラー『コトラーのマーケティング・コンセプト』東洋経済、2003年。
(8) 粟屋仁美「マツダスタジアムと地域の活性化」エネルギア地域経済レポート(No.428:1-6)2010年。
(9) 吉倉秀和「スタジアム建設による地域へのイノベーションの可能性:マツダスタジアム(広島市民球場)を研究調査対象にして」スポーツマネジメント研究、2011年、印刷中。
(10) John, G. & Campbell, K. Outdoor Sports VOL 1. The Sports Council, 1993.
(11) 原田宗彦『スポーツイベントの経済学』平凡社新書、2002年。
(12) 梅棹忠夫監修・総合研究開発機構編『文化経済学事始め』学陽書房、1983年。
(13) 中国電力(株)エネルギア総合研究所『エネルギア地域経済レポート』(No.425:1-6)2009年12月。
(14) 原田宗彦『スポーツが都市を変える』勤労者福祉施設フレッシュシリーズ11、勤労者福祉施設協会、2001年3月。
(15) 川口和英「ワールドカップ開催による地域経済への波及効果分析事例に関する研究」鎌倉女子大学紀要第11号、2004年、1-11頁。
(16) 原田宗彦「メガ・スポーツイベントと経済効果」都市問題研究(60(11):80-94)2008年。

(原田宗彦)

[な行]

[は行]

[ま行]

［た行］

[さ行]

さくいん

●アルファベット

●かな

[あ行]

[か行]

【編著者】

原田宗彦（はらだ むねひこ）

1954年生まれ。京都教育大学卒業、筑波大学大学院修了、ペンシルバニア州立大学大学院博士課程修了（Ph.D.）。フルブライト上級研究員（テキサスA&M大学）を経て、現在、早稲田大学スポーツ科学学術院教授。【公職等】日本トップリーグ連携機構アドバイザリーボード、Jリーグ経営諮問委員会委員、bjリーグ経営指導委員ほか。【著書】『スポーツマーケティング』（編著、大修館書店）、『スポーツイベントの経済学』（単著、平凡社新書）、『スポーツ産業論 第5版』（編著、杏林書院）、『スポーツファンの社会学』（共著、世界思想社）、『スポーツ経営学』（共著、大修館書店）など多数。

間野義之（まの よしゆき）

1963年生まれ。横浜国立大学卒業、横浜国立大学大学院修了、東京大学大学院修了、㈱三菱総合研究所を経て、現在、早稲田大学スポーツ科学学術院教授。博士（スポーツ科学）。【公職等】日本体育・スポーツ経営学会理事、日本体育・スポーツ政策学会理事。文部科学省「チームニッポン」マルチサポートプロジェクト・アドバイザリーボード、Vリーグ機構理事、JBL理事、日本テニス事業協会理事、一般社団法人日本アスリート会議代表理事、横浜市スポーツ振興審議会委員ほか。【著書】『公共スポーツ施設のマネジメント』（単著、体育施設出版）など。

【著者】（五十音順）

大竹弘和（おおたけ ひろかず）

1955年生まれ。日本体育大学卒業、筑波大学大学院修了。新宿区教育委員会社会教育主事、総合システム研究所㈱代表取締役を経て、現在、神奈川大学人間科学部教授（大学院人間科学研究科スポーツ産業分野主任教授）。【公職等】日本スポーツマネジメント学会・スポーツ産業学会所属。㈶日本スポーツクラブ協会評議員、横浜市指定管理者制度委員ほか。【著書】『指定管理者制度ハンドブック』（共著、ぎょうせい）、『実践・指定管理者制度・モニタリング導入のすべて』（編著、ぎょうせい）、『スポーツ産業論第5版』（共著、杏林書院）、『生涯スポーツ実践論』（共著、市村出版）、『総合型地域スポーツクラブ・マネージャー養成テキスト』（共著、ぎょうせい）など。

白木俊郎（しらき としろう）

1956年生まれ。国士舘大学体育学部卒業、早稲田大学大学院スポーツ科学研究科スポーツマネジメントコース修了。現在、シンコースポーツ㈱専務取締役。早稲田大学スポーツ科学部非常勤講師。【公職等】㈶日本体育施設協会専門委員水泳プール部会事務局長・幹事長。㈶地域総合整備財団（ふるさと財団）指定管理者制度事例研究会委員。【著書】『改訂アイススケーティングの基礎』（共書、アイオーエム）。

髙橋義雄（たかはしよしお）
1968年生まれ。東京大学卒業、東京大学大学院教育学研究科博士課程単位取得退学。名古屋大学講師を経て、現在、筑波大学大学院准教授。教育学修士。【公職等】日本スポーツ社会学会理事、日本フットボール学会理事、観光庁スポーツ・ツーリズム推進連絡会議委員、日本トップリーグ連携機構事業推進委員会アドバイザー、岐阜県野球協議会総務委員ほか。【著書】『Sport And Migration Borders, boundaries And Crossings』（共著、Routledge）。

津島　光（つしま ひかり）
1955年生まれ。京都大学工学部建築学科卒業、京都大学工学部大学院建築学科修士課程修了。建築学修士。現在、近畿大学総合社会学部環境系准教授、関西大学環境都市工学部建築学科非常勤講師。【公職等】日本建築学会プログラミング委員、2011・UIA大会財務委員、総合デザイナー協会（DAS）理事。【著書】『環境建築論へ』（単著、工作舎）、『スポーツ産業論第4版』（共著、杏林書院）。

長積　仁（ながづみ じん）
1966年生まれ。大阪体育大学卒業、岡山大学大学院文化科学研究科修了。徳島大学大学院ソシオ・アーツ・アンド・サイエンス研究部准教授を経て、現在、立命館大学スポーツ健康科学部教授。博士（学術）。【著書】『スポーツ産業論第5版』（共著、杏林書院）。

古澤光一（ふるさわ こういち）
1962年生まれ。筑波大学卒業、インディアナ大学大学院修士課程修了。ピープル・カーシュ・インターナショナルプログラムディレクター、㈱コナミスポーツクラブ人事部シニアマネージャーを経て、現在、大阪体育大学体育学部准教授。修士（MS）【公職等】日本スポーツマネジメント学会監事・運営委員、大阪市スポーツ振興審議会委員ほか。【著書】『スポーツの経営学』（共著、杏林書院）、『スポーツ白書』（共著、笹川スポーツ財団）など。

松永敬子（まつなが けいこ）
1969年生まれ。大阪体育大学卒業、同大学院修了。一宮女子短期大学講師、文教大学講師、大阪体育大学講師、

同助教授を経て、現在、龍谷大学経営学部スポーツサイエンスコース准教授。体育学修士。【公職等】日本スポーツマネジメント学会監事・運営委員、日本体育協会指導者育成専門委員会マネジメント資格部会員ほか。【著書】『スポーツ・ヘルスツーリズム』（共著、大修館書店）、『スポーツ産業論第5版』（共著、杏林書院）、『スポーツ白書』（共著、笹川スポーツ財団）など。

村上佳司（むらかみ けいし）
1961年生まれ。日本体育大学卒業、兵庫教育大学大学院学校教育研究科修士課程修了。大阪府立高等学校教諭、大阪府教育委員会事務局教育振興室保健体育課指導主事（大阪府立門真スポーツセンター専門職員）、浜松大学ビジネスデザイン学部准教授を経て、現在、天理大学体育学部准教授。学校教育学修士。【公職等】日本バスケットボール協会育成部エンデバー委員会副委員長、指導者育成委員会委員、および コーチ委員会委員、大阪体育協会普及委員、学校危機メンタルサポートセンター共同研究員、日本体育協会バスケットボール上級コーチ。【著書】『トライアングルオフェンス』（共訳、大修館書店）

スポーツファシリティマネジメント

NDC780/x, 295p/20cm

初版第一刷発行――二〇一一年七月二〇日

編著者――原田宗彦《はらだむねひこ》・間野義之《まのよしゆき》

発行者――鈴木一行

発行所――株式会社 大修館書店

〒113-8541 東京都文京区湯島二-一-一

電話 03-3868-2651（販売部）

03-3868-2298（編集部）

振替 00190-7-40504

[出版情報] http://www.taishukan.co.jp

編集協力――和田義智

装丁者――下川雅敏

印刷――三松堂印刷

製本――牧製本

ISBN978-4-469-26720-4 Printed in Japan

〈スポーツビジネス叢書〉
スポーツマーケティング

●原田宗彦 編著
藤本淳也、松岡宏高 著
四六判・282頁、本体2000円

多様なスポーツ消費行動の全体を視野にとらえ、その成り立ちを理解するための基礎理論からスポーツを売る仕組みの実際までをあますところなく解説。（※04年4月出版の『スポーツマーケティング』を改訂増補）

〈スポーツビジネス叢書〉
スポーツマネジメント

●原田宗彦、小笠原悦子 編著
四六判・274頁、本体1900円

本書では〈機能体としてのスポーツ組織〉を意識し、高度なパフォーマンスを達成する競技マネジメント、組織を財政的に維持するクラブマネジメント、ロイヤルティ・マネジメント、群衆コントロールを含むファンのマネジメントなどを扱う。

〈スポーツビジネス叢書〉
スポーツファイナンス

●武藤泰明 著
四六判・246頁、本体1800円

Jリーグの経営諮問委員長を務める著者が、命名権や移籍金といったスポーツファイナンス固有の領域も含め、スポーツビジネス全般における資金調達と財務運営について、さまざまな実例を挙げながら、その基本と実際を解説。

〈スポーツビジネス叢書〉
スポーツ・ヘルスツーリズム

●原田宗彦、木村和彦 編著
四六判・290頁、本体2000円

観光立国に不可欠な産業の一つにツーリズムがある。本書は、スポーツのツーリズムと、スポーツと密接に関係する健康のツーリズムを対象に、概念や対象の解説、現状や問題点の分析、また将来に向けた課題の考察などを取り上げる。

定価＝本体＋税5％（2011年7月現在）